요한복음해석
서중석 지음
대한기독교서회

요한복음해석
© 서중석 2012

2012년 11월 30일 초판 1쇄
2020년 9월 5일 초판 2쇄

지은이/서중석
펴낸이/서진한
펴낸곳/대한기독교서회
편집책임/김인자

등록/1967년 8월 26일 제1967－000002호
주소/서울시 강남구 테헤란로 103길 14(삼성동)
전화/출판국 553－0873~4, 영업국 553－3343
팩스/출판국 3453－1639, 영업국 555－7721
e-mail/ cls1890@chol.com
edit1890@chol.com
http://www.clsk.org

책번호 1947
ISBN 978－89－511－1494－6 93230

The Christian Literature Society of Korea, Seoul
Printed in Korea

*책값은 뒤표지에 있습니다.

요한복음해석

은사(恩師)이신

박영식 대한민국학술원 회장님께

이 작은 책을 바칩니다.

서문

종교의 역사는 인류의 역사이다. 오랜 세월 동안 인류는 종교와 더불어 살아왔다. 종교의 핵심은 인간이 신의 경지에까지 다가가는 것이다. 인류는 줄곧 신에 이르기 위한 여러 가지 방법을 생각해왔다. 신에 이르는 방법은 크게 두 가지로 나뉜다. 하나는 자신의 고행과 자기 절제의 부단한 노력을 통해 신의 경지에 이르는 길이다. 이것은 일종의 변모의 통로(transformation track)이다. 다른 하나는 자신 속에 감추어져 있는 신성을 발견함으로써 신의 경지에 이르는 길이다. 이것은 일종의 깨달음의 통로(awakening track)이다. 변모는 '훈련'을 강조하고, 깨달음은 인간 안에 이미 내재되어 있는 '신성의 회복'으로 안내한다. 고전 음악의 두 거장, 베토벤과 모차르트를 종교적인 용어로 분류한다면, 베토벤은 변모 쪽이고, 모차르트는 깨달음 쪽이다. 베토벤이 아름다운 선율을 '작곡했다'면, 모차르트는 그 자신의 고백처럼 이미 존재하고 있던 아름다운 선율을 '찾아냈다.' 조각가가 돌을 조각했다 하면 변모 쪽이고, 조각가가 돌 속에 이미 내재되어 있었던 특정한 모습을 발견해내고 그것 외에 나머지 부분을 깎아 냈다 하면 깨달음 쪽이다. 티베트인들이 수천 킬로미터에 달하는 거리를 신체의 다섯 부위를 땅에 닿게 하여 절하는 소위 오체투지로 성지순례를 하는 것은 변모이고, 참선을 통해 경지에 도달하면 깨달음이다.

대부분의 종교는 이 둘을 다 가지고 있다. 불교에서도 출가하여 고된 수행을 하는 것은 변모 쪽이지만, 그 과정 속에서 해탈의 경지에 들어가는 것은 깨달음을 통해서이다. 기독교에서도 이 두 트랙을 다 가지고 있다. 가령,

사도 바울은 이 둘을 다 제시한다. 로마서 12장 2절에서 바울은 이렇게 말한다. "너희는 이 세대를 본받지 말고 오직 마음을 새롭게 함으로 변화를 받아, 하나님의 선하시고 기뻐하시고 온전하신 뜻이 무엇인지 분별하도록 하라." 전형적인 변모 쪽 트랙이다. 한편, 바울은 갈라디아서 2장 20절에서 "이제는 내가 사는 것이 아니라 그리스도가 내 안에서 사시는 것입니다."라고 선언한다. 깨달음 쪽의 트랙이다. 요한복음은 깨달음 쪽에 가까운 복음서이다. 부단한 자기 훈련과 노력을 통해 신적 상태에 이르는 것이 아니라, 그 신적 상태에 대한 앎을 통해 자신이 이미 그 상태에 들어가 있다는 것을 깨닫게 된다. 요한복음은 인류 정신사에 거대한 영향력을 끼친 극소수의 대표적인 책들 중 하나로 평가되곤 한다.

요한복음은 그 어떤 다른 복음서보다도 깊은 명상과 신학적 사색의 성격을 지닌다. 요한복음은 공관복음에 비해 대단히 독특한 색조를 지니고 있다. 요한복음에서 예수는 공관복음과는 다른 모습으로 등장하고 색다르게 행동한다. 요한의 문학적 형태도 대단히 독특하다. 때로는 대조가 사용된다. 빛과 어둠, 하늘과 땅, 위와 아래, 참과 거짓, 죽음과 생명, 사랑과 미움, 한 알의 밀알과 많은 열매 등. 또 다른 곳에서는 "나는 … 이다"(ἐγώ εἰμι)라는 선언 형식이 빈번히 사용된다. "나는 세상의 빛이다", "나는 생명의 물이다", "나는 생명의 떡이다", "나는 양의 문이다", "나는 선한 목자이다", "나는 포도나무이다" 등. 여러 형태 중 가장 현저한 부분을 차지하는 것은 연설들이다. 공관에서는 예수의 활동과 가르침에 대한 보도들은 수난 이야기를 제외하면 단편적인 이야기들로 구성된다. 그러나 요한은 상세한 연설들을 사용한다. 가령, 요한은 '나면서 맹인 된 사람의 치유' 이야기를 위해 41절을 사용하고, 고별연설에는 무려 155절이나 배정한다. 이것은 단편적인 것들을 통한 단순한 구성이 아니라, 논쟁과 대화 형식을 빌린 치밀한 구성이다.

요한의 연대기적 순서도 공관과는 다르다. 마가에 따르면, 예수의 선교는 1년 정도 지속되고 그의 삶은 예루살렘을 향한 길의 여행과 처형으로 끝이 난다. 특히 예수가 마지막 예루살렘에서 보낸 기간은 일주일 정도에 불과

하다. 그러나 요한은 예수의 공생애가 3년 정도 지속된 것으로 본다. 예수는 여러 번 예루살렘에 올라가고 마지막 반년 정도를 그곳에서 활동한다. 소위 '성전청결 사건'도 마가는 예수의 선교 마지막 기간에 일어난 것으로 보도하나, 요한은 그것이 선교 초기에 일어난 것으로 보도한다. 마가에서는 그 성전청결 사건으로 예수는 결국 처형에 이르게 되나, 요한에서는 "죽은 지 나흘이 되어 벌써 냄새가 나는" 나사로를 살린 일이 예수의 처형을 위한 빌미가 된다. 요한복음은 그 주요 주제에 있어서도 공관복음과는 확연히 구별된다. 공관복음에서는 '하나님의 나라'에 대한 예수의 선포가 중심 주제를 차지한다. 그러나 요한에서는 하나님의 나라 대신 '예수의 정체'를 규명해주려는 것이 중심 주제가 된다. 요한은 예수의 정체를 하나님의 아들일 뿐만 아니라 하나님의 실제적인 모습으로 제시한다. 예수는 "내 아버지께서 이제까지 일하시니 나도 일한다."(5:17)고 선언하기도 하고, "나와 아버지는 하나이다."(10:30)라고 단언하기도 한다. 결국 예수는 도마에 의해 "나의 주님, 나의 하나님"으로 고백된다(20:28).

요한복음의 윤곽을 간략하게 그리면 이러하다. 우선 요한복음은 로고스 찬양시와 세례 요한 관련 산문의 혼합으로 구성된 서막으로 시작한다(1:1-18). 이 서막은 로고스가 예수 안에서 인간이 되었다고 선포한다. 그는 태초에 하나님과 "함께" 계셨던 분으로, 하늘에서 내려온 분으로, 그리고 하나님을 드러내는 "특별한 하나님"으로 묘사된다. 요한복음의 본론은 크게 두 부분으로 나뉜다. 제1부는 1장 19절-12장이다. 1부는 육으로 온 예수의 구체적인 활동을 취급한다. 여기서는 예수를 거부하는 백성과 그를 영접하는 자의 대조가 주로 묘사된다. 요한복음에 나오는 기적을 수반한 표적들은 오직 1부에만 나타난다. 예수는 표적을 통해 자신이 생명이고 부활임을 알린다. 여기서 예수는 하나님의 역할을 대신한다. 제2부는 13-20장이다. 2부의 신학적 기조는 예수의 이 말로 요약된다. "내가 아버지에게서 나와 세상에 왔고 다시 세상을 떠나 아버지께로 간다"(16:28). 제2부 중에서 가장 중요한 단락은 13-17장인데 이것은 소위 예수의 '고별연설'이라고 불린다. 이

중 17장은 그 이전 장들의 연설 형식과는 달리 기도 형식을 취하고 있기에, 예수의 '고별기도'로 독립시켜 명명되기도 한다. 여기서 예수는 자신의 천상의 신분을 회복하기 위해 기도한다. 고별연설에서는 예수와 아버지의 관계가 규명되고, 하늘로 올라간 예수와 그를 믿는 신자들 사이의 관계가 새롭게 조명된다. 제1부를 표적서로, 제2부를 영광서로 부르기도 하나, 예수의 영광은 1부나 2부 가릴 것 없이 나타나기 때문에 그러한 구분은 적합성을 상실한다. 21장은 후대의 부가로 평가되나, 그 내용은 본론 부분과 연속성이 있다.

요한복음은 공관복음보다 영적인 것을 더 강조하는 복음서이다. 요한복음은 "영적인 복음서"로 불린다. 이 복음서가 하나님을 묘사하는 것도 독특하다. "하나님은 영"이기 때문에 예배하는 자는 영적으로 예배해야 한다고 주장한다(4:24). 더 나아가 요한이 본 예수는 "살리는 것은 영이니 육은 무익하다."고 말하기도 하고, "내가 너희에게 이른 말은 영이라."(6:63)고 선포하기도 한다. 한편, 요한복음을 산출한 요한공동체는 '영적 공동체' 더 나아가 '신적 공동체'로 불린다. 예수의 이름을 믿는 자들은 "하나님의 자녀"(1:12)가 되는 권세를 얻게 되는데, 요한은 그들을 "하나님께로부터 난 자들"(1:13)이라고 규정한다. 이 규정은 요한공동체의 자기규정이다. 그들의 기원은 하나님에게 있고, 그들은 하나님의 속성을 지니고 있는 신적인 공동체이다. 이 책은 요한복음의 신학사상의 특징을 규명하고, 주로 그것을 요한공동체의 정황과 관련시켜 해석한다. 이 책은 모두 열 편의 요한복음에 대한 논문들을 담고 있다. 그중 다섯 편은 최근 3년 동안 「한국기독교신학논총」과 「신약논단」 등 한국연구재단 등재 학술지 등에 발표한 것들을 약간의 첨삭, 또는 현저한 확장을 통해 수록한 것이고, 다른 다섯 편은 이 책에서 처음으로 발표하는 것들이다.

2년 전, 스페인 바르셀로나의 '성 가족 교회'를 둘러볼 기회가 있었다. 1882년에 착공된 후, 천재 건축가 가우디(Antoni Gaudi)가 43년 동안 감독했고, 아직도 130년 넘게 건축되고 있는 웅장하고 아름답고 정교한 건축물이었다. 나는 그 교회 외벽 위에 붙어 있는 수많은 대형 조각들 중 십자가에 달린 예수를 조형화한 작품을 발견하고 사진을 찍었다. 예수의 머리 위에는 헬라어로 알파(A)와 오메가(Ω)가 조형되어 있었다. 예수를 매단 원형 기둥의 윗부분은 이미 뒤틀려 앞으로 다소 빠져나왔고, 손목을 묶은 밧줄은 느슨해졌을 뿐 아니라, 예수가 왼손으로 그것을 쥐고 있었다. 십자가형이라는 사건에 함몰되는 예수가 아니라, 오히려 그 사건을 통제하는 예수의 분위기가 감지된다. 나는 이것이 요한복음의 예수상을 잘 대변하고 있다고 생각하여 이 책의 표지로 사용하기로 하였다. 그 조각을 처음 보았을 때의 감동이 아직도 생생하다.

이 책은 「연세대학교 언더우드 신학학술연구비 2008」의 지원에 의해 이루어졌음을 밝힌다. 당시 연세대학교 연합신학대학원 정석환 원장님과 선정 위원들에게 감사를 드린다. 정해진 연구기간은 2009-2011년 말까지였으나, 본격적인 연구는 학교의 보직 임기가 끝난 2010년부터 이루어져 출판이 다소 지연된 점을 송구스럽게 생각한다. 원고교정 작업을 치밀한 안목을 가지고 헌신적으로 도와준 연세대학교 대학원 박사과정의 민준홍 조교 및 자료수집에 힘써준 연신원 석사과정의 조미라 조교, 또한 출판사와의 연락 업무를 기꺼이 수행해준 민경식 교수님에게 감사드린다. 또한 이 책을 기꺼이 출간해 주신 대한기독교서회 서진한 상무님과 전문가적 식견을 갖고 편집해주신 김인자 차장님에게도 깊은 감사의 뜻을 전한다.

특별히 필자가 학부생 시절, 서양철학사와 논리학 등을 수강할 때 깊은 통찰력과 큰 깨우침을 주셨던 연세대학교 박영식 명예교수님께 감사드린다. 필자는, 연세대학교 총장과 교육부장관을 거쳐 최근에 대한민국학술원 회장직을 맡아 한국의 학문 발전을 총괄하고 계신 박영식 회장님의 건강을 염원하며 이 작은 책을 그분에게 헌정하고 싶다.

2012년 8월

연세대학교 신학관에서

서중석

차례

서문 • 7

제1장 서막 • 19

I. 서언 • 19

II. 서막의 범위, 위치, 형태 • 19

III. 서막의 로고스 • 28

IV. 서막의 세례 요한 • 37

V. 결어 • 43

제2장 표적 • 49

I. 서언 • 49

II. 요한의 표적과 그 범위 • 50

III. 육속에 깃든 영광과 생명의 떡의 표적 • 55

IV. 생명과 부활의 표적 • 60

V. 결어 • 71

제3장 성령 • 75
I. 서언 • 75
II. 성령과 예수의 관계 • 76
III. 성령과 요한공동체의 권위 구조 • 85
IV. 결어 • 98

제4장 영생 • 103
I. 서언 • 103
II. 영생에 관한 두 접근: 개인이냐 집단이냐 • 104
III. 밀알과 많은 열매 • 108
IV. 집단지향적 개인과 영생의 형태 • 114
V. 결어 • 119

제5장 심판 • 123
I. 서언 • 123
II. 1세기 유대교 및 공관복음의 심판 사상 • 125
III. 요한복음의 하나님과 심판 • 130
IV. 요한복음의 예수와 심판 • 135
V. 심판과 요한공동체의 정황 • 141
VI. 결어 • 148

제6장 하나님의 자녀 • 153
I. 서언 • 153
II. 하나님의 자녀 • 153
III. 하나님의 자녀와 하나님으로부터 난 자들 • 158
IV. 하나님의 자녀의 조건 • 163
V. 결어 • 166

제7장 예수의 고별기도 • 171
I. 서언 • 171
II. 파이퍼의 고별기도 해석의 문제 • 171
III. 고별기도의 예수와 하나님 • 177
IV. 고별기도의 예수와 하나님과 믿는 자들 • 182
V. 결어 • 189

제8장 부활 • 193
I. 서언 • 193
II. 예수의 십자가와 부활 • 194
III. 예수의 부활과 도래 • 199
IV. 부활한 예수와 성령-보혜사의 현존 • 203
V. 예수의 부활과 제자들의 부활 • 208
VI. 결어 • 217

제9장 요한공동체의 사상적 형태 • 223

I. 서언 • 223

II. 소종파적 성령공동체 • 224

III. '영과 진리로' 예배하는 공동체 • 231

IV. '서로 사랑'을 지향하는 공동체 • 236

V. 결어 • 243

제10장 요한복음에 대한 사회심리학적 해석 • 247

I. 서언 • 247

II. 인지적부조화 이론 • 248

III. 인지적부조화의 상황–출교 • 252

IV. 인지적부조화의 저감 시도–모세의 제자냐 예수의 제자냐 • 258

V. 인지적부조화의 저감효과 유지–지원그룹의 확보 • 272

VI. 결어 • 275

참고문헌 • 277

제1장
서막

I. 서언

II. 서막의 범위, 위치, 형태

III. 서막의 로고스

IV. 서막의 세례 요한

V. 결어

제1장

서막

I. 서언

요한복음 1장 1-18절은 하나의 단락으로 소위 그 복음서의 서막으로 불린다. 서막을 제외한 요한복음의 남은 부분은 소위 "본체"라 부른다. 요한 저자는 자신에게 전해진 로고스나 세례 요한에 관한 자료들을 자신의 공동체를 위해 급격하게 변경시킨다. 여기서는 서막의 범위와 서막이 요한복음 전체에서 차지하는 위치와 서막의 형태를 간략하게 다룬 후, 서막에 등장하는 핵심 개념인 로고스 신학의 특징을 로고스의 정체를 중심으로 살펴본다. 곧, 하나님의 정체와 로고스의 정체는 서로 독립적인가의 여부에 주로 관심을 집중한다. 그 후 서막의 또 다른 주요 인물인 세례 요한을 로고스에 대한 그의 역할과 그 의의를 중심으로 규명한다.

II. 서막의 범위, 위치, 형태

요한복음 주석의 대표적인 학자들인 불트만(R. Bultmann)이나 브라운

(R. E. Brown)이나 슈나켄부르크(R. Schnackenburg)는 서막의 범위를 1-18절로 전제한다.[1] 그러나 최근에 윌리암스(P. J. Williams)는 본문비평을 사용하여, 서막의 범위 설정의 역사를 다루면서, 서막은 1-5절, 1-17절, 1-14절, 1-29절, 1-18절 등으로 그 범위가 다양하게 규정되어 왔다고 조사했다.[2] 윌리암스에 따르면, 기원후 약 200년경으로 추정되는, 현존하는 요한복음의 최초의 사본인 P66은 1장 5절 후에 빈칸을 남겨두어 1-5절을 하나의 단위로 보았고, 그 비슷한 흔적을 6-24절 사이에는 남겨두지 않았다. 비잔틴 전례서는 1장 1-17절을 하나의 단위로 보았고, 2세기 말 타티안(Tatian)의 다아테사론(Diatessaron)과 그 이후의 그리스 전례서 전승도 주요 구획을 1장 18절과 1장 19절 사이가 아니라, 1장 17절과 1장 18절 사이에 두었다. 한편, 베드(V. Bede)나 스코투스(J. Scotus)와 같은 후기 서방 전례서 저자들은 1장 1-14절을 하나의 단위로 간주했다. 이와는 달리, 종교개혁자 에라스무스(Erasmus)는 라틴어가 병기된 그리스어 신약성경 전체를 1516년에 출판했는데, 1장 1-29절을 한 단위로 처리했다. 1777년 신약성경의 그리스바하(Griesbach) 판에서는 1장 1-18절이 하나의 단위로 취급되었고, 그 후 1841년 티센도르프(Tischendorf) 판이나 1881년 웨스트콧과 호르트(Westcott and Hort) 판도 그리스바하 판을 따랐다.[3]

서막의 범위에 관한 윌리암스의 면밀한 조사는 괄목할 만한 것으로 평가할 수 있다. 그러나 "요한 1장 1-18절이 요한복음의 서막으로 간주되어서는 안 된다."[4]는 그의 확정적인 주장은 지나친 것이다. 요한복음 저자가 직

1) R. Bultmann, *The Gospel of John-A Commentary* (Philadelphia: The Westminster Press, 1971), 13-18; R. E. Brown, *The Gospel according to John*, 2 vols.(New York: Doubleday & Company, Inc., 1966-1970), 1:3-23; R. Schnackenburg, *The Gospel According to st. John*, 3 vols.(New York: The Crossroad, 1982-1987), 1:221-224.

2) P. J. Williams, "Not the Prologue of John," *Journal for the Study of the New Testament* 33(4, 2011), 375-386.

3) 앞의 논문, 376-381.

접 쓴 원본이 없는 상태에서 그 후의 모든 사본이나 전례서나 출판본에 나타난 단락 구분은 결국 각기 그것을 수행한 사람들의 해석에 따른 것이기 때문이다. 더구나, 위의 다양한 구분은 어느 것도 쉽게 탈락시킬 수 없는 나름대로의 이유를 갖고 있다. 심지어 1장 1-29절을 한 단위로 보는 것조차 일면 일리가 있다. 1장 19-29절에 제공되는 세례 요한의 증언이 1장 6-8, 15절에도 소개되어 있기 때문이다. 그러나 서막의 범위에 대한 여러 대안 중 1장 1-18절이 가장 설득력이 있는 서막의 단위라 할 수 있다. 데니슨(J. T. Dennison)의 주장대로, 1절과 18절에 제시된 θεός의 사용이 로고스와 하나님과의 내밀한 관계를 보여주는 유사성을 형성하고 있기 때문이다.[5)]

서막 크게 두 분으로 나뉜다. 로고스 부분(1:1-5, 9-14, 16-18)과 세례 요한 부분(1:6-8, 15)이다. 그 둘은 내용상 달리 취급되어야 하는가? 고들리(M. Gordley)는 세례 요한 이야기(1:6-8, 15)는 삽입된 것으로 취급한다.[6)] 고들리는 서막에서 로고스 이야기들과 세례 요한 이야기들이 두 줄기를 이루어 나란히 흐른다고 하면서 그것들을 분리해도 서로에게 해가 되지 않는다고 주장한다.[7)] 이 말 자체에는 무리가 없다. 그러나 역으로, 그 둘을 분리하지 않아도 해가 되지는 않는다. 더 큰 문제는 여기에 있다. 고들리는 왜 그의 서막 연구에서 로고스 줄기만 채택하고, 세례 요한 줄기를 제외했는가? 어떤 근거로 세례 요한 이야기를 삽입으로 보았는가? 고들리와는 반대로, 로빈슨(J. A. T. Robinson)처럼 오히려 서막의 로고스 찬양시를 1장 6-9, 15절의 세례 요한 이야기로 시작되는 복음서에 대한 후대의 부가[8)]로 볼 수도

4) 앞의 논문, 375.

5) J. T. Dennison, "The Prologue of John's Gospel," *Kerux: A Journal of Biblical-Theological Preaching* 8(2, 1993), 3-9, 특히 3.

6) M. Gordley, "The Johannine Prologue and Jewish Didactic Hymn Traditions: A New Case for Reading the Prologue as a Hymn," *Journal of Biblical Literature* 128(4, 2009), 781-802, 특히 781, 792-795.

7) 앞의 논문, 793.

8) J. A. T. Robinson, "The Relation of the Prologue to the Gospel of St. John," *New*

있지 않은가?

서막의 로고스 부분과 세례 요한 부분은 내용상 서로 얽혀 있다. 고들리와는 달리, 마이컬스(R. J. Michaels)는 세례 요한 이야기가 창조 이야기에 걸맞은 것임을 보여주고 있다. 그에 따르면, 세례 요한이 세상에 온 것은 "창조와 함께 시작한 하나님의 계획의 연속을 나타낸다. 만물이 말씀을 통해 '지은 바 되었던' 것처럼 요한도 '하나님으로부터 보내진' 자로 '왔다.'"[9] 여기서 마이컬스는 '지은 바 되었던'(3절)이라는 표현과 '왔다'(6절)라는 표현－전혀 다른 우리말의 두 표현－이 기실은 ἐγένετο라는 똑같은 단어임을 밝혀주었다.[10] 그뿐만 아니라, 그는 세례 요한 이야기 중 7-8절에 나오는 "증언, 증언하다, 빛, 빛, 증언하다, 증언하다, 빛"은 서막 1절에 나오는 "로고스, 로고스, 하나님, 하나님, 로고스" 혹은 4-5절의 "생명, 생명, 빛, 빛, 어둠, 어둠"을 상기시켜 준다고 말한다. 마이컬스에 따르면, 이러한 소위 "계단식 병행"의 유사성을 고려한다면, 1-5절은 시(詩)이고, 6-8절은 산문으로 하나의 삽입이라고 주장하여 세례 요한을 서막에서 제외하려는 학자들의 집착은 지나친 것이다.[11] 이것은 서막을 현재의 형태 그대로를 두고 연구해도 무리가 없음을 보여주는 모범적인 사례이다.

서막이 본체에서 차지하는 위치는 어떠한가? 서막과 본체는 서로 밀접한 관계를 갖고 있는가? 오그레디(J. F. O'Grady)는 서막과 요한복음의 남은 부분을 비교한 후, 두 부분에서 "공통 주제들의 반복은 서막의 기원을 요한 공동체 외부에 위치시키는 데 주저하게 한다."[12]고 설득력 있게 주장한다.

Testament Studies 9(1962-3), 120-129, 특히 124-128.

9) R. J. Michaels, *The Gospel of John* (Grand Rapids, Michigan: W. B. Eerdmans Publishing Company, 2010), 59. 물론 이 단어를 3절과 6절에서 똑같은 의미로 사용하기는 어려우나, 요한 저자가 각기 다른 두 문맥에서 같은 단어를 사용한 것은 의도적인 것이다.

10) 앞의 책, 59, n. 5.

11) 앞의 책, 59.

12) J. F. O'Grady, "The Prologue and Chapter 17 of the Gospel of John," in *What We*

이것은 서막이 요한복음의 남은 부분과는 독립된 찬양시라는 전통적인 견해를 거부하기 위한 것이다. 서막에는 로고스가 예수와 관련된 개념으로 등장한다. 여기서는 두 가지 질문을 할 수 있다. 첫째, 1장 18절 이후에도 예수가 로고스로 언급되고 있는가? 둘째, 서막의 현저한 사상인 로고스의 선재와 성육신은 요한복음의 남은 부분에 나타나는가? 보어윈드(S. Voorwinde)는 첫째 질문에 대해, 로고스가 서막 이후에 기독론적 칭호로 사용되지 않은 것은 사실이나, 로고스는 서막의 그 등장을 전제하는 방법으로 본체에서 사용되고 있다고 답변한다. 이를 위해 그가 제시하는 구절들은 4장 41, 50절; 5장 24절; 8장 31, 37, 43, 51, 52절; 12장 48절; 14장 24절; 15장 3절; 17장 6, 14, 17절이다.[13] 그러나 그 구절들 대부분에서 로고스는 예수 자신이 아니라 단지 그의 말로 드러난다. 가령, "예수의 말씀으로 말미암아 믿는 자가 더욱 많아" 할 때 사용된 로고스는 예수가 한 말을 뜻한다. 그러나 17장 6, 14, 17절은 강력한 근거를 갖는다. 이 세 곳에 나타나는 "아버지의 말씀"은 서막과 본체의 밀접한 관계를 드러낸다. 가령, "아버지의 말씀은 진리입니다."(17:17) 할 때, 진리인 "아버지의 말씀"은 "내가 곧 길이요 진리요 생명이다."(14:6)라는 구절에 드러난 진리인 예수를 상기시켜 준다.

둘째 질문을 살펴보자. 서막의 로고스의 선재와 성육신 사상은 요한복음 본체에 재현되는가? 요한복음에서 세례 요한은 이렇게 말한다. "내가 전에 말하기를 내 뒤에 오는 사람이 있는데 나보다 앞선 것은 그가 나보다 먼저 계심이라 한 것이 이 사람을 가리킴이라"(1:30). 세례 요한보다 늦게 출현한 예수를 오히려 앞섰다고 한 것은 저자가 세례 요한의 입을 통하여 예수의 선재를 암시한 것이다. 더 나아가 요한이 본 예수는 "아브라함이 나기 전부터 내가 있다."(8:58)고 말한다. 아버지는 "창세 전부터" 아들을 사랑한

Have Heard from the Beginning: The Past, Present and Future of Johannine Studies, ed. Tom Thatcher (Waco, TX: Baylor Univ. Press, 2007), 215–228, 인용은 219.

13) S. Voorwinde, "John's Prologue: Beyond Some Impasses of Twentieth-Century Scholarship," *Western Theological Journal* 64(1, 2002), 15–44, 특히 19.

다(17:24). 본체에서 선재와 성육신을 함께 보여주는 대표적인 구절은 16장 28절이다. "내가 아버지에게서 나와 세상에 왔고 다시 세상을 떠나 아버지께로 가노라." 요한이 본 예수의 기원은 천상에 있다. 그는 "위로부터 났고"(8:23), "하늘에서 내려온 자"이다(3:13). 이런 점에서 서막의 선재와 성육신 사상이 본체 도처에서 사용된 표현들의 의미를 규정하는 신학적 초석이 된다는 보어윈드의 주장[14]은 설득력이 있다. 17장 5절은 지상에 육으로 온 예수가 서막에 나타난 선재의 상태와 천상의 신분 회복을 탄원하는 내용이다. 서막의 선재와 성육신 사상은 본체 도처에 스며들어 있다. 카터(W. Carter)의 주장대로 서막은 요한공동체의 경험과 자기이해를 합법화하고 해석하는 그 복음서의 한 부분으로 이해되는 것이 더 바람직하다.[15]

물론 서막은 본체에 대한 완벽한 요약은 아니다. 카슨(D. A. Carson)은 요한복음의 서막은 서막을 제외한 나머지 요한복음의 주요 주제들을 소개하는 일종의 "현관"[16]이라고 한다. 서막은 본체를 예견하게 해주기 때문이다. 그러나 현관만 보고 집의 구조나 형태를 충분히 파악할 수는 없다. 특히, 아버지 하나님과 '하나님인 로고스'(1:1c, 18b)의 정체의 분리에 관한 서막의 입장은 본체에서는 분리와 통합이 함께 이루어지는 방향으로 확장된다. 이러한 확장은 서막만 가지고는 알 수 없다.

이제 요한복음의 서막의 형태 문제를 살펴보자. 불트만은 서막이 영지주의 사상으로 채색된 세례요한공동체의 찬양시의 자료를 바탕으로 구성되었으며, 거기에 세례 요한의 증언(1:6-8,15)과 12c, 13, 17, 18절 등 이차적인 자료가 부가되었다고 주장한다.[17] 불트만에 따르면, 그 이차적인 자료는 요한 저자 자신이 특별한 목적으로 직접 작성했으나, 서막의 찬양시는 유대교

---

14) 앞의 논문, 20.

15) W. Carter, "The Prologue and John's Gospel: Function, Symbol and the Definitive Word," *Journal for the Study of the New Testament* 39(1990), 35-38, 특히 35.

16) D. A. Carson, *The Gospel according to John* (Grand Rapids: Eerdmans, 1991), 111.

17) R. Bultmann, *The Gospel of John*, 17-18.

외부, 곧 동양적인 영지주의의 영역에 속한다.[18] 슈나켄부르크도 원 자료와 이차 자료를 구별한다. 그에 따르면, 시적 리듬의 원 자료는 1, 3, 4, 9a,b, 10a,c, 11, 14a,c, 16절이며, 그 시적 리듬에 산문체인 6-8절과 5, 12-13, 15, 17-18절이 부가되었다. 원 자료는 헬라적 유대교의 지혜 사색에 신학적 기초를 둔 원시 기독교의 구성이라는 것이다.[19] 이처럼 고전적인 학자들은 서막의 절들을 매우 세밀하게 분석하여 원 자료와 이차적인 자료를 구분하는 데 치중했다. 그들은 서막의 원 자료의 형태가 찬양시라는 점에는 동의하나, 그것이 어떤 종류의 찬양시와 유사한지를 구절 대 구절의 구체적인 대조를 통하여 제시하지는 못했다. 불트만이 찬양시의 기원을 비유대교적인 것으로 확언한 것과는 달리, 최근에는 서막의 형태를 설교, 혹은 찬양시로 간주하고, 그것을 특별히 유대교적 문헌들과 치밀하게 비교하는 방향으로 연구가 진행되고 있다.

보야린(D. Boyarin)은 요한복음의 서막은 유대교적인 사상 체계 속에서 이해되어야 한다고 주장하고, 서막의 로고스를 타르굼(Targum)의 멤라(Memra)와 비교한다.[20] 보야린은 로고스 신학을 기독교에만 있는 독특한 사상으로 전제하는 해석자들은 서막을 "예수에 대한, 곧 성육한 로고스에 대한 하나의 찬양시"로 간주하나, 서막은 찬양이 아니라 설교이며, 창세기의 시작을 재언급하는 설교이기 때문에, 그 장르 역시 찬양시가 아니라, 이야기라고 주장한다.[21] 보야린의 주장에 대해 고들리는 서막은 유대교적인 교훈적 찬양시이며, 교훈적인 찬양시란 찬양적인 형식을 이야기체의 내용들과 함께 섞어 놓은 것이라고 반박한다.[22] 고들리는 서막을 7연으로 나눈

18) 앞의 책, 29.

19) R. Schnackenburg, *The Gospel According to st. John*, 1:231-232.

20) D. Boyarin, "The Gospel of the Memra: Jewish Binitarianism and the Prologue to John," *Harvard Theological Review* 94(2001), 243-284.

21) 앞의 논문, 264-265,

22) M. Gordley, "The Johannine Prologue and Jewish Didactic Hymn Traditions," 781-802, 특히 797.

다.[23] 1-2절, 3-4절, 5, 9절, 10-11절, 12-13절, 14절, 16-17절. 그는 각 연의 마지막 행의 핵심 구와 다음 연의 첫 행의 핵심 구를 뽑아낸 후 그 둘의 연결고리를 제시한다. 가령, 첫째 연과 둘째 연을 예로 들면, 이전 연의 마지막 행의 핵심 구는 "태초에"(2절)이고, 다음 연의 첫 행의 핵심 구는 "만물이 지어졌다."(3절)이며, 그 연결은 창세기 1장의 창조 이야기라는 것이다. 같은 방식으로, "사람들의 빛"(4절)과 "빛이 비치니"(5절)의 연결고리는 빛의 이미지라는 것이다.[24] 그러나 이러한 해석은 매우 조악할 뿐 아니라, 지나치게 인위적이기도 하다. 가령, "하나님으로부터 난 자"(13절)와 "말씀이 육신이 되었다."(14절)의 연결은 믿는 자와 로고스를 같은 수준으로 놓고 무리하게 대조한 것이고, "은혜와 진리가 충만"(14절)이라는 핵심 구와 "그의 충만한 데서"(16절)라는 핵심 구는 14절의 그 구가 16절의 그 구를 단지 부연 설명한 것에 지니지 않기 때문이다.

고들리가 세례 요한 이야기를 제거한 것은 서막을 산문이 아니라, 찬양시로 보는데 방해가 되었기 때문이다. 이런 점에서 고들리보다 보야린이 더 설득력이 있다. 보야린에 따르면, 6절은 후대의 부가가 아니다. "세례 요한이 유대교적 코이네 전승들과 성육화된 로고스 출현 사이의 한 전환을 대표하는 것처럼, 그의 절(6절)은 코이네 미드라쉬와 그 독특한 요한적인 후편의 출현 사이의 한 전환을 대표한다."[25] 한편, 보야린과 고들리는 서막의 형태 또는 장르에 관한 견해에서는 각기 이신일체 이야기와 교훈적 찬양시로 견해를 달리하나, 서막이 결국은 유대교적 배경에서 읽혀져야 한다는 큰 그림에서는 의견을 같이한다. 그러나 서막이라 할 때, 고들리에게는 세례 요한 관련 구절들을 제외한 찬양시만을 의미한 셈이고, 이와는 달리, 보야린에게는 그 둘 모두를 뜻한 셈이다. 이 점이 보야린이 더 높이 평가받아야 하는 이유 중 하나이다.

---

23) 앞의 논문, 787-790.

24) 앞의 논문, 792.

25) D. Boyarin, "The Gospel of the Memra," 31.

서막 구성에 유대교적인 사상적 요소들, 가령 지혜서의 소피아 전승이나 창세기의 창조 이야기 등은 일정한 역할을 했을 것이다. 그러나 유대교 회당으로부터 축출을 경험한 요한 저자는 그것들을 과격하게 변경한다. 요한복음 서막과 지혜서, 혹은 창세기를 비교해 보면 이런 변경이 드러난다. 로고스의 여성 파트너 격인 소피아는 "영원한 빛의 반영이자, 하나님의 활동의 티 없는 거울"(지혜 7:26)로서 "만물을 새롭게 한다"(7:27). 하나님은 "지혜와 함께 거하는 사람"만을 사랑한다(7:28). 더 나아가 지혜는 거룩한 영혼들 속에 들어가 그들을 "하나님의 친구들"로 만든다(7:27). 한편, 서막에서 로고스는 그를 영접하는 자에게 "하나님의 자녀"가 되는 권세를 준다(요 1:12). 그들은 "하나님께로 난 자들"(1:13)로 규정된다. 물론 둘의 이러한 차이는 미미한 것이다. 그러나 소피아와 로고스의 가장 뚜렷한 차이는 창조의 역할에 있다. 지혜서에서 비록 지혜는 하나님이 세상을 만들 때부터 있었지만(지혜 9:9), 창조의 주체는 지혜가 아니라, 하나님이다(지혜 9:1). 반면, 서막에서 로고스는 만물 창조의 주체이다. 이런 점에서 서막의 로고스는 소피아의 역할을 넘어선다. 창세기와 요한복음의 서막도 신학적인 차이점들을 드러낸다. 가령, 창세기에서 빛은 모든 피조물 중 첫 번째로 창조되었으나(창 1:3), 서막에서는 생명이 빛이고, 그 생명은 "사람들의 빛"으로 규명된다(4절). 그 빛은 창조된 것으로 나타나지 않는다. 더구나 그 빛은 물질적인 것이 아니라, 상징적인 것이다.[26] 더구나 서막의 성육신 신학(1:14)은 구약에서는 찾기 어렵다.[27] "만물이 그로 말미암아 지은 바 되었다."(3절)는 선언과 "태초에 하나님이 천지를 창조하시니라."(창 1:1)는 선언도 사상적인 근사성(近似性)을 갖기는 하나,[28] 창조 작업의 실제적인 주체에는 분명한 차

26) 바울도 이렇게 말한 적이 있다. "이는 너희가 흠이 없고 순전하여 어그러지고 거스르는 세대 가운데서 하나님의 흠 없는 자녀로 세상에서 그들 가운데 빛들로 나타내며"(빌 2:15) 할 때, 우리 마음에 비추는 빛이나 그들 가운데 나타내는 빛은 상징적인 것이다.

27) C. H. Dodd, *The Interpretation of the Fourth Gospel* (Cambridge: Cambridge University Press, 1968), 271.

28) 마이컬스는 창세기 1:1보다는 1:3(LXX)에서 빛을 만들 때 사용했던 ἐγένετο가 서막

이를 드러낸다.

서막이 먼저인가 본체가 먼저인가의 문제, 서막 중에서는 어느 구절이 먼저이고, 어느 구절이 나중에 부가되었는지의 문제, 서막의 문학적 형태가 찬양시인지 설교인지를 구분하는 작업들은 공론(空論)에 그친 경우가 대부분일 뿐 아니라, 비생산적이기까지 하다. 중요한 것은 요한복음의 최종 형태는 서막과 본체가 함께 나타났다는 점이다. 최종 형태로서의 서막에서 출발하면 그만큼 더 생산적인 결과를 도출해 낼 수 있다. 그 최종 형태의 요한복음이 당시 그 기자 혹은 최종 편집자에게는 가장 적합하고 뜻 깊은 배열이었을 것이기 때문이다.

III. 서막의 로고스

로고스의 신학은 서막의 핵심 주제 중 하나이다. 1장 1절은 이렇게 시작한다.

Ἐν ἀρχῇ ἦν ὁ λόγος,
καὶ ὁ λόγος ἦν πρὸς τὸν θεόν,
καὶ θεὸς ἦν ὁ λόγος.

태초에 말씀(로고스)이 계셨다.
말씀이 하나님과 함께 계셨다.
그 말씀이 하나님이다.

여기서 중요한 문제는 로고스의 정체이다. 로고스는 하나님인가? 세 번

1:3에 동일하게 두 번이나 나타난다고 그 유사성을 지적한다. R. J. Michaels, *The Gospel of John*, 51.

째 행(1:1c)만 있다면 대답이 간단하다. 하나님이다. 그런데 그 하나님이 어떤 하나님이냐의 문제는 제쳐둔다 해도, 두 번째 행과 관련시키면 대답이 쉽지 않다. πρὸς는 εἰς와는 달리 대상의 바로 앞에서 끊기는 움직임을 뜻하기 때문이다. 곧 1b절은 하나님과 분리된 로고스의 정체를 뜻한다. 이는 마치 예수가 "내가 땅에서 들리면 모든 사람을 나에게로(πρὸς) 이끌겠노라."(12:32) 할 때, 예수와 모든 사람은 각기 다른 실체를 뜻하는 것과 같다.

이 문제를 해결하기 위해 1b절의 하나님 앞에 붙은 정관사에 주목하여, 관사가 붙은 θεός는 아버지 하나님이고, 관사가 없는 θεός는 로고스 예수를 가리킨다는 식의 주장은 별 소득이 없다. 가령, "영생은 곧 유일하신 참 하나님과 그가 보내신 자 예수 그리스도를 아는 것입니다."(17:3)에서 하나님 앞에 관사가 붙었으나, 예수를 "나의 주님, 나의 하나님"(20:28)이라고 고백할 때에도 하나님 앞에 관사가 붙어, 예수도 관사가 붙은 하나님으로 불리고 있기 때문이다. 또한 "하나님이 세상을 이처럼 사랑하사 특별한 아들을 주셨다."(3:16) 할 때, 하나님 앞에 관사가 붙었으나, "아버지 품속에 있는 특별한 하나님"(1:18b) 곧 아들 하나님에게도 관사가 붙어 있기 때문이다. 더구나 "본래 하나님을 본 사람이 없다."(1:18a)에서는 하나님에게도 관사가 붙지 않았다.

그렇다고 해서 관사의 역할이 전혀 없는 것은 아니다. 관사는 주어를 서술어와 구분하기 위해 자주 사용되기 때문이다. 가령 "하나님은 사랑이다."(요일4:16) 할 때, 하나님 앞에 관사가 붙는다. 서막 1장 1c절에서 하나님 앞에 관사가 붙지 않은 것은 로고스가 주어이고, 하나님이 술어적 명사를 가리키기 위한 것이다. 이것이 모팻(Moffat) 역에서 "the Logos was divine"으로 번역한 이유이다. 그러나 "신적" 혹은 "신성한"은 브라운이 지적한 대로, 형용사 θειός가 있음에도 불구하고 요한 저자가 그것을 피한 이유를 설명해 주지 못하는 번역이다.[29] 1c절의 "그 말씀이 하나님이다." 하는 것은 하나님이

29) R. E. Brown, *The Gospel according to John*, 1:5.

말씀의 속성이라는 뜻이다.[30] 가령 "하나님은 사랑이다." 할 때 사랑은 하나님의 속성인 것과 같다. 반대로 '사랑이 하나님이다' 할 수 없는 것처럼 '하나님이 말씀이다' 할 수 없다. 마이컬스가 지적한 대로, 말씀과 하나님은 "그들의 가깝고 친밀한 관계에도 불구하고, 상호 교체될 수 없다."[31]

서막에서 로고스 역시 하나님의 속성을 지닌 하나님이다. 그는 아버지 하나님이 아닌, 그 하나님을 나타내는 "특별한 하나님"(μονογενὴς θεὸς ὁ)이다(1:18). 결국 1c절은 로고스"도" 하나님이라는 뜻이다. 로고스 하나님은 그 로고스와 함께 한 하나님의 본질을 공유한다. 최근에 이런 점을 명료하게 밝힌 학자는 웨첸(H. C. Waetjen)이다. "하나님과 구별되는 그 로고스의 본질적인 속성은 … 그의 창조자와의 연합 속에서 완결되는 운동이다. 결과적으로 정체의 혼란은 없다. 차별과 연합 사이를 오고 가는 상호작용 속에서 그 로고스는 그의 존재의 독립성을 유지한다."[32] 웨첸의 주장은 설득력이 있다. 특히 "차별과 연합 사이를 오고 가는 상호작용"이라는 분석이 주목을 받을만하다.[33] 다만, 그는 하나님이 로고스의 창조자라 했으나, 서막에서 로고스는 물론 요한복음 남은 부분에서도 예수는 하나님의 피조물로 나타나지 않는다는 점에 주의를 기울이지 않았다. 서막에서 로고스는 "태초에 있었다"(1:1a).

서막에서 로고스는 하나님으로부터 독립된 정체의 형태를 보여준다. 그는 하나님과 "함께" 있었다(1:1b). 이는 연합처럼 보이지만 실은 독립이다. 로고스와 하나님의 정체가 동일하다면 "함께"를 사용할 수 없기 때문이

30) R. J. Michaels, *The Gospel of John*, 48.

31) 앞의 책, 48.

32) H. C. Waetjen, "Logos πρὸς τὸν θεόν and the Objectification of Truth in the Prologue of the Fourth Gospel," *Catholic Biblical Quarterly* 63(2, 2001), 265-286, 인용은 268.

33) 필자는 그의 논문이 발표되기 몇 년 전에 "독립과 연합의 지속되는 상호작용"의 개념으로 "바울의 예루살렘 회의 보도"를 분석한 바 있다. 나의 저서『바울서신해석』(서울, 대한기독교서회, 1998), 제2장.

다. 심지어 “그 로고스는 하나님이다.”(1:2.c)는 선언도 ‘로고스 역시 하나님이다.’라는 뜻이기 때문에, 정체의 독립을 강조한 것이다. 서막에서 로고스는 그 스스로 세상에 온다. 세례 요한이 하나님에 의해 세상에 보내진 것(1:6)과는 달리, 로고스는 그 스스로가 육신이 되어 우리 가운데 거한다(1:14). 물론 예수도 요한복음 본체에서는 하나님에 의해 보내진다(3:17; 17:3). 로고스가 스스로 세상에 왔든, 하나님에 의해 보내졌든, 두 경우 모두 하나님으로부터의 분리된 정체를 뜻한다. 요한복음 본체에서 주로 아버지로 표현되는 하나님과 ‘하나님인 로고스’(1c절)는 각기 다른 실체로 묘사된다. 이는 마치 창세기 1장 26절을 연상하게 한다. “하나님이 이르시되, 우리의 형상을 따라 우리의 모양대로 우리가 사람을 만들자.” 이런 점에서 보이스마드(M. E. Boismard)가 오래 전에 간파한 주장은 아직도 적합성을 지닌다. 그에 따르면, 요한은 하나님에 가까움보다는 하나님으로부터의 다름의 개념으로 로고스를 제시한다는 것이다.[34] 반대로, 맥레오드(D. J. MacLeod)에 따르면, 요한복음 1장 1-2절은 로고스만이 지상에 온 하나님이고, 그 누구도 그와 나란히 또는 그의 자리를 취할 수 없다는 것을 선언한다는 것이다.[35] 신명기 6장 4절의 유일신관을 전제한 채, 요한복음의 서막을 해석한 맥레오드의 연구는 지나치게 교조적이고, 그의 주석은 치밀하지 못하다. 이에 비하면, 보이스마드가 더 깊이가 있다. 태초에 하나님과 함께 있었던 로고스(1:2)나 창조의 주체가 되는 로고스(1:3)의 제시를 통해 요한은 “태초에 하나님이 천지를 창조하시니라.”(창 1:1)는 선언에 나타난 창조의 주체를 극적으로 변경시킨다.

서막을 제외한 요한복음 본체에서는 정체의 분리와 통합이 자주 교차된다. 요한이 본 예수는 “내 아버지께서 이제까지 일하시니 나도 일한다.”

---

34) M. E. Boismard, *St. John's Prologue*, tr. Carisbrooke Domonicans (London: Aquin, 1957), 8.

35) D. J. MacLeod, "The Eternity and Deity of the Word: John 1:1–2," *Bibliotheca Sacra* 160(2003), 63.

(5:17)고 말함으로써, 자신의 활동이 아버지의 활동과 병행을 이루는 것으로 말한다. 그러나 17장 여러 곳에 나타난 예수의 탄원은 기도라는 형식이 이미 말해 주듯이, 하나님으로부터 독립된 정체를 보여 준다. 예수는 "나와 아버지는 하나이다."(10:30)라는 높은 수준의 친밀도를 동반한 하나님과의 정체의 연합을 강조하다가도, "아버지는 나보다 크심이라."(14:28)는 정체의 독립을 보여주기도 한다. 그러나 어떤 구절들은 연합과 독립을 동시에 강조하기도 한다. 가령, 14장 7절, "너희가 나를 알았더라면 내 아버지도 알았을 것이다. 이제부터는 너희가 그를 알았고 또 보았다." 여기서 선언의 형식에서는 정체의 독립을, 그 내용에서는 정체의 연합을 강조한다. 피터슨(N. Peterson)은 로고스와 하나님을 구분하기 위해 이런 유비를 제시하였다. "태초에 말씀이 계셨고, 그 말씀이 하나님과 함께 계셨다."는 말은 "보트가 하나 있었고, 그 보트는 물위에 있었다."는 말과 유사하다는 것이다.[36)]그러나 이러한 유비는 서막을 제외한 요한복음의 나머지 부분에서는 설득력을 잃는다. 그 유비는 로고스와 하나님의 개별성을 강조할 뿐, 그 두 정체의 연합의 측면은 설명해주지 못하기 때문이다. 오히려 간조 시에는 한 개의 섬이었다가, 만조 시에 바닷물에 의해 두 개의 섬으로 분리되어 보이는 부산 앞바다의 우삭도의 유비가 보트-물 유비보다는 더 적절할 것이다. 보트와 물은 본질이 다르지만, 본질이 동일한 우삭도의 경우에는, 만조와 간조에 따라 두 개의 섬이라고도 할 수 있고, 하나의 섬이라고도 할 수 있기 때문이다. 하나로 보일 때, 예수는 아버지와 하나(10:30)이지만, 둘로 보일 때는 예수는 아버지보다 작다(14:28 참조). 그러나 서막에서는 하나님과 로고스의 분리된 정체 제시가 압도적이다.

서막 1장 14절에서 성육신의 개념이 등장한다. 물론 요한 저자가 성육신 개념의 첫 창시자는 아니다. 기원전 5세기에 활동했던 그리스의 작가 유

36) N. Peterson, *The Gospel of John and the Sociology of Light. Language and Characterization in the Fourth Gospel* (Valley Forge, PA: Trinity Press, 1993), 8.

리피데스(Euripides)의 비극 바카이(*Bacchae*)에도, 주인공인 젊은 신, 디오니수스가 육으로 왔고, 그가 자신을 나타낸 자들에게 인정받지 못했다는 내용이 나온다. 디오니수스의 가족은 그가 제우스의 아들이 아니라고 부인하고, 그는 고향에서 배척받고, 낯선 자로 아시아와 외국 전역을 돌아다닌다.[37] 그러나 요한복음과는 달리, 바카이에 나오는 그 신은 태초에 있었던 신도 아니고 만물을 창조한 신도 아니다.

1장 14a절은 "그 로고스가 육으로 왔다."(ὁ λόγος σὰρξ ἐγένετο)고 선언한다. 개역개정은 ἐγένετο를 "되었다"로 처리했다. 그러나 웨첸은 그 로고스는 인간의 육과 해체될 수 없는 관계 속에 자신을 연합함으르써 역사적 존재가 되었고, 인간의 제한과 일시성을 지니게 된 것이기에, ἐγένετο를 "되었다"로 번역하기보다는 "나타났다"(육으로)로 번역하는 것이 적합하다고 제안한다.[38] 그 단어는 서막에서 14절을 제외하면, 5번 사용되는데, 3a절, 3b절과 10절은 "만들어졌다"(존재하게 되었다)는 뜻으로 사용된다. 물론 14절의 그 단어를 3절이나 10절의 의미로 사용할 수 없는 이유는 로고스는 이미 2-3절에서 존재했기 때문이다. 6절이나 17절에 등장하는 ἐγένετο는 "왔다"는 뜻인데, 14a절은 바로 그 뜻이다. 14a절 이후를 보면, "우리"는 육속에 있는 로고스의 영광을 볼 수 있기 때문에 ἐγένετο는 마이컬스의 지적대로 "육으로" 혹은 "육안에" 왔다는 뜻이다.[39] 실제로 "말씀이 육이 되었다." 하면 말씀이 육으로 변형되어 말씀 자체는 없어지는 것으로 오해받을 수 있기 때문에 "나타났다"(웨첸)나 "왔다"(마이컬스)가 보다 더 적합한 번역이다. 그 로고스는 자기 땅에 왔다(1:11). 그 빛은 세상에 왔다(3:19). 물론 여기에 사

37) 이 비극은 기원전 405년 디오니수스 극장에서 공연되었다. 요한복음과 바카이에 관한 상세한 병행 비교에 관해서는 Mark W. G. Stibbe, *John as Storyeller: Narrative Criticism and the Fourth Gospel* (SNTSMS 73: Cambridge: Cambridge University Press, 1992), 136-137을 보라.

38) H. C. Waetjen, "Logos πρὸς τὸν θεόν and the Objectification of Truth in the Prologue of the Fourth Gospel," 278.

39) R. J. Michaels, *The Gospel of John*, 77.

용된 단어가 ἐγένετο와 다르다 해도 로고스는 세상에 온 이후에도 자신의 영광을 보존하고 유지한다(2:11).

시편 기자들은 하나님의 속성을 표현하기 위해 빛과 생명의 개념을 자주 사용했다. "진실로 생명의 원천이 주께 있사오니 주의 빛 안에서 우리가 빛을 보리이다"(시 36:9). "주께서 내 생명을 사망에서 건지셨음이라 주께서 나로 하나님 앞, 생명의 빛에 다니게 하시려고 실족하지 아니하게 하지 아니하셨나이까"(시 56:13). 시편 27편 1절은 빛과 구원, 생명의 능력 모두로 하나님을 묘사한다. "여호와는 나의 빛이요 나의 구원이시니 내가 누구를 두려워하리요 여호와는 내 생명의 능력이시니 내가 누구를 무서워하리요." 요한일서 저자도 이렇게 말한다. "하나님은 빛이다. 그에게는 어둠이 조금도 없다"(요일 1:5).

로고스도 빛과 생명으로 묘사된다. 그 안에는 "생명이 있다"(1:4a). 로고스는 "사람들의 빛"(1:4b)이고, "참 빛 곧 세상에 와서 각 사람에게 비추는 빛"(1:9)이다. 세례 요한을 바로 이 "빛"에 대하여 증언하러 온 자로 소개할 때(1:8), 로고스는 빛이라는 점이 전제되어 있다. 그 로고스는 세상에서 빛의 역할을 한다. 그는 "세상의 빛"이고, "생명의 빛"이다(8:12). 육신으로 온 로고스인 예수는 이렇게 직접 선언한다. "내가 세상에 있는 동안에는 세상의 빛이다"(9:5). 빛은 하나님의 속성을 나타낸다. 시편에서 하나님의 속성으로 여겨진 것이 예수에게 전이된다. 왜 이토록 로고스를 빛이나 생명과 연관 지어 묘사했는가? 육으로 왔어도, 그는 하나님의 역할을 대신할 뿐 아니라, 신성을 유지하고 있다는 것을 말하기 위함이다. 육으로 왔으나, 그 육속에 깃든 신성이 강조된다. 그의 충만함(πληρώματος αὐτοῦ)이란 그의 신성의 충만함이다. 예수는 지상에서도 자신의 영광을 나타낸다(2:11). 그는 아버지로부터 영광을 받고(8:54), 하나님이 자신에게 주신 자들을 통해서도 영광을 받는다(17:9-10). 그들은 아버지의 것이고, 아버지의 것은 자신의 것이다(17:10). "나는 부활이요 생명이니 나를 믿는 자는 죽어도 살겠고 무릇 살아서 나를 믿는 자는 영원히 죽지 아니하리라."(11:25-26)는 선언에서 예수는 하나님만이 할 수 있는 것으로 여겨진 독립된 생명의 주관자로 부각된다.

한편, 아버지 하나님과 육으로 온 로고스는 보내는 자와 보냄을 받는 자의 관계로 제시된다. 하나님은 그 특별한 아들을 세상에 보냈다(3:16). 그를 통해 세상을 구원하기 위함이다. 13장 20절에서 요한이 본 예수는 하나님을 "나를 보내신 이"로 지칭하고, 5장 36절에서는 "나를 보내신 아버지"라고 함으로써 스스로도 자신이 보냄을 받았다는 것을 밝힌다. 그런데 요한에 따르면 "보냄을 받은 자는 보낸 자보다 크지 못하다"(13:16). 지상에서 예수의 신분은 하나님의 구원의 대리인이다. 여기서 하나님은 유대인들이 "하나님이라 칭하는" 바로 그 하나님이다(8:54). 육으로 보냄을 받는 순간 하나님과 함께 누렸던 천상의 특권이 제한된다. 육으로 온 로고스는 인간적인 제한을 갖는다. 그는 피곤하기도 하고(4:6), 사마리아 여인에게 물을 달라고 요구하기도 하고(4:7), 눈물을 흘리기도 하고(11:35), 십자가에 매달려서는 "목마르다"(11:29)는 말을 하기도 했다. 그가 살과 피를 지닌 인간이었음을 드러낸다. 천상의 신분에서는 없었던 측면이다. 육신으로 온 로고스는 지상의 삶 속에서도 영광을 유지하나, 부분적으로 유지한다. 인간이 갖는 육의 제한 때문이다. 이것이 예수가 "창세전에 내가 아버지와 함께 가졌던 영화로써 지금도 아버지와 함께 나를 영화롭게 하옵소서"(17:5) 하고 아버지께 탄원하는 이유이다. 지상에 보냄을 받은 예수가 다시 천상으로 돌아가는 것은 천상의 하나님에게 달려 있다. 로고스가 육으로 보냄을 받은 이후, 천상의 하나님이 주도권을 갖는다. 말을 바꾸면, 예수가 세상에 육으로 온 순간 그는 천상에서 누렸던 신분을 부분적으로 상실한다. 요한복음 본체에서 예수의 지상의 삶은 천상에서 누렸던 영광의 회복을 위한 고투로 이해된다.[40] 예수의 고별기도가 이 점을 말해준다.

"로고스가 육으로 왔고, 우리 가운데 거했다."(1:14ab)는 것은 요한의

---

40) Joong Suk Suh, *The Glory in the Gospel of John: Restoration of Forfeited Prestige* (Oxford, Ohio: M. P. Publication, 1995), 특히 55-99.

독특한 신학적 해석이다. 여기서 무엇이 역사적 사건이고 무엇이 해석인가? 사건은 일어난 일을 말한다. 영어의 "occurrence"는 눈으로 확인할 수 있는 일을 뜻한다. 가령, 종교개혁이라는 "사건"은 일어나지 않았다. 종교개혁은 사건이 아니라, 해석이기 때문이다. 루터가 95개 조항을 비텐베르크 성당 문 앞에 붙인 것이 사건이다. 그것이 당시 기독교 또는 종교사에 끼친 영향 등을 해석하여 포괄적인 이름을 붙인 것이 소위 "종교 개혁"이다. 가톨릭에서는 대체로 아직도 그 사건 또는 그것의 영향으로 여겨지는 것을 "종교개혁"으로 해석하지 않는다. 그렇다면 1장 14ab절에서 사건은 무엇인가? 인간 예수가 우리 가운데 거했다는 것이다. 이것은 "우리"로 표현되는 당시 사람들이 눈으로 확인했던 사건이다. 물론 그 사건은 그것을 기록한 사람에 의해 알려졌다(21:24-25). "로고스가 육으로 왔다."는 것은 역사적 사건이 아니라, 요한 저자의 해석이다. 사건 없는 해석은 허구이고, 해석 없는 사건은 죽은 사건이다. 특히 해석이 중요한데, 사건을 선택하고 평가하고 의미를 부여하는 해석의 작업이 가해지지 않는다면, 사람들은 해당 사건이 일어났었는지의 여부조차 알 수 없게 된다. 선택(해석의 일부)되지 않은 사건은 사건이 아니다. 이것이 "해석 없는 사건은 죽은 사건이다."라는 말의 뜻이다.

그렇다면 "로고스가 육으로 왔다."는 해석은 어떤 점에서 독특한가? "그 로고스는 하나님이다"(1:1c, 18). 하나님이 인간의 육으로, 살과 피를 지닌 육으로 왔다는 것이다. 요한의 독특성은 여기에 드러난다. 요한은 그 제한된 인간 속에서 신성을 감지했다. 피곤해 하고 목말라하기도 하고 울기도 하는 한계를 지닌 한 인간에게서 세상을 향해 돌린 하나님의 얼굴을 보았다. 그 제한성 속에서 "영광"(δόξα)을 보았다(1:14cd). 말을 바꾸면, 로고스가 육으로 왔다는 것은 인간을 하나님으로 인지했다는 뜻이다. 요한이 본 것은 하나님이 그의 특별한 아들을 세상에 "보냈다"는 것이 아니다. 하나님의 '보내는 동작'은 눈으로 볼 수 있는 사건이 아니라, 보낸 것으로 판정하는 요한의 해석이다. 요한이 본 것은 역사적으로 활동했던 제한성을 지닌 인간 예수이다. 그 인간 속에서 눈에는 보이지 않는 하나님의 속성을 감지한 것이 요한이 제시한 해석의 위대함이다. 서막 1장 12-13절에도 동일한 논리가 적용된다. 평범한 믿는 사람들 안에서 "하나님의 자녀"를 발견한 것이다. 인간에게서 신성을 감지한다. 믿는 사람들은 작은 신들이 된다(10:35). 로고스가 우리 가운데 "거했다."

IV. 서막의 세례 요한

로고스와는 달리 세례 요한은 빛이 아니다(1:8a). 1장 6-8절은 세례 요한에 관한 이야기로 구성되어 있다. "하나님으로부터 한 사람이 왔다." 여기서 "왔다"에는 ἐγένετο가 사용되었다. 이 단어는 14절이나 17절에 사용된 그 단어의 의미와 같다. 그 사람의 이름은 세례 요한이다(6b). 세례 요한은 하나님으로부터 보내심을 받고 왔다. 그러나 이 점은 적어도 서막에서는 예수와 병행되지 않는다. 물론 예수도 서막 외의 부분에서는 하나님으로부터 보내심을 받고 왔으나, 서막에서는 그 스스로 왔기 때문이다. 따라서 서막의 도입부(1-5절)와 세례 요한 부분(6-8절)에서 예수와 세례 요한이 똑같이 하나님으로부터 보내심을 받았다고 전제하고 대조하는 주석들은 빗나간 것이다. 가령, 스테판 킴(Stephen S. Kim)은 이렇게 말한다. "비록 세례 요한 역시 하나님으로부터 왔다 해도, 그는 단지 빛인 그 로고스에 대한 증언자다. 따라서 문학적으로 이 구절들은 적합한데, 그 이유는 세례 요한을 역시 하나님으로부터 온 다른 사람, 곧 영원한 로고스와 대조하고 있기 때문이다."[41] 그러나 1장 1-5절, 6-8절의 대조를 통해서 둘 다 하나님으로부터 왔다는 비교를 할 수는 없다. 왜냐하면 1-5절에서 예수는 아직 세상에 오지도 않았기 때문이다. 4b절, "사람들의 빛"이라는 구에 성육의 흔적은 없다. 요한 저자가 세례 요한을 소개하는 이유는 천상에서의 창조 작업이 인간의 역사 속에

41) Stephen S. Kim, "The Literary and Theological Significance of the Johannine Prologue," *Bibliotheca Sacra* 166(10-12, 2009), 421-435, 인용은 431.

서 구체화되게 하기 위한 것이다.세례 요한의 등장은 "하나님의 계획의 연속을 대표한다."[42] 그러나 요한 저자는 세례 요한의 역할을 축소한다. 그의 역할은 로고스를 증언하고 그를 통해 모든 사람이 로고스를 믿게 하려는 것이다(7-8절). 세례 요한이 하나님으로부터 보냄을 받긴 했어도 그는 "사람"(ἄνθρωπος)이다. 이는 "하나님"(θεός)인 로고스와는 현격한 차이가 있다. 더구나 저자는 세례 요한을 가리켜 "그는 빛이 아니었다."(οὐκ ἦν ἐκεῖνος τὸ φῶς)라고 단언함으로써, 예수와의 질적 차이를 분명하게 밝힌다.

세례 요한이 온 목적은 그 빛을 "증언하기 위함"(ἵνα μαρτυρήσῃ)이다. 구약에서 증언은 공소할 때 재판관 앞에서 하는 행위에 관한 법적인 의미로 사용된다. 그런데 두 사람 이상의 증언이 있어야 효력이 있다. 가령, 민수기 35장 30절, "사람을 죽인 모든 자 곧 살인한 자는 증인들의 말을 따라서 죽일 것이나 한 증인의 증거만 따라서 죽이지 말라."에서 증언하는 사람은 두 사람 이상이어야 함을 밝힌다. 이러한 사정은 신명기에서도 반복된다. "죽일 자를 두 사람이나 세 사람의 증언으로 죽일 것이요 한 사람의 증언으로는 죽이지 말라"(신 17:6). 복음서 중 가장 유대교적인 복음서로 평가받고 있는 마태복음의 교회 치리 관련구절에서도 유사한 내용이 나온다. "네 형제가 죄를 범하거든 가서 너와 그 사람과만 상대하여 권고하라 만일 들으면 네가 네 형제를 얻은 것이요, 만일 듣지 않거든 한 두 사람을 데리고 가서 두세 증인의 입(στόματος δύο μαρτύρων ἢ τριῶν)으로 말마다 확증하게 하라"(마 18:15-16). 죄를 확정 짓기 위한 어두운 증언과는 달리, 요한 저자는 세례 요한의 증언을 예수에 대한 밝은 증언으로 간주한다. 그는 빛에 대한 첫 증언이다. 세례 요한은 증언은 1장 15절에서 이어진다. "내 뒤에 오시는 이가 나보다 앞선 것은 나보다 먼저 계심이라." 요한 저자는 세례 요한의 입을 통해 예수의 선재를 재선언한다. 이런 점에서 서막 1장 1-2, 15절은 사상적으로 친숙하다.

---

42) R. J. Michaels, *The Gospel of John*, 59.

세례 요한의 증언은 1장 20절에서 이어진다. "요한이 드러내어 말하고 숨기지 아니하니 드러내어 하는 말이 나는 그리스도가 아니다." 요한 저자는 이것이 세례 요한의 "증언"이라 못 박는다(요 1:19). "나는 그리스도가 아니다."(1:20)라는 말은 간접적으로 그리스도는 내가 아니라, 예수라는 뜻을 암시한다. 맥레오드는 이 선언이 세례 요한의 역할의 "위대함"이라고 말한다.[43] 마이컬스도 이러한 선언의 목적은 "요한을 깎아 내리려는 것이 아니라, 예수에 대한 그의 분명한 증언을 위한 무대를 마련하려는 것"[44]이라고 말한다. 그러나 이러한 주장들은 세례요한공동체와 요한공동체의 치열한 경쟁을 간과한 주장이다. 20절의 "드러내어 말하다"(ὁμολογέω)는 선언한다는 뜻이다. 요한기자는 여기서 세례 요한이 이것을 20절에서만 두 번씩이나 선언했다고 강조한다. 요한 저자는 이러한 장치를 통해 세례 요한이 그리스도라는 소위 세례요한공동체의 주장을 차단한다(1:37). 요한 저자는 세례 요한을 평가 절하함으로써, 그를 그리스도로 보고 그를 존경하는 그 공동체의 존재 기반에 결정적인 타격을 가한다. 요한 저자는 세례 요한의 제자 중 두 사람이 그의 말을 듣고, 예수를 따르기까지 했다고 보도한다. 세례 요한은 자신의 "종속적인 지위"를 스스로 밝힌다.[45] 세례 요한은 엘리야도 아니다. 마태가 본 예수는 "여자가 낳은 자 중에 세례 요한보다 큰 이가 일어남이 없다."(마 11:11)고 그를 격찬한다. 마태복음에 따르면 세례 요한은 엘리야로 명료하게 밝혀진다(마 11:14; 17:12-13). 그러나 요한 저자는 그마저도 거부한다. 저자는 이것이 세례 요한의 입을 통해 나왔음을 밝힌다. "아니다"(요1:21). 세례 요한은 예수의 "신발끈을 풀기도 감당하지 못할" 인물이다(1:27).

43) D. J. Macleod, "The Witness of John the Baptist to the Word: John 1:6-9," *Bibliotheca Sacra* 160(639 2003), 305-320, 특히 315.

44) R. J. Michaels, *The Gospel of John*, 97.

45) Leon Morris, *The Gospel According to John*, rev. ed. (Grand Rapids, Michigan: W. B. Eerdmans Publishing Company, 1995), 117.

세례 요한의 증언은 1장 29절에서 다시 이어진다. 여기서 그는 예수를 "세상 죄를 지고 가는 하나님의 어린 양"으로 증언한다. 1장 30절에서 세례 요한은 15절에서 자신이 한 증언을 반복한다. 요한 저자는 증언은 한 사람의 것만으로는 부족하기에 본체에서 다른 증언자를 더 내세운다. 물론 예수는 자신이 스스로를 증언하지는 않는다. 심지어 스스로를 위해 증언하면 그 증언은 참되지 않다고까지 말한다(5:31). 그러나 예수 자신이 아니라, 예수의 "일"은 그를 증언한다(5:36). 세례 요한 외에 예수를 증언하는 증인으로는 "진리의 성령"(15:26)이 있고, 성경(5:39), 모세(5:46)가 있다. 요한은 예수에 대한 가장 강력한 증언자로 하나님을 내세운다. "나를 보내신 아버지께서 친히 나를 위하여 증언하셨다"(5:37). 요한이 세례 요한을 첫 증언자로 내세운 것은 당시까지 지속되는 세례 요한의 무시하기 어려운 영향력을 인지하고 있었기 때문이다. 그러나 요한 저자는 그를 평가 절하한다. 세례 요한은 예수가 빈번히 행한 표적들을 한 번도 행하지 못했다(10:41). 세례 요한이 비록 하나님으로부터 보내심을 받긴 했어도 그는 빛이 아니다. 세례 요한 외에 예수에 대한 계속되는 증언자를 보면 그들은 세례 요한보다 더 위대하다. 성령, 성경, 모세, 심지어 하나님과 같은 분이 예수를 증언한다. 요한 저자가 이토록 큰 증언자들을 내세우는 이유는 세례 요한의 영향력에 대한 축소 작업이 필요했기 때문이다. 예수에 대한 증언자들 중 세례 요한이 가장 작다. 심지어 요한이 본 예수 스스로가 이렇게 말한다. "내게는 요한의 증거보다 더 큰 증거가 있다"(5:36). 세례 요한의 증언을 애제자의 증언에 대한 저자의 묘사와 비교해 보아도 애제자의 증언이 더 신빙성이 있다. "이 일들을 증언하고 이 일들을 기록한 제자가 이 자라 우리는 그의 증언이 참되다는 것을 안다"(21:24). 애제자의 증언은 그 내용이 믿을 만하다는 것이다. 곧, "그의 증언은 참되다."(ἀληθὴς αὐτοῦ ἡ μαρτυρία ἐστίν)는 것이다. 반면, 요한 저자는 세례 요한의 증언에 대해 직접 "참된"이라는 형용사를 사용하지 않고, 예수에 대한 세례 요한의 말 만큼은 참되다고 한 "많은 사람"의 말(10:41)을 간접적으로 추인한다. 이 말은 예수 외에 다른 것에 관한 세례 요한의 말은 참이 아닐지도 모른다는 불안감을 자아낸다. 이것은 요한 저자가 세례 요한을 믿었던 사람들의 생각을 교정해 주려는 것이다. 세례 요한이 증언하는 목적은 오직 모든 사람이 예수를 믿게 하려는 것이다(1:7).

세례 요한이 말한 "나는 아니다."(ἐγω οὐκ εἰμὶ)는 형식은 요한이 본 예수의 "나는 … 이다"(ἐγω εἰμὶ)의 형식과 대조된다. 예수는 세상의 빛이다(8:12). 반면, 세례 요한은 그 빛이 아니다(1:8). 예수는 그리스도이다(11:27; 20:31). 반면, 세례 요한은 그리스도가 아니다. 요한공동체 외부의 세례요한공동체에게는 세례 요한이 빛이고, 세례 요한이 그리스도이다. 요한 저자가 세례 요한을 "하나님으로부터 보냄을 받은 사람"(1:6)으로 규정하는 것은 이 같은 분위기를 반영한다. 그 규정은 외부의 세례요한공동체뿐만이 아니라, 요한공동체 내부의 세례요한그룹에게도 통용되는 표현이다. 요한 저자는 세례 요한도 하나님으로부터 파송된 사람이지만, 그는 로고스 예수와는 달리, 어디까지나 "사람"(1:6)일 뿐이라고 선언한다. 세례 요한은 빛도 아니고, 그리스도도 아니라고 하는 요한 저자의 주장을 외부 세례요한공동체는 받아들이지 않았으나, 요한공동체 내부의 세례요한그룹은 받아들였다. 그 그룹도 예수를 믿기 전에는 세례요한공동체의 주장처럼 세례 요한이 빛이요 그리스도라고 믿었으나, 예수를 믿고 요한공동체로 편입되면서 세례 요한이 아니라, 예수가 빛이라는 고백에 동참하게 된다.

서막 1장 15절의 세례 요한의 증언은 현재형으로 묘사된다. "증언하다"(μαρτυρεῖ)는 현재형으로, "외쳐왔다"(κέκραγεν)는 완료시제이나, 여기서 완료는 현재의 뜻으로 사용된다.[46] 맥레오드는 이를 근거로 세례 요한의 외침은 저자가 복음서를 쓸 당시에도 그의 귀에 들렸다고 설명한다.[47] 그러나 그 외침은 요한 저자의 활동 당시에는 이미 처형된 세례 요한의 목소리가 아니다. 세례 요한의 외침이 아니라, 오히려 세례 요한의 입을 빌린 저자의 외침

46) 앞의 책, 96, n. 106.

47) D. J. Macleod, "The Benefits of the Incarnation of the Word: John 1:15-18," *Bibliotheca Sacra* 161(642, 2004), 179-193, 특히 181.

이다. 15절도 전통적인 자료를 요한 저자의 스타일로 변경한 것이다. 요한 저자는 먼저 온 세례 요한 대 나중 온 예수의 전통적인 도식을 역전시킨다. 나중 온 자가 먼저 온 자보다 더 위대하다는 도식을 먼저 온 자가 더 위대하다로 우선 바꾼다. 실제로 먼저 온 모세가 나중 온 여호수아보다 위대하다. 먼저 온 엘리야가 나중 온 엘리사보다 위대하다. 그런데 역사적으로는 세례 요한이 예수보다 앞섰으나, 요한은 세례 요한의 입을 빌려 오히려 예수가 앞섰다고 말하게 한다. "내 뒤에 오시는 이가 나보다 앞선 것은 나보다 먼저 계심이라." 여기서 예수는 역사적 시간을 건너뛴다. 곧, 예수는 시간의 이동이 자유로운 분으로 묘사된다. 이것은 예수의 신적 능력, 곧 하나님과 같은 예수를 연상하게 한다. 세례 요한과는 달리 예수는 "태초에 하나님과 함께 있었다"(1:2). 요한 저자는 세례 요한은 더 이상 예수의 비교 대상이 아님을 분명히 한다.

서막은 세례 요한뿐 아니라, 모세도 견제한다. 모세를 통해 주어진 율법과는 대조적으로 예수를 통해서는 은혜가 왔다(1:17). "모세와 같은 선지자가 일어나지 못했다."(신 34:10) 할 정도로 모세는 유대인들에게 있어 민족적 영웅이다. 심지어 모세는 "바로에게"만이라는 제한이 가해지기는 했으나, 신과 같은 존재로 추앙을 받기도 했다(출 7:1). 그러나 요한 저자는 모세가 준 율법은 더 이상 요한공동체가 준수해야할 규범이 아님을 분명히 한다. 율법은 "그들의 율법"(15:25)으로 간주된다. 요한 저자는 예수를 이렇게 묘사한다. "하늘에서 내려온 인자 외에는 하늘에 올라간 자가 없다"(3:13). 그러나 예수와는 달리, 모세는 하늘에 올라 간 자가 아니다. 왜냐하면 그는 하늘에서 내려온 자가 아니기 때문이다. 요한 저자에 따르면, 모세는 더 이상 예수의 경쟁자가 아니다. 모세는 예수에 대한 증언자에 불과하다(1:45; 5:46). 모세를 증언자로 절하한 것은 유대교 회당으로부터의 축출로 인하여 뿌리를 상실한 요한공동체의 경험을 반영한다. 모세나 그의 율법으로는 핍박당하는 일상세계에서 겪는 자신들의 고단한 삶의 정황을 합법화하기 어려웠기 때문이다. 이런 점에서 카터가 여기서 "요한의 공동체와 회당 사이의 갈등의 구체적인 사항을 보여준다."[48]고 말한 것은 적합한 지적이다.

서막 1장 18절도 로고스와 모세의 대조를 보여준다. "하나님을 본 사람이 없다." 모세는 어떠한가? 출애굽기 33장 11절에 따르면, "여호와께서는 모세와 대면하여 말씀하셨다."는 것이다. 그러나 이 표현은 하나님 편에서 나온 말이지 모세 편에서 나온 말이 아니다. 하나님 편에서는 모세에게 편하게 말씀하셨다는 것이다. 모세 쪽에서는 하나님을 볼 수 없다. 출애굽기 24장 9-11절도 지상에서 모세가 육신의 눈으로 하나님을 보았다는 뜻은 아니다. 이 점은 출애굽기 33장 23절에 의해 확인된다. "내 영광이 지나갈 때에 내가 너를 반석 틈에 두고 내가 지나도록 내 손으로 너를 덮었다가 손을 거두리니 네가 내 등을 볼 것이요 얼굴은 보지 못하리라." 출애굽기 저자는 하나님을 보고는 살 자가 없다고 단언한다(출 33:20). 모세는 하나님을 볼 수 없다. 모세뿐만이 아니라, 그 누구도 하나님을 볼 수 없다. 이와는 대조적으로 로고스는 그를 나타냈다. 로고스는 "아버지 품속에 있다." 친밀도의 수준의 극치를 보여준다. 그 로고스는 아버지를 나타낼 뿐만 아니라, "특별한 하나님"이다(1:18). 여기서 요한은 모세와 예수의 엄청난 질적 차이를 강조한다.

V. 결어

요한복음 서막의 범위는 1-5절, 1-17절, 1-14절, 1-29절, 1-18절 등 여러 선택이 있으나 1장 1-18절로 보는 것이 다른 선택보다 적합하다. 서막의 내용 중 세례 요한 이야기(1:6-8, 15)는 그것을 제외한 다른 부분(1:1-5, 10-14, 16-18)에서 떼어낼 필요가 없을 만큼 밀접한 연관성을 갖는다. 세례 요한 이야기를 하나의 삽입으로 보는 것은, 역으로 그 이야기에 다른 부분이 삽입되었다고 보는 것과 마찬가지로 설득력이 없다. 또한 서막은 서막을 제

48) W. Carter, "The Prologue and John's Gospel," 47.

외한 요한복음의 남은 부분(소위 "본체")과 밀접히 관련되어 있다. 서막은 요한공동체의 경험을 표출하고 있는 그 복음서의 한 부분이다. 그러나 서막은 본체에 대한 서론의 역할을 할 뿐, 본체 전체에 대한 압축된 요약은 아니다.

서막에서는 하나님(아버지 하나님)과 '하나님인 로고스'(1:1c, 18b)의 정체는 분리된다. 하나님과 "함께"로 번역되는 πρὸς(1:1b)는 대상 바로 앞에서 끊기는 것을 나타내는 전치사이다. 서막에서 로고스 역시 하나님이다. 그는 아버지 하나님은 아니다. 오히려 바로 그 하나님을 나타내는 "특별한 하나님"이다(1:18). 1장 1c절에서 "로고스는 하나님이다."라는 말은 "로고스 '도' 하나님이다."라는 뜻이다. 로고스 하나님은 그 로고스와 함께한 아버지 하나님의 속성을 공유한다. 요한은 하나님의 정체와 로고스의 정체를 분리하기도 하고 통합하기도 하는데, 서막에서는 분리를 강조하고, 본체에서는 때에 따라 분리와 통합을 적절히 교차시킨다. 만일 우리에게 서막만 남아 있다면 본체에서 언급되는 하나님과 로고스의 정체의 통합은 알 수 없었을 것이다. 이것이 서막이 본체의 요약은 아니라는 점을 보여주는 하나의 사례가 된다. 서막에서 요한은 자신에게 전해진 전승들을 과감하게 변경하여, 이 로고스를 만물 창조의 주역으로 제시한다. 한편, 말씀이 육으로 왔다는 성육신 신학의 정점은 그 말씀이 우리 가운데 거했고 우리가 그의 영광을 보았다는 것이다. 요한이 눈으로 확인할 수 있었던 것은 살과 피를 지닌 인간 예수뿐이었다. 요한은 그 제한된 인간 속에서 신성을 감지했다. 로고스 하나님이 육으로 왔다는 것은 인간을 하나님으로 인지한 요한의 독특하고도 위대한 해석이다.

서막에서 세례 요한의 역할은 이 로고스에 대한 증언자로 제한된다. 구약이나 신약에서 증언은 두 사람 이상이 하게 되어 있다. 육으로 온 로고스에 대한 증언은 세례 요한 외에도 "진리의 성령"(15:26), 성경(5:39), 예수의 "일"(5:36), 모세(5:46)는 물론, 심지어 하나님(5:37)에 의해서도 이루어진다. 요한 저자가 이토록 막강한 증언자들을 내세우는 이유는 세례 요한 추종자들에 대한 견제가 필요했기 때문이다. 세례 요한이 없었다 해도 예수에 대한 증언은 충분하다는 것이다. 예수에게는 "요한의 증거보다 더 큰 증거"(5:36)가 있다는 것이다. 그런데도 저자에게 세례 요한의 증언이 필요한 이유는 오직 그를 예수에게 종속시키기 위한 것이다. "그는 그 빛이 아니다."(1:8), 그는 "그리스도가 아니다."(1:20)는 말은 세례 요한을 빛 또는 그리스도로 믿었던 사람들의 생각을 반박하거나 교정해 주려는 것이다. 세례 요한과는 달리 예수는 "태초에 하나님과 함께 있었다"(1:2). 그뿐만이 아니라 예수는 '하나님인 로고스'이다. 요한 저자는 예수와 세례 요한의 현저한 질적 차이를 강조한다. 이러한 강조는 모세에게도 똑같이 적용된다. 요한 저자는 그들은 더 이상 예수의 비교 대상이 아님을 명료하게 밝힌다. 예수는 하나님의 품속에 있는 "특별한 하나님"(1:18)이기 때문이다.

제2장

표적

I. 서언

II. 요한의 표적과 그 범위

III. 육속에 깃든 영광과 생명의 떡의 표적

IV. 생명과 부활의 표적

V. 결어

제2장

표적

I. 서언

제2장은 서막에 이어 요한의 표적들을 다룬다. 쿨페퍼(R. A. Culpepper)가 명료하게 지적한 대로, "그 표적들은 예수 안에 성육신 한 그 창조적인 로고스를 위한 적절한 징표들"[1]이기 때문이다. 요한의 "표적"(σημεῖον)은 요한복음의 중요한 주제중 하나로 그 복음서에 17번 나온다. 요한의 "표적"은 단지 "기적"과 맞바꿀 수 없는 용어이다. 요한복음의 기적들을 공관복음의 기적들과 비교하면 큰 차이점이 드러난다. 우선 기적 수에 있어서 요한은 공관보다 적다. 가령, 마가복음에서 소묵시록과 예수의 수난 이야기를 제외한 1-12장의 502절 중 약 209절 정도가 직접, 간접으로 기적들을 취급한다. 곧 예수의 행위에 관한 마가의 이야기 중 약 41% 정도가 기적적인 것과 관련되어 있다. 그러나 요한에서 기적적인 표적은 오직 일곱 번 나타난다. 요한의 표적은 기적 자체에 대한 경탄과 열광과 전파가 강조되는 공관의 기적과는 다르다. 기적에 대한 공관의 생생한 채색은 요한에서는 상당 부분 감소되

1) R. A. Culpepper, "Cognition in John: The Johannine Signs as Recognition Scenes," *Perspectives in Religious Studies* 35(3, 2008), 251-260, 인용은 259.

었다. 기적의 초점에 있어서도 공관과 요한은 차이가 있다. 공관에서 예수의 기적들은 하나님의 통치가 시작되는 것을 상징적으로 보여 준다. 곧, 예수가 하나님의 통치를 수립하고 사탄의 지배를 제압하는 것을 상징한다. 많은 기적들이 귀신 축출과 관련되고, 치유 기적들도 죄 또는 악과의 관련 속에서 보도된다. 자연 기적들도 사탄에 의해 생긴 무질서에 대한 공격으로 상정된다. 그러나 요한은 기적을 하나님의 통치나 하나님의 나라와 연관시키지 않는다. 요한에서 기적은 사탄의 세력에 대한 제압의 상징이 아니다. 귀신 축출이 요한에서는 나타나지 않는다. 요한의 표적은 주로 예수의 신적인 정체를 드러내는 일에 집중한다.

이 장(章)에서는 요한이 사용하는 표적과 일의 개념의 상관관계 및 표적의 숫자 또는 범위를 살펴본 후, 예수의 표적들 중 대표적인 두 자연표적인 물로 포도주를 만드는 일(2:1-11)과 오천 명 급식 기사(6:1-15), 그리고 대표적인 두 치유표적인 왕의 신하의 아들 치유(4:46-54)와 나사로를 죽은 자 가운데서 살린 일(11:1-44)의 특징을 규명하려 한다.

II. 요한의 표적과 그 범위

요한 저자는 2장 23절에서 "많은 사람이 예수가 행하신 표적들을 보고 그 이름을 믿었다."고 증언한다. 요한은 자신의 기록 목적을 분명히 밝힌다. "예수께서 제자들 앞에서 이 책에 기록되지 아니한 다른 표적도 많이 행하셨으나 오직 이것들을 기록함은 너희로 예수께서 하나님의 아들 그리스도이심을 믿게 하려 함이요 또 너희로 믿고 그 이름을 힘입어 생명을 얻게 하려 함이다"(20:30-31). 요한의 기록은 표적에 관계된 것이라는 뜻이다. 여기서 "표적"과 "일"이라는 용어들을 각각 살펴보는 일이 필요하다.[2] 이 표적과

2) 표적과 일에 관한 상세한 논의는 R. E. Brown, *The Gospel according to John*, 2 vols. (New York: Doubleday & Company, Inc., 1966), 1:525-531; R. Schnackenburg,

일이라는 "두 표현들은 똑같은 대상에 적용될 수 있다."[3] 요한복음에서 예수는 자신의 기적들에 대해 "표적들"이라는 용어를 사용하지 않는다. 요한이 본 예수는 자신의 기적들을 "일들"로 명명한다. 이 점이 요한의 사상적 특징 중 하나이다. 왜냐하면 공관의 경우, "일들"은 예수의 기적을 묘사하기 위해서는 오직 두 번만 사용되기 때문이다. 요한복음에서 예수가 자신의 기적을 "일들"로 명명한 이유는 구약에서 하나님이 기적들을 행할 때, 그것들을 자신의 일들로 명명한 데서 찾을 수 있다. 하나님이 자기 백성들을 위해서 성취한 내용들 곧 창조나 출애굽 사건들은 하나님에 의해 자신의 일들로 명명된다.[4] 요한이 본 예수는 자신의 일을 아버지의 일과 관련시킨다. "내 아버지께서 이제까지 일하시니 나도 일한다"(5:17). 표적도 일의 경우와 마찬가지로 구약의 사용법이 그 배경이 된다. 가령 하나님이 모세를 통해 많은 표적들을 행하셨다는 보도들이 "표적"이라는 용어의 배경이다. 표적은 계시자로서의 예수의 활동에 대한 표현, 곧 육으로 온 그가 지상에서 행사한 것에 대한 요한 저자를 포함한 다른 사람들의 표현이다.[5] "일"은 신적 전망, 곧 하나님이 자신의 기적을 일컬을 때 주로 사용한 용어이고 "표적"은 인간적인 전망, 곧 하나님의 기적을 다른 인물들이 일컬을 때 주로 사용한 용어이다.[6] 요한은 이러한 구분법에 따라, "일"이라는 용어를 예수가 자신의 기적을 일컬을 때 사용하고, "표적"을 다른 인물들이 예수의 기적을 일컬을 때 사용한다.

요한복음에서 예수는 소위 "일곱 표적들"을 행한다. 요한은 표적들을 취급하면서 기적 자체보다는 그 기적이 주는 '상징'에 더 깊이 관여한다. '표적'은 20장 30절을 제외하면 요한복음 1-12장에만 나오는 용어이다. 이를 근거로 브라운(R. E. Brown)은 요한복음 1-12장을 표적서로, 13-21장을 영

The Gospel According to st. John, 3 vols. (New York: The Crossroad, 1982-1987), 1:518-521을 참고하라.

3) R. Schnackenburg, *The Gospel According to st. John*, 1:518.

4) R. E. Brown, *The Gospel according to John*, 1:529.

5) R. Schnackenburg, *The Gospel According to st. John*, 1:520.

6) R. E. Brown, *The Gospel according to John*, 1:529.

광서로 명명한다.[7] 그러나 이는 개괄적인 구분이다. 예수의 영광과 승귀는 단지 십자가와 죽음에서뿐만이 아니라, 1-12장을 포함하여, 지상 사역 내내 과시된다. 소위 일곱 개로 알려진 표적은 다음과 같다. 물로 포도주를 만드는 일(2:1-11), 오천 명 급식 기사(6:1-15), 물 위를 걸은 일(6:16-21), 왕의 신하의 아들 치유(4:46-54), 베데스다 연못에서 앉은뱅이의 치유(5:1-18), 맹인으로 태어난 자의 치유(9:1-41), 나사로를 죽은 자 가운데서 살린 일(11:1-44)이다. 위의 목록 중 처음 셋은 자연 표적이고, 나중 넷은 치유 표적이다.

에슬러(P. F. Esler)는 물 위를 걸은 일(6:16-21)은 다른 여섯 표적과는 다르다고 하면서 그것을 숫자 "일곱"에 맞추기 위한 것으로 의심한다. 에슬러는 다른 여섯 표적은 모두 세 가지 요소를 담고 있다고 말한다. 첫째, 여섯 표적은 모두 인간의 필요를 드러내면서 시작한다. 둘째, 예수는 기적적으로 이 필요를 채워준다. 셋째, 그 표적들은 예수 안에 있는 신적 현존의 어떤 새로운 차원을 드러낸다. 그런데, 에슬러에 따르면, 물 위를 걸은 표적에는 이런 요소가 없다는 것이다.[8] 그러나 에슬러의 이러한 분석은 빗나간 것이다. 물론 세 요소가 여섯 표적에 공통적으로 나타난다는 것은 맞는 지적이다. 그러나 이 세 요소는 물 위를 걸은 표적에도 똑같이 표출된다. 우선 첫째와 둘째 요소는 제자들이 "두려워했고"(6:29), 예수는 그들의 두려움을 "두려워하지 말라."(6:20)고 함으로써 해결된다. 그들은 물위를 걸은 예수의 신적 모습을 접하고 두려움에 처한다. 다만, 그들이 그 두려움이 해소되기를 원했던 것만이 이 이야기에서 공개적으로 드러나지 않고 숨겨져 있는 유일한 항목이다. 그들이 두려움이 해소되기를 바라지 않았다면, 예수는 "두려워하지 말라."는 위로를 해주지 않았을 것이다. 세 번째 항목인 신적 요소는 '나는 나다'(ἐγώ εἰμι)라는 하나님의 다른 이름으로 드러난다.

7) R. E. Brown, *An Introduction to the Gospel of John*, ed. F. J. Moloney (New York: Doubleday, 2003), 299-300.

8) P. F. Esler, *Lazarus, Mary and Martha: Social-Scientific Approaches to the Gospel of John* (Minneapolis: Fortress, 2006), 11.

하워드(James M. Howard)도 요한은 6개의 표적을 기록하고 있다고 말하면서, 물 위를 걸은 일(6:16-21)은 "표적이 아니"라고 제외한다. 그는 에슬러와는 달리 그 이유를 요한이 그 단락에서 σημεῖον이라는 단어를 사용하지 않았기 때문이라고 주장한다.[9] 그러나 이러한 이유는 타당하지 않다. 베데스다 연못에서 앉은뱅이를 치유하는 표적 단락(5:1-18)에서도 그 단어는 사용되지 않았기 때문이다. 물론 그는 이것을 위해 6장 2절을 근거로 제시한다. 그러나 표적이라는 단어가 해당 표적 단락들 내에서나 그 직후에 나타나는 것과는 달리 6장 2절은 앉은뱅이 치유 기사에서 너무 멀리 떨어져 있을 뿐만이 아니라, 앉은뱅이 치유만을 꼭 집어 언급하는 표현도 아니다. 더구나 하워드는 오천 명 급식기사(6:1-15)는 아예 다루지 않고, 대신 예수의 어머니가 등장하는 19장 25-27절을 대신 넣어 여섯 표적을 맞추는데, 그 이유는 그가 선택한 그 여섯이 그가 제시하는 교차대조법에 잘 어울리기 때문이다.[10] 이는 대단히 인위적인 배열일 뿐 아니라, 그 내용이 서로 대조되지도 않는다. 가령, 왕의 신하의 아들 치유와 나사로를 죽은 자 가운데서 살린 일은 하워드의 희망과는 달리 격이 맞지 않는다. 전자의 아들은 "거의 죽게 된"(4:47) 상태인 반면, 후자의 나사로는 "죽은 지 나흘이 되어 벌써 냄새가 나는"(11:39) 상태였기 때문이다. 더구나 19장 25-27절에는 그가 그렇게 강조하는 단어, σημεῖον이 나타나지도 않는다. 이와는 달리, 라슨(K. B. Larson)은 오히려 일곱 표적에 덧붙여, 많은 물고기가 잡힌 21장 1-14절을 여덟 번째 표적으로 부가한다. 그 표적도 예수의 참 정체의 표지를 드러내 보여주기 때문이라는 것이다.[11] 그러나 그것은 형식상 부활 이후의 것이고, 부활 이전에 예수가 행한 기적을 수반하는 표적은 일곱이다.

9) James M. Howard, "The significance of Minor Characters in the Gospel of John," *Bibliotheca Sacra* 163(1-3, 2006), 63-78, 특히 64 no. 7.

10) 앞의 논문, 77.

11) K. B. Larson, "Recognizing the Stranger: *Anagnorisis* in the Gospel of John" (Ph. D. diss., The University of Aarhus, 2006), 108.

한편, 글랜시(Jennifer A. Glancy)는 폭력도 일종의 표적으로 간주한다.[12] 그녀는 소위 예수의 성전 청결 사건(2:13-22)을 대표적인 표적으로 본다. 그녀는 채찍을 든 예수가 성전에서 행한 폭력은 마치, 가나 혼인 잔치에서 예수가 자신을 드러낸 표적을 행한 것처럼, 표적으로 보아야 한다고 주장한다.[13] 이러한 주장을 그녀가 처음으로 한 것은 아니다. 이미 오래 전에 다드(C. H. Dodd)는 예수의 성전 청결은 "표적"에 해당한다는 것을 밝혔다. "가나의 기적과 성전 청결은 동일한 근본적인 진리를 상징하는 σημεῖα이다. 곧, 그리스도는 종교의 새로운 질서를 시작하기 위해 왔다는 것이다."[14] 이에 대해 브라운은 성전 청결은 하나의 표적이 아니라고 맞선다. 성전 청결은 가나 혼인 잔치 이야기에 바로 잇대어 나오는데, 요한 저자 자신이 왕의 신하의 아들 치유 이야기 다음에 이것을 "두 번째 표적"(4:54)으로 명명했기 때문이라는 것이다.[15] 여기서 성전 청결 이야기가 표적이냐 아니냐를 결정하는 것은 이 장(章)의 주요 논점을 벗어나는 주제이다. 다만, 성전 청결 단락이 소위 일곱 표적들에 공통적으로 나오는 요소들을 결여하고 있는 것은 사실이다. 그러나 이 말은 성전청결을 표적으로 볼 수 없다는 것은 아니다. 성전청결과 기적을 수반한 표적들은 종류가 다르다는 뜻이다. 여기서 표적의 숫자를 확정짓는다는 것은 불필요하고 무의미하다. 그 이유는 요한 스스로가 많은 다른 표적들 중 오직 "이것들"(표적들)만 기록했다고 선언한 것(20:31)을 상기한다면 비단 성전 청결뿐 아니라, 예수의 말과 행위들 모두가 어떤 점에서는 표적이라 할 수 있기 때문이다. 다만 이 장(章)에서는 예수의 표적들 중 대표적인 두 자연표적(2:1-11; 6:1-15)과 두 치유표적(4:46-54; 11:1-44)만을 다룬다.

---

12) Jennifer A. Glancy, "Violence as Sign in the Fourth Gospel," *Biblical Interpretation* 17(2009), 100-117.

13) 앞의 논문, 112-115.

14) C. H. Dodd, *The Interpretation of the Fourth Gospel* (Cambridge: Cambridge University Press, 1968), 303.

15) R. E. Brown, *The Gospel according to John*, 1:528.

III. 육속에 깃든 영광과 생명의 떡의 표적

요한이 본 예수는 물로 포도주를 만든다(2:1-11). 요한은 이 기적을 "첫 표적"으로 명명한다(2:11). 갈릴리에 있는 가나라는 곳에서 일어난 이 표적은 공관복음에는 그 병행 기사가 없다. 곧 가나의 혼인 잔치에서 일어난 이 표적은 요한만이 제시한 독특한 기사라 하겠다. 클린크 3세(E. W. Klink III)는 최근 그의 논문에서 요한복음 2장 1-12절과 열왕기하 4장 1-7절을 비교하면서 그 유사성을 이렇게 제시한다.[16) 곧, 배경(요 2:1-3; 왕하 4:1), 예수의 대답과 엘리사의 대답(요 2:4; 왕하 4:2), 예수의 지시와 엘리사의 지시(요 2:5-8; 왕하 4:3-5), 결과(요 2:9-10; 왕하 4:6), 마감요약(요 2:11; 왕하 4:7) 등이 공통 요소라는 것이다.[17) 이런 비교를 통해 그는 물로 포도주를 만드는 표적은 구약의 선지자 엘리사 타입의 역할을 상기시킨다고 주장한다.[18) 그러나 그는 그 두 이야기의 유사성에 집착한 나머지, 그 둘의 차이점에 주목하지 못했다. 우선 배경이 다르다. 한쪽은 기쁨으로 가득한 결혼 잔치이고, 다른 쪽은 남편의 죽음과 빚 준 사람에게 두 아이를 종으로 넘겨야 하는 곤경에 처한 한 여인의 우울한 분위기를 반영한다. 예수의 지시는 물을 채우라는 것이고 엘리사는 빈 그릇을 빌리라는 것이다. 물을 채우는 사람도 요한에서는 하인들이지만 왕하에서는 엘리사 자신이 기름을 채운다. 결과도 요한에서는 채워진 물이 포도주로 변하나, 왕하에서는 기름이 다른 종류로 바뀌지 않는다. 마감요약도 둘은 큰 차이를 보인다. 요한에서 예수는 그의 영광(δόξα)을 나타냈으나, 엘리사는 그와 유사한 언급이 전혀 없다. 결국 클린크 3세는 요한 저자가 자신에게 전해져 온 구약의 자료들을 자신의 신

16) E. W. Klink III, "What Concern Is That To You and To Me? John 2:1-11 and the Elisha Narratives," *Neotestamentica* 39(2, 2005), 273-287.

17) 앞의 논문, 275.

18) 앞의 논문, 284.

학을 위해 과감히 변경한다는 점을 인지하지 못했다. 유사성 못지않게 중요한 것은 차이점이다. 차이점이 요한의 독특성을 드러내 보여주기 때문이다.

예수와 그의 제자들은 결혼식에 초대를 받는다. 거기에는 예수의 어머니도 있었다. 그때 포도주가 떨어진다. 포도주가 바닥나면 혼례의 분위기가 침체되기 때문에, 혼례가 잘 치러지기를 바라는 공동의 사회적 기대와 필요가 형성된다. 예수는 예기치 못한 방식, 곧 물로 포도주를 만들어 그 필요를 공개적으로 채워준다. 그 기적을 하인들이 알고(2:9), 제자들이 안다(2:11). 예수는 그 표적을 행하여 그의 영광을 드러낸다(2:11). 콜린스(M. S. Collins)는 이 영광을 예수의 사회적 위치와 명예에 관한 것과 맞바꾼다. 곧, 2장 11절의 "영광은 공적인 명성이나 명예를 의미한다."[19]는 것이다. 그에 따르면, 11절에서 "예수는 자신의 좋은 명성이나 명예의 어떤 것을 드러낸다."[20] 물론 그는 영광이라는 용어의 사회적 차원만 강조하는 것은 아니다. 그 사회적 의미를 신학적 의미와 연결하려고 노력한다. 예수의 영광은 연회장에 의해 주어진 공적인 영광과는 대조되는데, 그 이유는 2장 11절의 영광이 "1장 14절을 떠올리게 하고 완성하기"[21] 때문이라는 것이다. 그러나 그의 주장은 그 공적 명예가 어떻게 제자들로 하여금 예수를 믿게 했는지(2:11)를 설명해주지 못한다. 더구나 공적 명성이 그 이야기의 초점이라면 그 혼례에 참석한 자들의 감탄이 수반되어야 더 효과적이었을 것인데, 그 이야기에 그런 종류의 반응은 전혀 나타나지 않는다. 그의 주장과는 달리, 그 이야기는 육으로 온 예수가 가나라는 구체적인 삶의 한 가운데서 공적인 필요를 채워줌으로써 그의 영광을 드러낸 것이고, 그 영광 속에서 그는 하나님으로서의 그의 신적 권능을 보여준 것이다.

유대교의 종말 사상에 있어서 종말 시의 잔치에는 기름진 것과 맑은 포

---

19) M. S. Collins, "The Question of Doxa: A Socioliterary Reading of the Wedding at Cana," *Biblical Theology Bulletin* 25(3, 1995), 100-109, 인용은 107.

20) 앞의 논문, 106.

21) 앞의 논문, 107.

도주가 제공된다(사 25:6, 8; 렘 31:10-12). 곧, 새 포도주는 다지막 종말 시에 맛볼 수 있는 품목으로 소개된다. 먹을 것, 마실 것이 충분치 못했던 고대 이스라엘인에게 최대의 꿈은 기름진 것과 맑은 포도주를 마음껏 마시는 것이었다. 그러나 요한의 강조점은 시대의 마지막을 기다릴 필요가 없다는 데에 있다. 새 포도주는 새 시대에 맛볼 수 있는 것이기 때문에 지금이 곧 새 시대라는 것이다. 율법의 시대는 가고, 예수의 새 시대가 시작되었다는 것이다. 요한에 따르면, 새 시대는 예수가 주도한다는 것이다.[22] 역사 종말의 결정권은 하나님에게만 있었다는 점을 감안한다면 이 표적은 예수가 하나님의 또 다른 얼굴이라는 것이다. 유대인의 결례에 따라 놓인 항아리가 전부 말랐다는 것(2:3, 6)은 이제 새 시대가 시작되었다는 것을 상징적으로 드러내 준다. 더 이상 유대교의 관례는 새 시대에 적합하지 않다는 것이다. 이것을 연회장은 모르고 오히려 하인이 안다(2:9). 새 시대의 요구를 연회장은 채워주지 못한다는 것이다. 새 시대를 고지하는 나팔 소리가 이미 울리기 시작했다는 것이다.

예수가 물로 포도주를 만들어 자신의 영광을 드러낸 그 표적의 핵심은 그가 특정한 시간과 구체적인 공간 속에서 벌어지는 사회적 필요를 신적인 권능으로 채워주었다는 데에 있다. 이것은 하나님인 로고스가 육으로 온 것에 대한 확증의 첫 사례가 된다. 이것이 요한이 그 표적을 예수의 첫 표적으로 명명한 이유이다(2:11). 슈나켄부르크(R. Schnackenburg)는 이 점을 매우 훌륭하게 표현했다. "예수의 영광의 이 드러냄(계시)은 무시간적인 '현현'이 아니라, 하나의 고정된 장소를 지닌다."[23] 2장 11절에서 예수가 드러낸 그 영광은 1장 14절에서 "우리"가 본 "아버지의 특별한 아들의 영광"이다. 우리로 표현된 그들, 곧 요한공동체는 그 영광을 본다. 그들은 예수가 그 표

---

22) 이런 점에서 데렛은 "예수와 그의 제자들은 새로운 이스라엘이었다."고 주장한다. J. D. M. Derrett, "The First Miracle Resurrected," *Expository Times* 118(4, 2007), 174-176, 인용은 174.

23) R. Schnackenburg, *The Gospel According to st. John*, 1:334.

적을 통해 드러낸 그의 신적 영광을 보고 "그를 믿었다"(2:11).

요한의 오천 명 급식 기사(6:1–15)에서도 예수는 갈릴리호수 건너편 산에서 큰 무리, 곧 오천 쯤 되는 사람들(6:10)의 사회적 필요를, 한 아이가 갖고 있는 "보리떡 다섯 개와 물고기 두 마리"(6:9)로 해결해 준다. 공관에서는 예수가 떡을 제자들에게 먼저 건네고, 제자들이 무리에게 분배하나, 요한에서는 직접 나누어 준다(6:11). 물고기도 "그들의 원대로 주었다"(11절). 그들이 만족할 만큼 먹은 것은 12절에서 확인된다. 요한의 예수가 직접 나누어 주었다는 것은 출애굽기에서 하나님이 만나를 직접 내려준 것을 연상하게 한다. "내가 너희를 위하여 하늘에서 양식을 비 같이 내리리니 백성이 나가서 일용할 것을 날마다 거둘 것이라"(출 16:4). 누가 떡을 주었는가? 요한의 예수는 분명히 말한다. "모세가 너희에게 하늘로부터 떡을 준 것이 아니라 내 아버지께서 너희에게 하늘로부터 참 떡을 주신다"(6:32). 여기서 모세와 관련된 동사는 완료형 δέδωκεν이 사용된 반면, "내 아버지"가 떡을 주는 동사는 현재형 δίδωσιν이 사용된다. 곧 지금 떡을 나누어 주는 분은 하나님이다. 결국 오천여명에게 떡을 직접 나누어준 예수는 하나님의 역할을 대신한다.

오천 명 급식 기사에서 공관에는 나오지 않는 요한만이 갖고 있는 특별한 내용은 사람들이 예수가 행한 이 "표적"을 보고 그를 '선지자'로 여기거나(6:14), 또는 '왕으로 삼으려' 했다(6:15)는 보도이다. 여기서 선지자는 "모세와 같은 선지자"(신 34:10) 또는 모세가 예견한 사람, 곧 하나님이 "나(모세)와 같은 선지자 하나를 일으키시리라."(신 18:15)를 뜻한다. 세례 요한이 바로 그 선지자로 여겨지기도 했으나, 그 자신이 이를 거부했다(요 1:21). 예수의 표적에 대한 무리의 반응, 곧 "이는 참으로 세상에 오실 그 선지자다." (6:14)라는 고백은 무리가 예수 안에서 장차 올 선지자에 관한 모세의 예언이 실현된 것으로 보았다는 것을 뜻한다. 그러나 요한이 본 예수는 모세를 능가하는 생명의 떡을 주는 분일 뿐 아니라, 그 자신이 하늘에서 내려온 "생명의 떡"이다(6:35, 48). 예수는 "하늘에서 내려온 산 떡"인데, 이 떡은 예수의 "살"(σάρξ)이다(6:51). 예수의 살을 먹고 예수의 "피"(αἷμα)를 마시는 자는 영생한다(6:54). 영생은 예수의 고난에 동참할 때 얻어지는 결과이다. "먹어야 할 음식은 예수의 고난과 죽음의 음식이다."[24] 살을 먹고 피를 마셔야 한다는 예수의 명령은 성찬예식에 참여함으로써 요한공동체의 멤버가 되도록 독려하는 기능을 수행한다.[25]

6장 14, 15절 사이에는 많은 것이 생략된 것처럼 보인다. 14절에서 예수를 모세와 같은 "선지자"라고 고백한 무리의 생각을 예수는 어떻게 15절에서 그들이 자신을 "억지로 잡아"(ἁρπάζω) "왕"으로 삼으려 하는 셈이라고 요약했는가? 요한이 본 예수가 어떤 근거로 이것을 알았는지는 본문에는 생략되어 있다. 어쨌든, 지상의 정치적 왕국은 예수의 참 왕권을 인지하지 못하는 불신이다.[26] 이때 예수는 그 무리를 피해 산으로 떠나갔다. 이는 마치 요한 저자가 전하는 수난 이야기에서 예수가 자신의 왕권이 이 세상에 속한 것이 아니라고 단언한 것(18:36)과 같다. 오천 명 급식 이야기에서 예수에게 제공된 왕권은 예수가 거부해야 할 왕권이었다. 역설적으로 예수는 자신의 의지와는 상관없이 "왕"으로 불린다(19:1-5, 13-16).[27] 15절에서 예수가 혼자 산으로 떠나는 것은 그의 아버지와의 친밀성을 나타낸다. 8장 16절이 이를 뒷받침한다. "만일 내가 판단하여도 내 판단이 참되니 이는 내가 혼자 있는 것이 아니요 나를 보내신 이가 나와 함께 계심이라." 더구나 16장 32절은 매우 구체적인 적합성을 갖는다. "보라 너희가 다 각각 제 곳으로 흩어지고 나를 혼자 둘 때가 오나니 벌써 왔다. 그러나 내가 혼자 있는 것이 아니라 아버지께서 나와 함께 계신다." 이미 예수는 태초에 있었다. 그는 혼자이긴 하

24) S. W. Need, "Jesus the Bread of God. The Eucharist as Metaphor in John 6," *Theology* 105(825, 2002), 194-200, 인용은 197.

25) P. B. Burroughs, "Stop Grumbling and Start Eating: Gospel Meal Meets Scriptural Spice in the Bread of Life Discourse," *Horizons in Biblical Theology* 28(2006), 73-94, 특히 92.

26) R. Schnackenburg, *The Gospel According to st. John*, 2:20.

27) R. J. Michaels, *The Gospel of John* (Grand Rapids, Michigan: W. B. Eerdmans Publishing Company, 2010), 353.

나 혼자가 아니라, 하나님과 "함께"한 로고스였다(1:1-2).

오천 명 급식 기사는 그 이어지는 단락들을 통해 예수의 정체와 신적 권능을 드러낸다. 그러나 그 급식기사에는 물로 포도주를 만든 표적을 통해 드러낸 예수의 신적 영광을 보고 "그를 믿었다."(2:11)는 식의 보도는 나타나지 않는다. 곧, 급식기사 자체를 통해 믿는 자의 확보는 이루어지지 않는다. 표적 자체를 통해서도 예수의 정체와 신적 권능은 무리에 의해 인지되지 않는다. 요한이 본 예수는 무리가 예수를 찾는 것은 급식 사건 속에 담긴 표적의 뜻을 본 까닭이 아니라, 떡을 먹고 배부른 까닭이라고 단정하기 때문이다(6:26). 그러나 급식과 하늘에서 내려온 떡, 그리고 생명의 떡으로 이어지는 논쟁을 통해 예수는 믿는 자들의 확보를 위한 설득에 나선다. "나는 생명의 떡이니 내게 오는 자는 결코 주리지 아니할 터이요 나를 믿는 자는 영원히 목마르지 아니하리라"(6:35). 예수는 자신을 "믿는 자"를 마지막 날에 다시 살릴 것이라고 약속한다(6:40). 영생을 경험하고 싶은 사람들은 예수가 하늘로부터 내려온 생명의 떡이라는 것을 믿어야 할 뿐 아니라, 그의 희생적인 몸을 섭취함으로써 자신들을 예수에 유기적으로 연결시켜야 한다.[28] 생명의 떡이라는 표현은 급식단락 자체에는 나오지 않는다. 그러나 이어지는 논쟁을 통해 급식기적은 곧 예수가 생명의 떡이라는 점을 알리기 위한 예비 표적이 된다.

IV. 생명과 부활의 표적

요한은 왕의 신하의 아들을 치유한 표적(4:46-54)을 "두 번째 표적"으로 명명한다(4:54). 우선 이 표적과 물로 포도주를 만든 첫 표적은 여러 점에서 유사성을 지닌다. 4장 46, 54절은 가나 혼인 잔치를 상기시켜 준다. 브라

28) P. B. Burroughs, "Stop Grumbling and Start Eating," 91-92.

운은 두 이야기의 공통점을 이렇게 명료하게 지적해 놓았다. 예수가 방금 갈릴리로 돌아왔고, 어떤 사람이 요구를 한다는 점과 간접적으로 예수는 그 요구를 거절하는 듯이 보이나 결국 그 간청을 들어 준다 점, 그리고 이것이 다른 그룹의 사람들이 예수를 믿게 되는 계기가 되고, 기적 수행 후 예수는 예루살렘 성전으로 올라간다는 점 등이다.[29] 그러나 차이점도 두드러지는데, 두 번째 표적에서 간청한 사람이 믿었다는 표현이 두 번이나 나오는데, 첫 표적에서는 그런 종류의 언급이 없다. 결정적인 차이점은 첫 표적에서 묘사된 예수가 자신의 영광을 드러냈다는 언급은 이 두 번째 표적에서는 나타나지 않는다.

왕의 신하가 예수에게 자신의 아들의 병을 고쳐 달라 할 때, 예수는 이렇게 대답한다. "너희는 표적과 기사를 보지 못하면 도무지 믿지 아니하리라"(4:48). 윈(K. H. Wynn)은 이 구절은 "요한적인 아이러니로 가득한 하나의 모호한 선언"이라고 말한다.[30] 그는 왜 아이러니한 지는 설명하지 않았다. 아마 요한의 표적은 사람들이 그 표적을 보고 믿게 하기 위함인데 48절은 보고 믿는 것을 비난하고 있기 때문일 것이다. 그러나 표적의 목적이 믿게 하기 때문이라 해도, 요한이 근본적으로 보고 믿는 것을 장려하는 것은 아니기 때문에(20:29) 윈의 주장과는 달리, 여기에 아이러니는 없다.

요한이 본 예수는 표적을 보고 믿는 태도를 나무랬다. 그러한 비호의적인 분위기 속에서도 그 신하는 끈질기게 재간청하고, 예수는 "네 아들이 살았다."고 말한다. 그 신하는 예수의 말을 믿었다(4:50). 이 믿음에 대해 예수는 아무런 평도 하지 않는다. 4장 50절은 마태복음 15장의 가나안 여인을 상기시킨다. 귀신들린 딸의 치유를 비호의적인 분위기 속에서도 세 차례나 끈질기게 간청한(마 15:23, 25, 27) 그 가나안 여인에게 예수는 "여자여 네 믿음이 크다." 하고 말하고, 결국 고쳐준다. 왕의 신하의 그 믿음은 예수의 말

29) R. E. Brown, *The Gospel according to John*, 1:194.

30) K. H. Wynn, "Johannine Healings and the Otherness of Disability," *Perspectives in Religious Studies* 34(1, 2007), 61–75, 인용은 74.

에 대한 신뢰이다. 그 신하는 그 아들이 치유된 후, 예수를 믿었다(요 4:53). 이 믿음은 표적을 "보고" 믿은 것이 아니라, 표적에 관한 보고를 "듣고" 믿은 것이다. 그 신하는 그 낫기 시작한 때를 확인하고 예수의 말씀을 상기하고 믿었다. 이로써 그는 48절에서 표적을 "보고" 믿는 태도의 열등함을 훌륭하게 극복한다.

콜로에(Mary Coloe)는 왕의 신하의 아들 치유 이야기와 나사로 이야기의 공통점을 훌륭하게 밝혀냈다. 서론(4:46; 11:1-2), 간청(4:47; 11:3), 거절(4:48; 11:4-6), 반응(4:49; 11:21-32), 생명수여(4:50; 11:42), 행위(4:50b; 11:39), 확인(4:51; 11:44), 반응(4:53; 11:45-46), 결론(4:54; 특별한 구절에 대한 언급 없음) 등이다.[31] 콜로에의 주장에 따르면, 이는 요한 공동체의 결정적인 문제, 곧 예수의 현존과 부재를 드러내는데, 요한은 "하나님의 집"인 성전의 이미지를 하나님의 "집"으로서의 그 공동체로 전이시킨다고 주장한다.[32] 콜로에의 논지는 비교적 건실하다. 그러나 세부 항목으로 들어가면, 문제점이 노출된다. 4장에서 왕의 신하가 그 표적 후에 "믿었다"로 되어 있는 반면, 11장에서 주요 배역을 맡았던 마르다와 마리아의 반응은 믿음과 관련된 항목에서는 확실하지 않다. 따라서 4장은 그 신하뿐 아니라 그 온 집이 다 믿었다고 보도되어 있기 때문에 하나님의 집 개념이 성립되나 11장에서는 그 개념이 성립되기 어렵다.

예수는 왕의 신하의 아들, 곧 "거의 죽게 되었던"(11:47) 그 아들을 살려낸다. 이 치유 기사의 초점은 새 생명에 있다. 이미 요한이 본 예수는 니고데모와의 대화(3장)를 통해 새 생명으로 거듭나야 한다는 것을 강조했다. 사마리아 여인과의 대화(4장)에서는 영원한 생명으로 인도하는 생수를 이야기했다. 여기서는 생명의 새로운 회복을 강조한다. 예수는 생명을 주는 표적을 행한다. 요한 기자는 50절과 51절, 그리고 53절 등을 통해 '살았다'를 세 번씩

31) Mary Coloe, "Households of Faith (Jn 4:46-54; 11:1-44): A Metaphor for the Johannine Community," *Pacifica* 13(3, 2000), 326-335, 특히 329-330.

32) 앞의 논문, 332-334.

이나 강조한다. 따라서 이 표적은 예수가 생명이라는 점을 상징적으로 드러내 보여 준다. 실제로 예수 자신이 "생명"이다(11:25). 예수를 통해 '새 생명', '새 삶'이 먼 훗날에 있을 막연한 가능성이 아니라, 지금 맛볼 수 있는 현실이 되었다는 것이다. 여기서도 예수는 하나님의 역할을 대신한다.

예수의 표적들 중 가장 장엄한 것은 나사로를 죽은 자 가운데서 살린 일이다(11:1-44). 44절이나 되는 긴 절들 가운데 오직 두 절(43-44)만이 기적 자체를 위한 묘사에 할애된다. 예수는 나사로가 죽은 지 이미 나흘이 된 시점에서 그를 살린다. 마르다는 예수에게 죽은 자를 살리는 능력이 있다는 것을 생각조차 못한다. 마르다는 예수가 그 자리에 있었다면 그 오라버니가 죽지 아니했으리라고 말한다(11:21). 예수는 그 생각을 교정해 준다. "네 오라비가 다시 살아나리라"(23절). 마르다는 예수의 그 말을 오해한다. 곧, "마지막 날 부활 때에"(24절) 살아나리라는 뜻으로 받아들인다. 예수는 마르다의 오해를 바로잡아 주기 위해 이렇게 말한다. "나는 부활이요 생명이니 나를 믿는 자는 죽어도 살겠고 무릇 살아서 나를 믿는 자는 영원히 죽지 아니하리니 이것을 네가 믿느냐?"(11:25-26) 이러한 말을 통해 예수는 "전통적인 마지막 시대의 기대들을 현재 속으로 가져온다."[33] 예수가 제공한 "그 생명은 단지 미래를 위한 것이 아니니다. 곧 그것은 지금 시작한다."[34] 그러나 마르다는 여전히 죽은 자를 살리는 예수의 능력은 감지하지 못한다.

한편, 예수와 마리아 사이의 대화는 비교적 간결하게 진행된다. 몰로니(F. J. Moloney)는 32절에서 마리아가 예수의 발 앞에 엎드린 것에 주목한다. 그는 마리아의 태도나 말은 마르다와는 뚜렷하게 구분된다고 전제하고, 그녀의 "엎드림은 신뢰와 숭배의 태도를 보여주고, 2절에 언급된 예수의 발에 대한 그녀의 연관마저 재도입한다."[35]고 하면서 두 여인은 대단히 다른

---

33) 앞의 논문, 332.

34) Anne Robertson, "John 11:1-53," *Interpretation* 58(2, 2004), 175-177, 인용은 176.

35) F. J. Moloney, "Can Everyone be Wrong? A Reading of John 11:1-12:8," *New Testament Studies* 49(4, 2003), 505-527, 인용은 516.

톤으로 말한다고 주장한다. 그러나 이러한 주장은 설득력이 없다. 마리아도 마르다가 한 말(21절)을 반복하고 있기 때문이다(11:32). 이 정확한 반복은 콜로에가 지적한 것처럼, 마리아 역시 "신앙에 있어서 의미 있는 발전이나 변화가 없음을 지적해 준다."[36] 또한 마리아가 반복한 그 말 자체가 이미 예수에 의해 23절에서 교정되었기 때문이다. 물론 마리아는 마르다의 다른 긴 말은 생략하고 있으나, 이는 마리아에게 배정된 역할이 마르다보다도 더 미미하다는 것을 보여준다.

마리아도 예수의 소생 능력은 예상하지 못한 채 울기만 한다(11:33). 마리아와 함께 온 유대인들도 함께 운다. 그때 예수는 "심령에 통분히 여겼다"(ἐνεβριμήσατο τῷ πνεύματι, 33절). "ἐμβριμάομαι"는 마가복음 14장 5절에서 예수의 머리에 향유를 부은 여인을 어떤 사람들이 책망할 때 사용했던 단어이다. 요한은 이 단어를 사용함으로써 분노와 적대감의 기본적인 의미를 유지한다.[37] 예수는 왜 통분히 여겼을까? 불트만이나 슈나켄부르크에 따르면, 예수가 분노한 것은 마리아나 유대인들의 불신 혹은 신앙의 결여 때문이다.[38] 이와는 달리, 브라운은 예수는 죽음의 권세를 대표하는 사탄의 영역에 직면하여 분노했다고 주장한다.[39] 최근에는 해리스(J. S. Randolph Harris)가 브라운에 동조한다. 그는 니고데모나 우물가의 여인도 무지했지만, 예수는 자신을 알아보지 못한 그들의 무지에 대해서는 분노하지 않았다는 것을 그 이유로 제시한다.[40] 그러나 다른 사람의 무지에 대해서는 분노하지 않던 예수가 마리아가 우는 것에 대해 통분했다는 것은 요한의 의도적인 장치이다.[41] 마리아뿐만 아니라 유대인들이 우는 것에 대해서도 통분하는

36) Mary Coloe, "Households of Faith," 331.

37) F. J. Moloney,"Can Everyone be Wrong? A Reading of John 11:1–12:8," 518.

38) R. Bultmann, *The Gospel of John–A Commentary*, 406; R. Schnackenburg, *The Gospel According to st. John*, 2:336.

39) R. E. Brown, *The Gospel according to John*, 1:435.

40) J. S. Randolph Harris, "John 11:28–37," *Interpretation* 63(4, 2009), 402–404, 특히 403.

41) 이 문제는 이 책의 제3장에서 다룬다.

데, 이는 유대인들의 회당에서 출교된 요한공동체의 정황에서는 자연스러운 반응이다. 더구나 예수를 믿은 유대인(11:45)들과는 달리 그들은 예수를 빈정대기까지 했다(11:47). 해리스가 제시한 니고데모나 우물가의 여인은 예수를 빈정대지 않았다. 요한복음에 "사탄"이라는 단어는 단 한번 등장하나(13:27), 이는 11장의 문맥과는 상관이 없다. 더구나 요한은 죽음을 사탄의 영역으로 간주하지 않는다. 오히려 불트만이나 슈나켄부르크의 주장이 더 설득력이 있다. 예수의 분노는 구체적으로는 부활 그 자체인 예수의 신적 정체에 대한 그들의 무지 때문이다.

한편, 마이컬스(R. J. Michaels)는 예수가 통분히 여긴 이유에 대해 기존의 해석과는 전혀 다른 해석을 제시한다. 곧, 그는 예수는 자신이 마리아의 가족과 가졌던 친밀도가 유대인들 때문에 방해받았기 때문이라고 독특하게 해석하고,[42] 이는 마치 마가복음 5장 37절에서 매우 친밀한 제자 셋(베드로 요한 야고보)외에는 사람을 살리는 일의 목격자가 되지 못하게 하는 것과 유사하다고 생각한다. 그러나 이는 빗나간 주장이다. 요한은 이러한 방법에 익숙하지 않기 때문이다. 말을 바꾸면, 요한이 본 예수는 어떤 곳에서도 극소수의 사람만을 구분해서 그들에게만 기적적인 표적에 접근할 수 있는 특권을 허락하는 일을 하지 않기 때문이다. 오히려 요한이 본 예수는 공적인 필요를 공개적으로 해결해 준다. 나사로를 살린 이 표적만해도 둘러선 "무리"(ὄχλος) 앞에서 공개적으로 행한다(11:42). 요한복음 11장 38절에서 예수는 다시 통분히 여기는데, 이는 일부 유대인들의 조롱(11:37) 때문이기도 하나, 그 조롱 역시 예수의 정체에 대한 무지에서 나온 것이다. 결국 이 이야기에 나온 모든 사람들은 나사로를 살리기 이전에는 예수의 신적 권능을 알아차리지 못한다. 곧, 그들은 나사로의 병과 죽음이 "하나님의 영광을 드러내기 위한 것이고, 하나님의 아들이 이로 말미암아 영광을 받게 하기 위한"(11:4) 것임을 인지하지 못한다. 요한은 예수의 정체를 알아본다는 것이 매우 어렵

42) R. J. Michaels, *The Gospel of John*, 638-639.

다는 것을 알린다.

예수는 무덤에서 마르다에게 "네가 믿으면 하나님의 영광을 보리라고 내가 네게 말하지 아니하였느냐"고 하면서 자신의 옛 말을 상기시킨다(11:40). 여기서 "네게"(마르다)가 강조된다. 예수는 이전에 언제 마르다에게 그런 말을 했는가? 불트만은 23절을[43], 슈나켄부르크는 25-26절을[44], 마이컬스는 4절과 25-26절[45]을 그 관련 구절로 본다. 11장 40절은 예수가 과거에 한 말에 대한 직접 인용이 아니다. 예수는 그와 똑같은 말을 마르다에게 한 적이 없기 때문이다. 따라서 이 구절의 해석이 어렵기는 하나, 그렇다고 해서, 폰 웨일드(Urban C. von Wahlde)처럼, 아예 이 구절을 생략하는 것은 학자적 기질이 부족한 것 외에 아무 것도 아니다. 그는 자신의 매우 상세한 요한복음 주석서에서 아예 이 성가신 구절을 아무런 이유 없이 생략한다.[46] 11장 40절은 예수가 과거에 한 말을 간접적으로 축약한 것으로 상정할 수 있다. 위에서 여러 학자들에 의해 제시된 구절들 중 우선 11장 4절을 후보 구절로 상정하기 쉽다. 내용만 가지고 본다면, 40절에서 예수는 무덤에서 자신이 나사로를 살리는 행위가 하나님의 영광을 보게 되는 행위라고 전제하는데, 4절은 하나님의 영광은 아들의 영광과 밀접히 관련된다는 점을 강조하고 있기 때문에 그러한 상정이 아예 빗나간 것은 아니다. 그러나 4절의 곤란함은 3절에서 언급되는 사람이 마르다뿐 아니라, 그 자매들 모두이고, 더구나 예수는 그들에게 직접 말하지 않고 있기 때문이다. 이런 점에서 오히려 25-26절이 그 관련 구절로서 적합하다. 이 단락에서 예수는 마르다에게 "직접" 말한다. 나사로를 살리기 직전인 40절에서 하나님의 영광을 예고한 것은 자신을 믿는 자는 죽지 아니하리라고 말한 25-26절을 상기시킨다. 생

43) R. Bultmann, *The Gospel of John-A Commentary*, 407.

44) R. Schnackenburg, *The Gospel According to st. John*, 2:338.

45) R. J. Michaels, *The Gospel of John*, 642.

46) Urban C. von Wahlde, *The Gospel and Letters of John*, vol. 2 (Grand Rapids, Michigan: W. B. Eerdmans Publishing Company, 2010), 505 참조.

명의 주관이 하나님의 배타적인 권능임을 고려할 때, 나사로를 자신이 살리는 것은 하나님의 영광이자, 자신의 영광이기도 하다. 실제로 25–26절을 포함한 23–27절에 묘사된 예수와 마르다의 대화는 나사로 단락(11:1–44)의 "신학적 정점"[47]이다.

"네가 믿으면 하나님의 영광을 보리라."(11:40)고 예수가 마르다에게 한 말은 뒤집어 보면, 네가 믿지 않으면 하나님의 영광을 보지 못하리라는 뜻이다. 마르다는 믿는 자가 아닌가? 왜 예수는 마르다에게 이런 식의 가정법을 쓰는가? 마르다는 "주는 그리스도시요 세상에 오시는 하나님의 아들이신 줄 내가 믿었다."(11:27)고 대답한다. 이 대답은 모범적인 대답인가? 우리말이나 영어 번역본에서는 "내가 믿는다"로 되어 있는데, 이는 자연스러운 문체를 선호하는 것에 따른 것이다. 헬라어 원문에는 "내가 믿는다"가 아니라 "내가 믿었다"(πεπίστευκα)는 완료형이 사용되었다. 이 완료형은 요한복음에서 오직 이곳에만 사용되었다. 이것은 예수가 25–26절에서 말하기 이전에 이미 마르다가 가졌던 믿음을 뜻한다. 실제로 마르다의 대답은 예수의 말에 대한 반응으로는 어색하다. 예수는 자신을 믿는 자는 죽지 않으리라고 말했으나, 마르다의 대답은 죽음이나 영생과는 직접적인 관련이 없다. 마르다는 "그녀의 메시아적 기대를 예수가 채워준다는 그녀의 확고한 견해를 확인"[48]할 뿐이다. 마르다는 부활과 생명인 예수상을 갖지 못했다. 마르다의 대답이 모범적이 아님은 그녀 스스로가 확인해준다. 곧, 마르다가 마리아에게 조용히 말할 때 쓴 예수에 대한 호칭, "선생님"(διδάσκαλος)에서 마르다의 생각이 노출된다. 28절의 선생님은 "랍비"에 해당하는 단순한 호칭일 뿐, 그녀가 27절에서 사용했던 "그리스도"나 "하나님의 아들"이라는 기독론적

47) O. Hofius, "Die Auferweckung des Lazarus: Joh 11,1–44 als Zeugnis Narrativer Christologie," *Zeitschrift für Theologie und Kirche* 102(1, 2005), 17–34, 특히 26–29. 호피우스는 나사로 단락의 신학적 정점은 23–27절에 있는 반면, 이야기 자체의 정점은 38b–44절에 있다고 주장한다. 그는 이를 통해 나사로 단락이 요한적인 기독론의 중심 문서라고 주장한다. 앞의 논문, 29–31, 32–33.

48) F. J. Moloney, "Can Everyone be Wrong? A Reading of John 11:1–12:8," 514.

칭호와는 거리가 멀다.

예수는 "나사로야, 나오라."(11:43)는 간단한 말로 그를 살린다(43-44절). 물론 예수에 의한 죽은 자의 소생이 요한복음에만 나오는 것은 아니다. 예수는 회당장 야이로의 딸(막 5:21-43, 병행)이나 나인 성(城)에 사는 한 과부의 아들(눅 7:11-17)을 소생시킨다.[49] 그러나 "죽은 지가 나흘이 되어 벌써 냄새가 나는"(요 11:39) 자를 살린 경우는 요한복음이 유일하다. 곧, 누가 보아도 아무런 의심 없이 죽었다는 것이 확실히 판정된 자를 살렸다는 것이다. 이를 위해 요한은 공관에는 나오지 않는 죽은 자의 이름을 밝힌다. 이름을 밝히는 것은 요한의 기적 이야기들에서조차도 특이한 일이다.[50] 더구나 요한이 본 예수는 이 기적 자체의 경탄스러운 일에 집중하기보다는 이 기적 속에서 자신이 아버지의 일을 대신하고 있음을 알리는데, 이러한 초점은 공관복음에는 나타나지 않는다. 요한은 예수가 나사로를 살림으로써 그의 권능은 인간이 피할 수 없는 최후의 적인 죽음에 대한 통제력까지도 포함하고 있다는 것을 알린다. 이것 역시 예수가 생명이라는 표적이 된다. 예수의 기도는 아버지에 대한 자신의 관계가 어떠한지를 드러내 보여 준다. 예수는 "말"을 통해 그 표적을 행하기 직전까지 그 행함의 목적이 자신이 하나님으로부터 보냄을 받은 사람임을 그들로 하여금 믿게 하려는 데 있다고 천명한다(11:42). 요한은 여기서 중요한 점을 드러낸다. 예수가 말한다는 것은 누군가가 듣게 하기 위한 것이다. 표적은 보는 것이고, 말은 듣는 것이다. 요한은 보고 믿는 것보다는 듣고 믿는 것을 더 강조한다. 어떤 점에서 표적은 듣고도 믿지 못하는 사람들을 위한 것이다.

나사로 이야기는 예수 자신이 "부활이고 생명"(11:25)이라는 것을 드러

49) 예수뿐만이 아니라, 베드로는 다비다(행 9:36-42)를, 바울은 유두고를 살린다(행 20:9-10). 그러나 극적 효과를 위한 사도행전의 일반적인 과장의 문학적 장치를 고려한다면 이것을 복음서의 예수가 죽은 자들을 소생시키는 일과 평면적으로 비교하기는 어렵다.

50) J. P. Meier, *A Marginal Jew: Rethinking the Historical Jesus*, vol. 2 (New York: Doubleday, 1994), 821-822.

내는 표적이다. 이런 점에서 스테판 킴(Stephen S. Kim)이 나사로 이야기를 "예수를 메시아와 하나님의 아들로 제시하기 위해 요한에 의해 특별히 선택된 일곱 기적들"의 완성이자 정점으로 이해한 것[51]은 부분적인 설득력만을 갖는다. 이 표적이 일곱 표적의 "정점"인 것은 당연한 진단이다. 그러나 요한에게 있어서 메시아는 주변적인 관심사이고, 하나님의 아들은 주요 관심사이긴 하나, 11장에서 요한이 본 예수는 하나님의 아들일 뿐 아니라 세상을 향해 돌린 하나님의 얼굴이기 때문이다.

톰슨(Marianne Meye Thompson)은 11장의 나사로 이야기가 사도신경의 첫 조항과 두 번째 조항 사이를 연결해준다고 주장한다. 곧 "하나님은 하늘과 땅을 만든 창조주이고, '그의 아들 예수 그리스도'는 그 자신 속에 하나님의 생명을 갖고, 하나님의 생명을 다른 사람에게 부여하는 분이다."[52] 이러한 주장은 설득력이 부족하다. 요한복음 서막에서 창조의 주체는 하나님이 아니라, 로고스인데, 그 로고스 역시 하나님으로, 아버지 하나님과 "함께" 있었으나, 하나님과는 다른, 그 하나님을 나타내는 "특별한 하나님"(1:18)으로 언급되고 있기 때문이다.[53] 오히려 하나님과 예수의 연결은 나사로 단락 자체에서 찾을 수 있다. 아버지는 예수의 말을 항상 듣고, 아버지는 예수를 보냈다(11:42). 하나님의 영광은 아들의 영광으로 이어진다(11:4). 사도신경과는 달리, 요한복음은 때로는 예수와 하나님을 분리시키기도 하고 때로는 통합시키기도 한다.

요한은 나사로를 살린 그날부터 "그들이 예수를 죽이려고 모의 했다."(11:53)고 밝힌다. 곧, "나사로에 대한 예수의 생명부여는 그 자신의 생명 잃

51) Stephen S. Kim, "The Significance of Jesus' Raising Lazarus from the Dead in John 11," *Bibliotheca Sacra* 168(669, 2011), 53-62, 인용은 60.

52) Marianne Meye Thompson, "The Raising of Lazarus in John 11: A Theological Reading," in *The Gospel of John and Christian Theology*, eds. R. Bauckham and C. Mosser (Grand Rapids; Cambridge, UK: Eerdmans, 2008), 233-244, 인용은 244.

53) 이것과 관계된 자세한 논의는 이 책의 제1장 "서막"에 제시되어 있다.

음으로 이어진다."[54] 그러나 요한공동체는 이 이야기를 생명의 승리가 시작된 것으로 읽는다. 11장은 예수의 부활에 대한 예비 모습이다.[55] 나사로 이야기의 진행과정에서 요한이 본 예수는 "믿는 자"에게 주어지는 혜택을 언급한다. 곧, 그를 믿는 자는 "죽어도 살겠고"(11:25), "영원히 죽지 아니하리라."(11:26)는 것이다. 믿는 자에게는 예수에게 나타난 하나님의 영광이 보인다(11:40). 예수는 표적을 행하기 전에 자신을 믿도록 설득하는 작업을 도처에서 행한다(11:21, 26, 40, 42). 그러나 요한은 독자들에게 믿음 만능주의를 경계한다. 나사로 이야기에서 실제로 생명을 얻은 나사로는 요한의 예수가 요구하는 신앙을 갖지 못한 채 죽었던 사람이다. 왕의 신하의 아들을 치유한 표적(4:46-54)에서도 정작 치유된 아이는 그러한 신앙을 갖지 못했다. 생명의 소생과 치유는 그 혜택을 직접 받은 사람의 믿음에 의존되어 있지 않다. 그 주도권은 예수에게 있다. 믿는 일의 중요성과 믿는 자에게 주어지는 혜택이 아무리 강조되어도, 그것이 믿는 자의 권리가 아니다. 생명을 보장해주는 것은 믿는 자들의 믿음이 아니라 하나님이 보낸 예수에게 있다. 믿는 자라 해도 예수는 그에게 이렇게 말한다. "나를 떠나서는 너희가 아무것도 할 수 없음이라"(15:5).

나사로를 살린 예수의 그 표적을 보고 "많은 유대인이 그를 믿었다"(11:45). 그러나 요한은 일부 유대인은 믿지 않았다는 것을 암시한다(11:46). 특이할 만한 것은 예수가 그 표적을 행한 후에도 마리아나 마르다의 반응은 소개되지 않는다. 곧, 요한은 그들이 믿었다는 분명한 언급을 생략한다. 이는 요한의 뚜렷한 입장이 반영된 것으로 매우 의도적인 것이다. 이 생략 속에 요한공동체 내부의 애제자 그룹과 여인 그룹 사이의 갈등 정황이 드러난다. 이 내부 갈등 문제는 바로 다음 장에서 다룬다.

---

54) David M. Hunter, "The Raising of Lazarus in John 11: Sign-reading via Paul Ricouer's Narrative Hermeneutics," in *Resurrection and Responsibility*, ed. K. D. Dyer (Eugene, Or.: Pickwick Pubns., 2009), 116-135, 인용은 135.

55) 앞의 논문, 134.

V. 결어

요한의 표적들은 사회적 필요에 대한 예수의 공개적 해결을 예수의 정체 확인 및 믿는 자들의 확보와 밀접히 연결시킨다. 요한의 표적은 구체적인 삶의 현장에서 일어난다. 첫 번째 표적은 가나에서, 두 번째는 가버나움에서, 급식은 갈릴리호수 건너편 산에서, 나사로 이야기는 베다니에서 일어난다. 이것은 예수가 육으로 온 '척'한 것이 아니라, 구체적인 역사 속에서 활동한다는 것을 보여주기 위함이다. 요한복음에서 표적의 목적은 예수를 믿게 하려는 것이다(20:31). 곧, 표적 자체의 경탄스러운 측면에 집착하지 말라는 것이다. 표적이 무엇을 상징하고 있는가에 집중하라는 것이다. 표적 속에서 하나님의 역할을 대신하는 예수의 정체를 인지하라는 것이다. 예수는 새 시대를 여는 주역이다. 예수는 생명의 떡일 뿐 아니라, 부활이고 생명이다(11: 25-26).

예수는 "너희는 표적과 기사를 보지 못하면 도무지 믿지 아니하리라."(4:48)고 책망하는가 하면, "보지 못하고 믿는 자들은 복 되도다."(20:29)라고 말하기까지 한다. 요한은 보고 믿는 것보다는 듣고 믿는 것의 중요성을 지적한다. 하나님께 속한 자는 하나님의 말씀을 듣는 자로 규정된다. 예수의 말을 듣는 것에 실패하는 것은 하나님의 말씀을 듣는 것에 실패한 것과 같다(8:47). 사망에서 생명으로 옮기기 위해서는 예수의 말을 들어야 한다(5:24). 표적에 근거한 믿음은 보지 않고 믿는 것보다는 열등하나, 깊이 있는 믿음으로 인도하는 초보적인 역할은 충분히 한다. 보지 않고 믿는 것이 바람직하나 그렇지 못한 사람들을 위해서는 표적이 필요하다. 이것이 요한이 표적을 믿는 자의 확보와 연결시키는 이유이다. 그러나 생명의 주도권은 예수에게 있다. 믿는 자에게 주어지는 죽음을 이기는 생명 수여는 그들의 권리가 아니라 예수의 권한이다. 예수는 태초에 "그 안에 생명이 있었던"(1:4) 생명의 근원이고, 믿는 자들은 그 근원으로부터 오는 생명을 부여받는 수혜자이기 때문이다.

제3장

성령

I. 서언

II. 성령과 예수의 관계

III. 성령과 요한공동체의 권위 구조

IV. 결어

제3장 *

성령

I. 서언

요한복음의 성령은 요한복음의 핵심적 연구 주제 중 하나이다. 이 주제에 관한 방대한 연구는 요한복음을 이해하도록 도움을 주었다. 그러나 성령 본문 배후에 감추어져 있는 요한공동체의 특성과 내부 정황을 해명하려는 작업은 거의 시도되지 않았다.

이 장(章)의 목적은 요한복음의 성령 본문의 특성을 살펴보고, 그 특성을 요한공동체의 정황과 밀접히 관련지어 해명하려는 것이다. 곧 성령과 예수의 관계를 논의하여 요한공동체의 독특한 성령 이해를 규명한 후, 요한공동체의 권위 구조를 둘러싼 내부 정황을 규명하려는 것이다. 이러한 접근은 요한공동체의 사회학적 독특성과[1] 요한공동체의 내부 역동을 재구성하는

---

* 제3장은 나의 영어 논문, "The Spirit and the Johannine Community," *Korean Journal of Christian Studies* 78(2011), 111-131을 우리말로 번역, 정리한 것이다.

1) T. G. Brown, *Spirit in the Writings of John: Johannine Pneumatology in Social-scientific Perspective* (London; New York: T&T Clark International, 2003)는 이른바 후원자-수혜희망자 체제를 통해 요한복음의 성령 본문을 분석하는 사회학적 전망을 채택하였다. 그러나 요한공동체의 정황을 본격적으로 다루지 않는다.

데에 도움을 줄 수 있다.

II. 성령과 예수의 관계

공관복음은 성령과 예수의 관계를 보도하는 데에 몇 가지 요소를 공유한다. 수세 시에 예수는 성령이 자신에게 임하는 것을 목격한다.[2)] 마가복음과 누가복음은 성령을 유일하게 목격한 예수가 자신의 정체에 관해서도 혼자만 하나님의 음성을 듣는 것으로 보도한다(막 1:11; 눅 3:22). 마태복음은 이와 조금 다르다. 성령이 임하는 것을 보는 이는 예수 혼자이지만, 예수의 정체는 수세 당시에 있던 공중에게 알려진다(마 3:16-17). 위의 두 경우 모두 설사 예수의 정체가 알려진다 해도 성령은 목격되지 않고 오직 예수만이 성령을 본다.

공관복음에서 성령은 공생애에 앞서 예수에게 시험을 치르게 한다. 마가복음에서 성령은 예수를 광야로 '몰아내서'(ἐκβάλλει) 시험을 겪게 한다(막 1:12). '몰아내다'는 마가복음에서 예수가 악한 영을 쫓아낼 때 사용하던 용어로 매우 강력한 어조를 띤다. 마가는 예수가 악한 영을 몰아내듯 성령이 예수를 시험의 현장으로 몰아냈다고 보도한다. 이것은 예수의 사역이 성령에 의한 것임을 독자들에게 선명히 각인시켜 준다.[3)] 마가복음을 알았던 마태와 누가는 마가의 '몰아내다'라는 단어가 주는 강제적 함의를 다소 누그러뜨려 '이끌다'(마 4:1 - ἀνήχθη, 눅 4:1 - ἤγετο)라는 단어를 선택한다. 그러나 이 경우도 성령이 예수의 사역을 시작하게 한다는 점에서는 동일하다. 곧

2) 역사적 예수의 수세와 성령 체험을 연결한 연구로 Johan Strijdom, "A Historical Jesus Hallucinating During His Initial Spirit-possession Experience: A Response to Stevan Davies' Interpretation of Jesus' Baptism by John," *Hervormde Teologiese Studies* 54(1998), 588-602를 보라.

3) Richard Dormandy, "Jesus' Temptations in Mark's Gospel: Mark 1:12-13," *Expository Times* 114(6, 2003), 183-187.

공관복음에서 성령은 예수에게 사역을 준비하게 하고, 예수 자신의 정체를 알려주는 영이었다.

또 공관복음은 성령을 예수의 사역 배후에 놓인 근원적 힘으로 보도한다.[4] 이른바 '바알세불 논쟁'(막 3:20-30; 마 12:22-32; 눅 11:14-23; 12:10) 단락은 이를 단적으로 드러낸다. 예수의 적대자들은 예수의 축귀가 바알세불이라는 귀신의 왕의 힘을 빈 것이라고 공격하였다. 이에 대해 예수는 자신의 사역이 성령에 의해서 되었음을 강력하게 변증한다. 공관복음의 예수는 성령을 모독한 죄는 용서를 받지 못할 죄라고 단언하며 성령을 옹호한다. 특히 마태와 누가의 예수는 인자에 대한 모독은 용서받을 수 있다는 말을 덧붙임으로써 성령에 대한 모독의 심각성을 환기한다.[5] 이와 같이 공관복음은 예수의 공생애 시작 이전과 이후의 모든 사역 배후에 성령이 있었음을 가르친다. 그러나 요한복음의 성령과[6] 예수와의 관계는 공관복음의 그것과는 사뭇 다르다.

요한의 예수는 로고스로 고백된다. 로고스는 하나님과 함께 있는 존재였고, 만물이 그를 통하여 창조되었다(1:1-18). 로고스 예수의 사역은 성령으로부터 시작하지 않는다. 예수는 자신을 인자로도 칭하는데 공관복음과

---

4) 예를 들어, M. Turner, "The Spirit and the Power of Jesus' Miracles in the Lucan Conception," *Novum Testamentum* 33(2, 1991), 124-152를 보라.

5) Martin Emmrich, "The Lucan Account of the Beelzebul Controversy," *Westminster Theological Journal* 62(2, 2000), 267-279.

6) 요한복음에서 'πνεῦμα'는 총 24회 사용된다(1:32f(3); 3:5, 6(2), 8(2), 34; 4:23, 24(2); 6:63(2); 7:39(2); 11:33; 13:21; 14:17, 26; 15:26; 16:13; 19:30; 20:22) 24회를 다시 분류하면 1) '거룩한'(ἅγιος)과 함께 나타난 '거룩한 영'을 뜻하는 경우(1:33; 14:26; 20:22), 2) 하나님 및 예수와 구분되지만 그들로부터 동시에 혹은 독자적으로 나온 신적 실체로서 '영'의 의미로 쓰인 사례(1:32, 33; 3:34; 7:39; 19:30), 3) '영'과 '바람'의 중의적 함의를 갖는 용례(3:6, 8), 4) 하나님의 본질을 나타내는 '영'으로 쓰인 경우 (4:24), 5) 육에 대해 상대어로 쓰이는 용례(6:63), 6) '진리의 영'(τὸ πνεῦμα τῆς ἀληθείας)으로 나온 사례(14:17; 15:26; 16:13) 등으로 나눌 수 있다. 이 논문에서 '성령'이라고 사용할 때에는 위의 분류 가운데 '1)', '2)', '6)' 중 하나를 뜻한다. 이후 필요에 따라 구체적으로 논의할 것이다.

는 달리 요한의 예수가 말하는 인자는 천상의 기원을 가지고 있다(1:11-14, 51; 3:13; 6:38, 41, 50-51, 58, 62; 7:28-29; 8:14, 21, 23, 42; 9:39; 13:3, 33; 14:3, 18-23; 16:27-30; 17:8, 18; 18:37).[7] 요한의 예수는 성령이 내모는 데에 따라 움직이지 않는다. 대신 자신의 때에 따라 움직이고, 유일한 모범의 대상으로 자신의 아버지를 상정할 뿐이다.

성령은 또한 요한복음 전체를 통해 예수를 인도하거나 예수의 표적 배후에 존재하는 힘의 원천으로도 등장하지 않는다. 이것은 7장 39절에서 성령에 관한 언급이 나온 후 고별 연설에 이르기까지 성령에 관련된 구절이 전혀 등장하지 않는 것에서도 확인할 수 있다. 반면 요한복음에서 소개된 성령은 예수가 하나님의 아들임을 사람들에게 알게 하고, 제자들이 이를 증언하도록 돕는 역할에 치중한다.

공관복음에서 예수에게 성령이 임한 것을 본 사람은 예수 자신뿐이다. 예수는 자신이 성령에 힘입은 사역을 할 것임을 이를 통해 알게 된다. 그러나 요한복음에서 예수에게 성령이 내려와서 머무는 것을 본 사람은 세례 요한이었다. 그는 성령이 비둘기 같이 하늘로부터 내려와서 예수 위에 머무는 것을 목격하고, 그것을 근거로 예수가 '성령으로 세례를 베푸는 사람', '하나님의 아들'임을 증언한다(1:32-34). 곧 요한복음에서 성령은 사람들에게 예수의 정체를 알려주는 데에 그 역할이 집중된다.

결국 요한의 묘사는 공관복음의 보도와 비교해 볼 때 성령의 역할을 매우 제한한다. 나아가 요한은 성령이 일정 부분 예수의 통제 아래 있는 존재로 묘사한다. 이와 관련하여 19장 30절은 핵심 구절 중 하나이다.

요한은 예수가 십자가에 달려 포도주를 받고 난 후에 '다 이루었다'라고 말하였고, 그 후에 머리를 숙이고 'παρέδωκεν τὸ πνεῦμα' 했다고 기술한다. 'παρέδωκεν τὸ πνεῦμα'는 '영혼이 돌아가시니라'(개역), '영혼이 떠나가시니라'(개정), '숨을 거두셨다'(새번역/공동번역개정) 등으로 번역되었다. 영어

7) Francis J. Moloney, *Theology and Christology in the Fourth Gospel* (Leuven: Peeters, 2005), 177-202("The Johannine Son of Man Revisited")를 보라.

번역 성서는 대체로 'gave up His spirit'(NRS, NKJ, NAS)을, 루터역은 verschied(LOU)를 취한다. 기왕의 번역본들은 'παρέδωκεν τὸ πνεῦμα'를 예수의 죽음에 대한 완곡어법으로 이해했다. 이는 전통적인 해석으로 적지 않은 고대[8] 및 현대의 주석가들의[9] 지지를 받는다. 그러나 전통적 해석은 몇 가지 문제를 해결할 수 없다.

무엇보다도 'παρέδωκεν τὸ πνεῦμα'는 요한 이전의 그리스 문헌에서 죽음을 뜻하지 않았다.[10] 전통적 해석을 지지하는 학자들은 그 표현이 요한이 주조한 독특한 어법이거나 단 한 번만 기록에 남아 있는 어구(hapax legomenon)라고 주장할 수 있다. 그러나 'τὸ πνεῦμα'가 들어간 말로 예수의 육체적 죽음을 표현하는 것은 요한의 용례와도 어울리지 않는다.

요한의 예수는 자신이 생명이라고(11:25), 또 자신을 따르는 이들에게 생명을 주기 위하여 자신이 왔다고 선언한다(10:10). 예수는 자신의 양들에게 생명을 주고, 더욱 풍성히 주기 위해 "나의 '목숨'을 내놓을"(τὴν ψυχήν μου τίθημι ὑπὲρ τῶν προβάτων) 것이라고 천명한다(10:15). 요한복음에서 예수가 제자들을 위해서 내놓는 것은 프뉴마가 아니라 프수케(ψυχή)였다. 이는 요한복음 및 요한일서에서도 반복적으로 확인된다. 이렇듯 육적인 죽음은 '프뉴마'가 아니라 '프쉬케'의 상실과 관련이 있다(10:11, 17; 12:25, 27; 13:37, 38; 15:13; 요일 3:16).[11]

크럼프는 'παρέδωκεν τὸ πνεῦμα'에 관해 새로운 해석을 제안하였다. 그

---

8) M. Wiles, *The Spiritual Gospel: The Interpretation of the Fourth Gospel in the Early Church* (Cambridge: Cambridge University, 1960), 62, 67은 고대의 주석 결과를 조사하여 보여준다.

9) D. Senior, *The Passion of Jesus in the Gospel of John* (Collegeville, MN: Liturgical Press, 1991), 119; L. Morris, *The Gospel According to John* (Grand Rapids: Eerdmans, 1995), 721; G. R. Beasley-Murray, *John*, 2nd ed. (Nashville: Thomas Nelson, 1999), 353.

10) Felix Porsch, *Pneuma und Wort* (Frankfurt: Knecht, 1974), 328.

11) 요한복음 11:33과 13:21은 예수의 심경을 표현하는 장면에서 프뉴마를 사용하였다. 그러나 그것 역시 예수의 육적인 생사와는 무관한 것이다.

에 따르면 그 어구는 '예수가 하나님에게 성령을 돌려주는 것'을 의미한다. 그 말은 하나님이 사역을 위해 예수에게 성령을 주었고, 예수가 십자가 상에서 자신의 사역을 다 마쳤을 때 성령을 하나님에게 돌려줌을 의미한다. 하나님은 예수로부터 성령을 돌려받아 제자들에게 성령을 나누어주리라는 약속을 시행할 것이다. 크럼프는 이를 주장하기 위해 세 가지 논제를 입증하고자 한다. 첫째, 요한은 '프뉴마'가 아니라 '프쉬케'로 예수의 육적 죽음을 나타냈고, '프뉴마'는 요한복음에서 성령을 의미한다. 둘째, 'παρέδωκεν'는 '돌려주다'를 뜻하며, 'παρέδωκεν τὸ πνεῦμα'에서 생략된 간접 목적어는 '아버지 하나님'이다. 셋째, 요한복음에서 성령을 사람들에게 주시는 분은 아들이 아니라 아버지이며, 아들은 아버지가 사람들에게 성령을 준다는 약속을 준비하게 하기 위해 지상 사역시 받은 성령을 다시 아버지에게 되돌린다.[12]

크럼프의 첫 번째 논제는 이미 살펴본 대로 어렵지 않게 확인할 수 있다. 그러나 크럼프가 상정하는 아버지, 아들, 성령의 관계는 본문상의 온전한 지지를 받지 못한다. 크럼프에 따르면 성령은 예수가 홀로 파송할 수 없고, 대신 아버지가 제자들에게 선사한다(3:34; 14:16-17, 26; 15:26b). 다만 이후에 승귀한 아들이 성령을 파송하는 아버지의 행위에 동참할 뿐이다(15:26a; 16:7). 그러나 그는 단연코 "성령이 아들 혼자에게서 나온다는 말은 없다."(예수의 지상 사역이건 아니면 승귀한 뒤의 사역이건 간에)[13]고 주장한다.

아버지만이 성령을 주는 주체라는 주장을 위해 크럼프가 인용한 구절들(3:34; 14:16-17, 26; 15:26b) 가운데 15장 26절을 제외한 구절들은 그의 주장을 뒷받침한다. 그러나 15장 26절은 크럼프의 논지를 온전히 지지하지 않는다. 그곳에서 예수는 "ὁ παράκλητος ὃν ἐγὼ πέμψω ὑμῖν παρὰ τοῦ πατρός"라고 한다. 생략해도 되는 '나'(ἐγὼ)를 굳이 써넣는 강조의 형태로 성

---

12) David Crump, "Who Gets What? God or Disciples, Human Spirit or Holy Spirit in John 19:30," *Novum Testamentum*, 51(1, 2009), 78-89. 특별히 87쪽을 보라.

13) 앞의 논문, 83-84.

령-보혜사를[14] 아버지로부터 자신이 보낼 것이라고 제자들에게 약속한다. 나아가 16장 7절은 '아버지'에 대한 언급 없이 예수가 직접 성령-보혜사를 보낼 것(πέμψω αὐτὸν πρὸς ὑμᾶς)이라고 선언한다. 20장 22절은 크럼프 주장과는 완전히 다른 장면을 보도한다. 그곳에서 예수는 홀로 제자들을 향해 직접 숨을 내쉬며 "성령을 받으라."라고 말한다. 제자들에게 성령을 주는 주체는 하나님뿐이라고 주장하던 크럼프는 20장 22절에 관해서 어떠한 해명도 하지 않는다. 또 자신의 배에서 생수 곧 성령이 흘러나올 것이라는 7장 39절의 예수의 선언에 관해서도 주석하지 않는다. 이는 그 구절들이 자신의 주장과 완전히 어긋나기 때문일 것이다.

'παρέδωκεν'가 '돌려주다'를 뜻하고, 생략된 간접 목적어는 '아버지 하나님'이라는 크럼프의 두 번째 논제는 세 번째 논제를 전제로 한 것이었다. 그러나 세 번째 논제가 성립하지 않는다면 '(정보나 재산과 같은 것을) 건네주다'[15]를 기본적인 뜻으로 갖고 있는 'παρέδωκεν'를 굳이 '돌려주다'로 이해할 이유도, 또 생략된 간접 목적어가 '아버지 하나님'일 가능성도 사라진다.

호스킨스(E. C. Hoskyns)는 오래 전에 'παρέδωκεν τὸ πνεῦμα'라는 요한의 독특한 표현에 대해서 대안적 해석을 제시했다. 그에 따르면 'παρέδωκεν τὸ πνεῦμα'는 예수의 성령 수여를 의미한다. 이러한 주장은 예수의 수난과 성령의 수여를 연결 지은 요한의 보도들을(4:14; 7:37-39; 19:34; 요일 5:8) 근거로, 또 예수에게서 나오는 '물'과 성령의 수여를 관련지은 구절들을(7:37-39; 19:34) 토대로 한 것이었다. 호스킨스에 따르면 예수는 십자가 위에서 고개를 숙여(κλίνας τὴν κεφαλὴν) 십자가 현장에 함께 한 사람들(애

14) 요한복음은 성령을 '보혜사'라고도 부른다. '보혜사'는 요한이 성령에 부여한 특징적인 호칭이다. 그것은 성령의 한 이름이지 성령과 다른 어떤 존재를 상정하는 것은 아니기 때문에 특별한 주석적 필요가 없는 한 이 글에서 보혜사와 성령 사이의 구분을 날카롭게 하지는 않을 것이다. 다만 요한의 독특한 보혜사 쓰임을 드러내기 위해 '성령-보혜사'로 표현할 것이다.

15) C. H. Dodd, *The Interpretation of the Fourth Gospel* (Cambridge: Cambridge University Press, 1968), 428.

제자와 여인들)을 지목한 후 그들에게 "성령을 건네주는" 것으로 그의 사역을 마무리한다.[16)]

베네마(Cornelis Bennema)는 호스킨스의 견해에 대해 "19:30의 'παρέδωκεν τὸ πνεῦμα'는 우선 예수의 죽음에 대한 묘사이다. 그러나 두 번째 차원에서 그것은 성령을 주는 행위를 암시하는 것이다. 요한은 성령의 수여와 예수의 구원의 죽음 사이에 (신학적) 연결을 그리고 싶었다."[17)]고 주장한다. 곧 베네마는 두 가지 점에서 호스킨스의 주장을 비판하고 수정한다. 첫째, 19장 30절은 통상적인 해석대로 우선적으로 예수의 죽음을 암시한다. 둘째, 십자가상에서 이루어진 예수의 성령 수여는 실제적인 수여라기보다는 20장 22절의 수여를 예표한 것이다.[18)] 베네마는 요한이 19장 30절에서 이미 성령이 수여되었다면 20장 22절에서 예수의 성령 수여를 또 다시 보도할

---

16) E. C. Hoskyns, *The Fourth Gospel* (London: Faber & Faber Limited, 1947), 532. 대략 다음과 같은 학자들이 호스킨스의 견해를 수용하였다. G. Bampfylde, "John XIX.28, A Case for a Different Translation," *Novum Testamentum* 11(1969), 247–260; G. Burge, *The Anointed Community: The Holy Spirit in the Johannine Tradition* (Grand Rapids: Eerdmans, 1987), 134–135; I. de la Potterie, *The Hour of Jesus: The Passion and the Resurrection of Jesus According to John* (New York: Alba House, 1989), 131–132; J. Swetnam, "Bestowal of the Spirit in the Fourth Gospel," *Biblica* 74(1993), 564–566, 569, 571; B. Malina and R. Rohrbaugh, *Social-Science Commentary on the Gospel of John* (Minneapolis: Fortress, 1998), 270–271; R. E. Brown, *An Introduction to the Gospel of John*, ed. F. J. Moloney (New York: Doubleday, 2003), 310, 314.

17) C. Bennema, "The Giving of the Spirit in John's Gospel – A New Proposal?" *Evangelical Quarterly* 74(3, 2002), 195–213.

18) 'παρέδωκεν τὸ πνεῦμα'가 예수의 죽음과 성령의 수여를 이중적으로 의미한다는 주장은 몇몇 학자들에 의해 지지되었다. R. H. Lightfoot, *St. John's Gospel: A Commentary* (Oxford: Clarendon, 1956), 319; R. E. Brown, *The Gospel according to John*, 2 vols. (New York: Doubleday & Company, Inc., 1966–1970), 2:931, 1015; G. Johnston, *The Spirit-Paraclete in the Gospel of John* (Cambridge: Cambridge University, 1970), 11–12, 94; Craig S. Keener, *The Gospel of John*, 2 vols. (Peabody, Mass.: Hendrickson Publishers, 2003), 2:1149.

이유가 없다고 생각한다.[19)]

그러나 베네마의 비판은 설득력이 떨어진다. 19장 30절에서 예수가 고개를 숙이며 지목하여 성령을 건넨 사람들과 20장 22절에서 성령을 받는 사람들은 다르다. 십자가 형장에서 '열둘'을 포함한 제자들은 없었다. 시몬 베드로는 대제사장 집까지 예수를 따라갔으나 그곳에서 예수를 부인하고 더 이상 예수의 수난 현장에 참여하지 못한다. 한편 베드로가 탈락한 후에도 예수의 십자가 곁에는 예수의 어머니 마리아와 예수의 이모, 글로바의 아내 마리아, 막달라 마리아, 그리고 이른바 '애제자'(19:25)가 있었다. 요한은 이들의 이름을 구체적으로 명기한다. 요한은 십자가에 달린 예수가 자기 어머니와 그 곁에 서 있는 사랑하는 제자를 '보았다'(19:26)고 특기함으로써 십자가 현장에 있었던 이들을 확인하였음을 독자들에게 알린다. 반면 20장 22절에서는 '열둘'의 일부를 포함한 제자들,[20)] "유대 사람들이 무서워서 문을 모두 닫아 걸고 있는" 제자들이 예수의 성령 수여 대상이었다. 부활한 예수는 십자가 현장에 없었던 그들에게 두 손과 옆구리를 보여주며 자신을 확인시킨다. 요한은 두 집단을 구분하고자 십자가 위의 예수가 어머니 마리아와 애제자를 모자(母子) 사이로 묶어주었고, 이에 애제자는 마리아를 '자기 집'(εἰς τὰ ἴδια)으로 데리고 갔다고(19:26-27), 또 베드로와 애제자가 예수의 빈 무덤을 본 후 그들 각자의 집(πρὸς αὐτοὺς)으로 돌아갔다고 기록한다(20:10). 따라서 베네마의 주장과는 달리 19장 30절과 20장 22절에서 성령을 수여한다고 해서 그것이 중복은 아니다. 이것은 사도행전에서 이른바 오순절 성령 강림(행 2:1-4)과 이방인 고넬료의 성령 강림(행 10:44-48)이 중복이 아닌 것과 마찬가지이다. 또한 이방인 고넬료의 가정에 성령이 임했을 때 이미 성령을 받은 베드로가 그 현장에 같이 있었지만 이를 두고 중복된 성령 강림이라고 하지 않듯, 일차적으로 성령을 받은 여인들이나 애제자가 안식 후 첫

19) C. Bennema, "The Giving of the Spirit in John's Gospel," 200-201.

20) '열둘' 가운데서도 가룟 유다와 도마는 예수가 성령을 수여하던 현장에 없었다(20:24).

날 저녁 제자들과 한 집에 있었다고 해도 그것을 중복된 성령 강림으로 말할 이유는 없다.

베네마는 'παρέδωκεν τὸ πνεῦμα'가 일차적으로 예수의 죽음을, 그리고 간접적으로 예표적인 상징적 성령 수여를 의미한다고 주장한다. 그러나 요한의 예수가 죽음 앞에서 신적인 의연함과 당당함을 보여준 것(18:1-11, 28-38)과 예수가 제자들에게 성령을 수여할 것이라는 16장 7절에 미루어 볼 때, 19장 30절의 'παρέδωκεν τὸ πνεῦμα'는 베네마의 주장과는 달리 일차적으로 예수가 십자가 곁에 있던 애제자 및 여인들에게 성령을 실제적으로 수여한 것을, 그리고 이차적으로 예수의 죽음을 의도한 것으로 해석할 수 있다.[21] 그것이 예수의 죽음을 뜻할 수 있는 것은 그 문구 자체가 죽음을 의미한다기보다는 예수가 자신의 죽음을 영광 받는 것으로 암시하였고, 또 그 영광 받음이 십자가에서 이루어짐을 말했기 때문이다(7:39).

어떤 이들은 예수가 십자가 상에서 성령을 수여한다는 주장에 대해, 성령의 수여는 오직 하나님에게 속한 권리라고 주장하면서 신학적으로 반박하려 할 것이다. 그러나 요한은 구약과 제2성전 시대의 유대교(들)에서 오직 야웨 하나님에게만 속한 것을 예수가 소유했다고 선언한다. 대표적인 것이 바로 영원한 생명의 수여나 전적인 심판권자로서의 권위이다.[22] 이는 하나님에게 속한 모든 것을 아들 역시 소유했으며 그것을 나누어 줄 수 있다는 요한의 견해를 여실히 보여준다.

요한복음은 예수에게 끼치는 성령의 영향력을 공관복음의 보도에 비해

---

21) 특별히 애제자를 강조한 학자로는 Wes Howrad-Brook, *Becoming Children of God: John's Gospel and Radical Discipleship* (Maryknoll, NY: Orbis Books, 1994), 429. 반면 이 장면에서 예수의 어머니의 역할을 강조한 학자로는 Judith M. Lieu, "The Mother of the Son in the Fourth Gosepl," *Journal of Biblical Literature* 117(1998), 61-77.

22) 영생의 수여에 관해서는 서중석, 『복음서의 예수와 공동체의 형태』 (서울: 대한기독교서회, 2007), 213-264를, 심판권에 관해서는 idem, "요한복음의 심판과 요한공동체의 정황", 「신약논단」 16(4, 2009), 1011-1049를 보라.

대폭 삭감한다. 공관복음의 성령은 예수를 시험으로 인도하거나 예수의 연설 및 기적적 사역 배후에 존재하는 근원적 힘이다. 바알세불 논쟁 이야기 등을 통해 예수는 자신의 사역이 성령으로 말미암았음을 강력하게 선언한다. 그러나 요한복음의 성령은 세례 요한과 같은 인물을 통해 예수가 하나님의 아들임을 식별케 하는 기능을 담당한다. 요한의 예수는 연설이나 표적을 수행하면서 성령을 특별히 언급하지 않는다. 대신 요한은 공관복음에는 거의 없는 성령에 대한 예수의 영향력을 강조한다. 성령은 하나님에 대한 명시적 언급 없이 예수에 의해 제자들에게 수여된다. 하나님이 성령을 보내는 주체로 등장할 때에도 예수는 하나님이 자신의 이름으로 성령을 보낼 것이라고 선언한다(14:26).[23] 이것은 성령을 예수의 범위 내에 한정하려는 시도이다. 이를 요한의 성령론은 기독론적 관심에 의해 조정되었다고 표현할 수 있다. 요한복음에서 성령은 예수보다는 제자들과 그들의 사역에 영향력을 미치는 존재로 등장한다. 이제 요한복음의 성령과 예수의 관계에 대한 묘사가 요한공동체의 정황과 어떤 관련이 있는지를 살펴보자.

III. 성령과 요한공동체의 권위 구조

위에서 지적한 대로 요한복음에서 성령은 지상에 있는 예수의 정체를

23) G. M. Burge, *The Anointed Community: The Holy Spirit in the Johannine Tradition* (Grad Rapids: Eerdmans, 1987)도 요한복음의 성령 본문이 기독론적 관심에 의해 조정되었다고 주장하지만, 예수의 성령 파송 등에 강조점을 두지 않는다. 카믈러 역시 요한의 성령론이 기독론적이라고 말하지만 주로 그의 성령에 관한 논의는 예수의 말과 신앙의 형성의 영역에서 이루어진다. Hans Christian Kammler, "Jesus Christus und der Geistparaklet: Eine Studie zur Johanneischen Verhältnisbestimmung von Pneumatologie und Christologie," in *Johannesstudien: Untersuchungen zur Theologie des vierten Evangeliums*, eds. O. Hofius and Hans Christian Kammler (Tübingen: Mohr-Siebeck, 1996), 182.

확인해 주는 데에 치중할 뿐 예수 사역 배후의 힘으로 등장하지 않는다. 도리어 예수는 아버지 하나님에게 배타적으로 속한 성령 수여의 권리를 수행한다. 또 예수의 부재 시에 성령은 제자들에게 예수를 현존하게 하는 존재, 다시 말해 예수를 지속적으로 체험하게 하여 예수와 하나 되게 하는 존재이다.[24] 그의 사역은 예수의 가르침을 반복하고 강화한다. 요한의 특징적 성령 묘사는 이미 여러 학자들에 의해 지적된 사항이고, 이 글은 그에 새로운 논증을 더하여 제시함으로써 그 견해를 강화하였다. 그러나 이전의 학자들은 성령과 예수와의 관계를 신학적으로 해명하는 것 이상으로 좀처럼 나아가지 않는다. 왜 요한은 성령과 예수의 관계를 그와 같은 방식으로 기술하였는지, 또 그 기술 배후에 놓여 있던 요한공동체의 사회적 정황은 무엇인지에 관한 연구는 매우 드물다. 성령과 예수에 관한 요한복음의 특징적인 묘사에는 어떤 요한공동체의 사회적 정황이 반영된 것일까? '요한공동체 내부의 권위 구조 문제'가 그 질문에 대한 가장 설득력 있는 대답이 될 것이다.

타이센(Gerd Theissen)은 요한공동체 내부의 권위 구조에 관해 주목할 만한 연구를 했다. 그에 따르면 요한복음에는 교회의 위계 제도에 관한 암시가 없다. 그러나 요한 계열 문서들은 요한공동체와 그 이후 요한 계열 공동체들이 아무런 권위자가 없는 단지 '친구들의 모임'을 추론케 하지 않는다. 도리어 요한계 공동체들은 예수와 같은 단 한 명의 인물에게 권위가 집중되는 이른바 '단일 카리스마적 환경'(monocharismatic milieu)을 보여준다. 가령, 요한복음 21장의 베드로, 요한2서와 3서의 저자인 장로 요한, 또 회중들 가운데 디오드레베라고 불리는 으뜸 되기를 좋아하는 사람 등은 제도화된 권력의 지위 없이 충성심을 창출할 수 있는 카리스마적 인물들이다. "사회학적으로 말하면, 모든 권위 구조를 거부하는 것과 단일 카리스마적 정서를 발전시키는 것 사이에는 어떤 모순도 없다."[25]

---

24) 이에 대해서는 이 책의 '부활'의 해당 부분을 참조하라.

25) Gerd Theissen, *Gospel Writing and Church Politics–A Socio–rhetorical Approach* (Hong Kong: CUHK, 2001), 155.

타이센은, 비록 요한공동체가 제도화된 권위 체제를 운영하지 않았지만 요한복음에는 예수를 계승한 세 인물이 등장한다고 주장한다. 보혜사(14:16f.), 애제자(19:26f.), 베드로(21:15ff.)가 그들이다. 타이센에 따르면 저자 요한은 성령을 최고의 권위자로 높이고자 했다.[26] 모든 그리스도인들이 성령에게 직접적으로 접근하며 주교나 위계 체제도 성령의 권위 아래 있다. 그 다음이 애제자이다. 애제자는 요한복음의 저자로 성령의 통치를 증언한다. 애제자는 두 번째 권위인 성서를 상징한다. 마지막으로 베드로는 교회 조직을 대변하고, 이는 가장 마지막에 위치한 권위이다.[27] 위의 세 권위 중에 성령-보혜사와 애제자는 요한복음에 매우 중요한 역할을 한다. 예수의 품에 있던 애제자는 예수가 하나님을 증언하는 데에 특권적 위치에 있었던 것처럼 누구도 비교할 수 없는 자리에서 예수를 증언한다. 성령-보혜사는 애제자의 예수에 대한 기억을 단지 반복하는 것이 아니라, 예수 전승을 새로운 상황에서 적용하도록 한다는 것이다. 타이센에 따르면, 애제자는 예수 전승의 보존과 안정을, 성령-보혜사는 유연성 있는 전승의 적용을 각각 대표한다. "모든 종교 공동체는 안정과 유연, 그리고 문자와 성령을 모두를 필요로 한다. … 애제자와 성령은 공동체 가운데서 필요불가결한 기능을 각각 담당한다."[28]

타이센의 추정은 요한공동체 내부의 권위 구조를 이해하기 위한 새로운 틀을 마련하였다. 그러나 그의 이론은 앞에서 살펴본 성령-보혜사와 예수의 관계에 관한 요한복음의 특징적 서술을 설명하지 못한다. 먼저 타이센은 성령을 공동체 내의 최고 권위자로, 애제자가 상징하는 고정된 전승, 곧 성서를 두 번째 권위로 설정한다. 그러나 이미 앞에서 논증한 대로 저자 요

26) J. E. Botha and R. P. Tuppurainen, "The Roles of the Spirit in John 16:4b-15: An Integrated Reading," *Acta Patristica et Byzantina* 19(2008), 23-43도 성령을 최고 권위자로 설정한다.

27) 앞의 논문, 155-156.

28) Gerd Theissen, *Gospel Writing and Church Politics*, 138.

한은 매우 의도적으로 성령의 활동을 지상 예수 사역 안에 매어두려 한다. 예를 들어, 요한은 성령-보혜사가 예수의 이름으로 와서 예수가 이미 제자들에게 말한 모든 것을 가르치고 기억나게 하는 역할(14:26)을 한다고 말한다. 또 아버지로부터 예수가 보내는 성령-보혜사 곧 진리의 영은 예수에 대해 증언하는 일을 주 임무로 한다(15:26). 이러한 구절들은 예수의 가르침 혹은 예수에 관한 전승 안에 성령-보혜사의 활동을 제한하는 기능을 한다. 이를 사회학적 전망에서 본다면 공동체 내에서 성령-보혜사의 이름으로 활동하던 이들을 애제자의 예수 증언 안에 제어하려는 노력이 반영된 것이라고 추정할 수 있다. 요한은 이를 확고히 하기 위해 성령-보혜사가 자기 마음대로 말하지 않고 들은 것만을 말한다고 못 박아둔다(16:13). 이는 타이센의 설명과는 달리 애제자를 통한 전승을 성령-보혜사의 활동보다 우위에 두는 것이다.

또한 타이센은 성령-보혜사와 애제자가 상징하는 두 권위 사이에 연속적이고 자연스러운 위계 관계가 형성된 듯 가정하지만 실제 요한공동체의 내부 그룹은 갈등 혹은 경쟁 상황에 놓여 있었을 가능성이 훨씬 높다. 곧 저자 요한이 속한 애제자 계열 그룹은 성령-보혜사에 호소하던 특정한 그룹과 경쟁 관계 속에 놓여 있었을 것이다. 이를 요한복음의 특정한 구절에서 확인할 수 있다. 공동체의 대변인으로서 요한은 자신이 속한 애제자 계열의 주장을 상당 부분 반영했지만, 성령-보혜사에 호소하면서 애제자 계열 그룹과 일정한 경쟁 관계에 있었던 그룹의 견해 역시 완전히 무시할 수 없었다. 요한복음의 특정 구절은 성령-보혜사를 통해 자신들의 언행을 정당화하는 그룹의 주장을 감지하게 한다. 예를 들어 16장 7상반절에서 예수는 자신이 떠나가는 것이 제자들에게 유익한데, 그 이유는 성령-보혜사가 예수가 떠나간 자리에 오기 때문이라고 밝힌다. 또 14장 12절에서 예수는 제자들이 이후 자신이 한 일보다 더 큰 일을 할 것이라고 예언한다. 이는 애제자 계열 그룹이 전해 주던 예수 전승 안에 자신들의 역할을 한정하지 않으려는 그룹의 주장이 반영된 구절들로 추정할 수 있다.

이와 같이 요한복음의 성령-보혜사와 예수의 관계에 관한 독특한 설명 뒤에는 요한공동체 내에서 애제자를 계승하는 애제자 계열 그룹과 성령을 자신들의 권위의 근거로 삼는 그룹이 있었고, 이들 사이에 모종의 긴장과 경쟁이 발생했던 것으로 추측할 수 있다. 요한은 성령-보혜사의 사역을 예수에 대한 애제자의 전승 안에서 이해하도록 한정함으로써 경쟁 그룹에 대하여 자신이 속한 그룹의 우위를 잃지 않으려 했다. 요한공동체의 신학적 형성에 가장 결정적인 영향력을 끼쳤던 애제자의 증언을 계승한 이들을 브라운은 '요한계 크리스천'으로 부른다.[29] 타이센은 이를 '영적인 크리스천 그룹'이라고 요약한다.[30] 나는 종말론적 특성과 관련하여 그들을 '비묵시문학적 종말론 그룹'으로 명명했다.[31] 요한복음에서 성령-보혜사에 호소하면서 '비묵시문학적 종말론 그룹'과 다른 견해를 소유하던 인물들은 '여인들'이 주도했던 '성령고수그룹'으로 추정할 수 있다.

요한복음에는 유난히 여인들의 활약이 두드러진다.[32] 요한은 예수와 다섯 여인들 곧 어머니 마리아(2:1-12), 사마리아 여인(4:1-42), 마르다 및 마리아(11:17-45; 12:1-2), 예수의 십자가 밑의 여인들(19:25-30), 막달라 마리아(20:1-18)의 만남을 보도하며[33] 예수와 여인들의 대화 속에 매우 핵심

29) 요한공동체를 구성하는 다양한 그룹에 관해서는 R. E. Brown, *The Community of the Beloved Disciple* (New York: Paulist Press, 1979)를 보라.

30) Gerd Theissen, *Gospel Writing and Church Politics*, 1-7. 타이센은 요한공동체 내의 다양한 그룹에 대한 브라운의 재구성을 부분적으로 동의한다. 그러나 타이센에 따르면 요한공동체는 근본적으로 공관복음의 신앙 이해에 머무는 '소박한 크리스천'과 성령에 의해 보다 진전된 신앙 이해를 가진 '영적인 크리스천'의 두 그룹이 있었다. '소박한 크리스천'은 공관복음 전승에 비교할 만한 신앙을 가진 이들이다. 영적인 크리스천은 예수에 대한 깊은 이해를 발전시킨 이들이다.

31) 서중석, "요한복음의 심판과 요한공동체의 정황."

32) 요한복음의 여인들에 관한 포괄적인 연구로는 Judith Kaye Jones, *The Women in the Gospel of John: the Divine Feminine* (St. Louis: Chalice Pr., 2008)를 보라.

33) 코파스는 요한복음에서 예수와 여인들이 만나는 장면 가운데 간음하다 현장에서 붙잡힌 여인(8장)을 포함시키지만, 그것은 후대의 삽입이다. Jane Kopas, "Jesus and women: John's Gospel," *Theology Today* 41(2, 1984), 201-205.

적인 신학과 사건이 해명되도록 돕는다. '성령'과 관련해서도 여인들은 결정적인 자리에 있다. 예수가 십자가에 달려 성령을 수여하던 현장에 여인들이 있었다. 그들은 예수의 어머니와 어머니 마리아의 자매, 글로바의 아내 마리아와 막달라 마리아였다(19:25). 남성인 애제자를 제외하면 십자가 위에서 이루어진 성령 수여 현장까지 예수를 따르던 이들은 여인들뿐이었다. 그들은 애제자와 함께 최초로 예수로부터 성령을 건네받은 것으로 보도된다.

성령 수여 현장에 있던 여인들 중 특별히 막달라 마리아는 초기 교회 전승에서 '성령'을 받은 사도들의 두 가지 특징적인 역할을 수행한다. 하나는 부활한 예수를 보는 것이고, 다른 하나는 부활한 예수를 증언하는 행위이다(고전 9:1-2; 15:8-11; 갈 1:11-16).[34] 이는 요한복음에서 의미심장한 보도이다. 요한은 막달라 마리아가 가장 먼저 빈 무덤을 발견하였을 뿐만 아니라 바울 전승에서 부활한 예수를 처음 본 것으로 간주되는 베드로, 나아가 요한공동체의 결정적 지도자였던 애제자보다 먼저 부활한 예수를 보고 만나 대화한 것으로 보도한다. 또한 요한은 막달라 마리아의 무덤이 비었다는 증언에 따라 베드로와 애제자가 행동하는 장면을 기록한다. 막달라 마리아가 두 제자에 미치는 영향력을 보여주는 이 장면은, 애제자가 베드로에게 부활한 예수를 알려주어 베드로를 움직이게 한 이야기를 연상하게 한다(21:7).[35]

부활한 예수와의 대화중에 막달라 마리아는 예수로부터 직접 부활 소식을 예수의 형제들에게 알려야 할 임무를 맡는다. 또한 예수는 마리아에게 하나님에 관해 계시한다. 하나님은 "예수의 아버지이자 '너희'(제자들) 아버지, 내 하나님 곧 '너희' 하나님"(20:17)이다. 마리아는 부활한 예수의 상태에

34) Joseph A. Fitzmyer, *The Gospel According to Luke X-XXIV*, AB 28A (Garden City, NY: Doubleday, 1985), 1569; Gordon D. Fee. *The First Epistle to the Corinthians* (Grand Rapids: Wm. B. Eerdmans, 1987), 729-732.

35) 이에 대한 상세한 논의를 위해서는 Humphrey Mwangi Waweru, "Jesus and Ordinary Women in the Gospel of John: an African Perspective," *Svensk Missionstidskrift* 96(2, 2008), 139-159 중 144-150을 보라.

대해서도 선점된 지식을 갖는다. 예수는 마리아에게 자신이 아버지에게 아직 올라가지 않은 상태임을 알린다(20:17). 부활한 예수를 목격하고 이를 전하라는 명령을 예수로부터 직접 받았을 뿐 아니라 부활한 예수와의 만남과 대화를 통하여 하나님 및 예수에 대한 선점된 지식을 소유한 막달라 마리아의 지위는 영지주의 문헌으로 간주되는 『마리아 복음서』가 소개하는 그것에 뒤지지 않아 보인다.[36] 요한복음의 마리아는 '사도들에게 보냄을 받은 사도'(apostola apostolorum), 다시 말해 사도들에게 증언하고, 그의 증언에 따라 사도들을 움직이게 하는 지위를 누린다.[37]

이미 살펴보았듯이 요한복음에서 성령은 사람들을 가르치며(14:26), 예수를 증언하게 하고(15:26), 사람들을 진리로 이끈다(16:13). 최초로 성령을 받은 그룹 가운데 속한 막달라 마리아가 보여주는 일련의 언행은 바로 성령의 결과임을 독자들은 깨닫게 된다. 카나가라즈(J. J. Kanagaraj)는 요한복음의 막달라 마리아의 중요성을 설명한 후 그를 베드로 및 바울과 같은 남성 사도들에 견주려 한다. "이런 측면에서 막달라 마리아는 베드로와 바울의 것과 모든 면에서 동등한 사도의 지위를 얻었다."[38] 그러나 이 이야기를 보도하면서 요한이 염두에 두고 있었던 것은 베드로 및 바울이라기보다는 저자 자신이 속한 '애제자'를 계승한 주도 그룹과 '여인들'이 주도하던 '성령고수그룹' 사이의 주도권 경쟁 정황이었다.

요한 저자가 속한 '애제자 그룹'은 '여인들'을 "자기의 집으로 받아들였던"(19:27) 것으로 생각했다. 그러나 '성령고수그룹'은 공동체 내의 주도권을 두고 애제자 그룹과 경쟁하면서 여러 품목에서 자신들의 우위를 주장하고 있었던 것으로 보인다. 이에 대해 자신이 속한 그룹의 우월성을 유지하면

36) "The Gospel according to Mary," in *New Testament Apocrypha* 1, eds. E. Hennecke and W. Schneemelcher (Philadelphia: Westminster Press, 1963), 342-344.

37) J. J. Kanagaraj, "The Profiles of Women in John: House-Bound or Christ-Bound?" *Evangelical Review of Theology* 27(1, 2003), 27-46. 특별히 41-44를 보라.

38) 위의 논문, 41.

서도 '성령고수그룹'과 공존을 위해 요한이 취한 전략은 그들의 지위와 주장을 일정 부분 수용하면서도 그들의 한계와 오해를 적시하는 것이었다. 막달라 마리아의 경우도 그러하다. 막달라 마리아는 '사도들에게 보냄을 받은 사도'로 우월성을 보여주지만 동시에 신앙 인식이나 고백에 한계를 노출하기도 한다. 마리아는 부활한 예수를 동산지기로 오인하여 잘못된 요청을 하고, 예수의 신성을 인지하지 못한 채 '라부니'라는 고백에 머물러 있다(20:15-16). 또한 예수의 상태를 파악하지 못하고 그의 몸에 손을 대려 하는데, 예수는 마리아에게 "내게 손을 대지 말라."고 한다(20:17). 이는 도마에게 고난받은 흔적을 육체적으로 점검하라는 예수의 말과 선명히 대조된다. 예수는 애제자 및 도마와는 달리 마리아가 자신에게 접촉하는 것을 금지한다. 예수와 '여인' 사이는 몸을 닿는 접촉이 일어나지 않는다. 반대로 요한은 애제자를 예수의 '품'에 있던 제자로 형상화한다.

'성령'과 '때'에 관련해서도 요한 계열 그룹은 여인들이 주도하던 '성령고수그룹'의 지도력과 주장을 부분적으로 수용하고 부분적으로 제어하려 한다. 요한의 예수는 세 명의 여인, 곧 어머니 마리아(2:1-12), 사마리아 여인(4:1-42), 마르다 및 마리아(11:17-45; 12:1-2)에게 '때'와 '성령'에 관하여 그들이 가지고 있는 생각을 변경하도록 요청한다.[39]

가나 혼인 잔치 사건에서 예수의 어머니는 예수에게 포도주가 떨어졌다고 예수에게 말하지만 예수는 "여자여, 그것이 나와 당신에게 무슨 상관이 있습니까? 내 때가 아직 오지 않았습니다."(2:4)고 응답한다. 예수의 대답은 통상적인 어머니와 아들 사이는 물론, 호의적인 관계 사이에서 일어날 응답이 아니다. 코파스(Jane Kopas)는 예수와 마리아 사이의 이해의 수준은 그들이 주고받은 대화의 표면적인 데에 나타나 있지 않다고 주장한다.[40] 그녀에 따르면 일꾼들에게 예수가 하라는 것은 무엇이든지 하라는 마리아의 당부와 연이은 예수의 표적은 결국 마리아와 예수 사이에 공감이 존재했다

39) 이 장은 성령에 관한 글이기에 종말론에 관한 논의는 간략하게 처리할 것이다.
40) Jane Kopas, "Jesus and Women: John's Gospel," 201-205.

는 증거이다. 그러나 요한은 예수의 표적이 마리아의 요청에 따른 직접적 반응의 결과라고 알리지 않는다. 도리어 예수는 자신의 '때'를 내세워 마리아의 요구를 거절한다. 이후 예수가 일으킨 표적은 마리아의 요청이 아니라 자신의 '때'에 자신의 의지에 따른 것이다. 따라서 요한은 이 표적을 두고 마리아의 요청이 이루어진 사건이었다는 식으로 보도하기보다는 예수가 '자신의 영광'을 드러내고, '그의 제자들이 그를 믿게' 한 사건이라고 평가한다(2:11). 이것은 코파스의 설명과는 반대되는 함의를 요한복음의 청중들에게 전달한다. 표면적으로는 어머니 마리아가 필요하다고 판단되는 상황과 그때에 따라 예수가 반응하는 것처럼 보인다. '여인들'은 이것을 주장할 수 있으나 실상 표적은 예수가 자신의 때에 자신의 의지대로 자신의 영광과 제자들의 믿음을 위하여 일으킨 것이다. 가나 혼인 잔치에서 어머니 마리아는 일견 문제를 파악하고 해결을 도모한 주도적 인물로 등장하나 예수의 때를 감지하지는 못한다.

일부 학자들은 사마리아 여인(4:1-42)을 예수의 부름에 적극적으로 응답하는 제자도를 보여준 인물,[41] 통찰력 있는 신학자이자 선교사[42] 등으로 긍정적으로 평가한다. 그러한 평가가 여러 학자들의 지지를 얻을 만큼 예수와 사마리아 여인 사이의 대화에는 요한복음의 중요한 신학적 · 사회적 주제가 많이 나타난다. 예를 들어 '야곱의 우물'과 유대인 및 사마리아인이라는 인종적 주제, 성령을 가리키는 '물'의 상징성, 예루살렘과 그리심 산을 둘러싼 적절한 예배의 장소 문제, 참된 하나님 예배, 물동이를 버려두고 나선 사마리아 여인의 전도와 성공 등은 사마리아 여인이 대변하는 그룹, 곧 '여인들'의 활동 범위와 영향력을 암시한다. 요한은 이를 전적으로 부정하기보다는 여인들의 위상을 반영하면서 동시에 그들이 가진 한계를 지적하려

---

41) Karen Heidebrecht Thiessen, "Jesus and Women in the Gospel of John," *Direction* 19(2, 1990), 52-64.

42) Humphrey Mwangi Waweru, "Jesus and Ordinary Women in the Gospel of John," 143-145; J. J. Kanagaraj, "The Profiles of Women in John," 31-35.

한다. '오해'를 통해 이해의 증진이라는 요한 특유의 문학적 기법이[43] 이를 보여준다.

요한은 사마리아 여인이 예수의 요청과 말을 거듭 오해하고 잘못된 응답을 하는 것으로 기록한다. 물을 달라는 예수의 요청에 대해 여인은 유대인과 사마리아인 사이의 인종 및 남성과 여성 사이의 성적 고정 관념 속에서 대답한다(4:9). 여인은 예수가 '물'로 은유한 성령을 제대로 이해하지 못한다(4:15). 여인은 물을 달라는 예수 및 하나님의 선물을 깨닫지 못한다(4:10).[44] 막달라 마리아가 예수를 앞에 두고 그를 동산지기로 착각했듯이 사마리아 여인은 예수를 앞에 두고 메시아가 올 것이라고 생각한다(4:25). 곧 사마리아 여인은 메시아가 도래하는 '때'와 그의 정체를 알아채지 못한다. 요한의 예수는 적절하게 응답하지 못하는 사마리아 여인의 오해와 무지를 지적하며 적절히 교정한다. 이 중 참된 예배에 관한 문제는 여인이 예수에게 먼저 제기한 종교적 항목이며, 요한복음 전체에 걸쳐 '예배'에 관한 가장 많이 언급된 장면이기도 하다.

사마리아 여인은 하나님을 향한 참된 예배가 참된 '장소'를 찾는 데에 달려 있다고 가정한다. 그러나 예수는, 참된 예배는 '장소'가 아니라 참된 예배를 할 수 있는 '때'에 달려 있으며 예수가 현존하는 '때'가 바로 그 '때'라고 선언한다. 요한의 예수는 니고데모와의 대화에서처럼 '나'와 '너'를 '우리'와 '너희'로 바꾸어 이야기를 진행한다. 사마리아 여인이 대표하는 '너희'는 예

43) Paul N. Anderson, "Bakhtin's Dialogism and the Corrective Rhetoric of the Johannine Misunderstanding Dialogue: Exposing Seven Crises in the Johannine Situation," in *Bakhtin and Genre Theory in Biblical Studies*, ed. Roland Boer (Atlanta: Society of Biblical Literature, 2007), 133-159; Edwin E. Reynolds, "The Role of Misunderstanding in the Fourth Gospel," *Journal of the Adventist Theological Society* 9(1-2, 1998), 150-159.

44) 요한복음에서 성령을 가리키는 '물'의 은유에 관해서는 J. Joubert, "Johannine Metaphors/Symbols Linked to the Paraclete-Spirit and Their Theological Implications," *Acta Theologica* 27(1, 2007), 83-103을 보라.

배를 위한 참된 '장소'가 있다고 가정하고, 알지 못하는 것을 예배한다. 그러나 구원이 나는 '우리', 곧 유대인 남자인(ἐκ τῶν Ἰουδαίων) '우리'는[45] '우리'가 아는 분을 예배한다(4:22). 여기서 '우리'는 요한의 예수가 대표하는 그룹, 곧 애제자 계열의 그룹을 가리킨다. 다만 니고데모의 경우와는 달리 사마리아 여인이 대변하는 '너희'는 제자들이 수고하지 않은 결실로(4:38) 요한공동체 내에 들어온 인물들이다.

참된 예배가 예수가 현존하는 '때'에 가능하다는 선언은 예수가 공동체 내에 현존해도 그를 제대로 인식하지 못하는 '사마리아 여인'은 참된 예배를 드릴 수 없다는 에두른 비판이다. 리(D. Lee)가 명료히 설명했듯이 요한공동체의 예배가 예수를 중심에 둔 예배라면[46] 그 비판은 높은 수준의 비판이 된다. 나아가 예수는 참된 예배가 '영과 진리로'(ἐν πνεύματι καὶ ἀληθείᾳ) 드리는 예배라고 반복하여 강조하며 구체화한다(4:23-24).

콜린스(C. John Collins)는 전치사 하나(ἐν)가 두 단어 'πνεύματι'와 'ἀληθείᾳ'를 동시에 통제한다는 것과 'ἐν … καὶ ἀληθείᾳ' 형식의 표현이 요한일서 3장 18절에[47] 유일하게 등장하는 점에 초점을 맞춘다. 그에 따르면 요한일서 3장 18절이 보여주듯 'καὶ ἀληθείᾳ'는 그 앞에 나오는 단어의 실제적 혹은 참된 성질을 설명하는 것이다. 요한일서 3장 18절의 경우 사랑이 말이나 혀의 문제가 아니라 진실한 혹은 실제적 행함('ἐν ἔργῳ καὶ ἀληθείᾳ')으로 가능하다는 것을 알려준다.[48] 따라서 'ἐν πνεύματι καὶ ἀληθείᾳ'은 '진실한 영으로' 번역할 수 있는데, 콜린스는 이때 'πνεύματι'가 예배자의 내면

---

45) 이는 예수와 남성 제자였던 애제자, 그리고 그들을 계승한다고 자처하던 이들을 염두에 둔 표현일 것이다.

46) D. Lee, "In the Spirit of Truth: Worship and Prayer in the Gospel of John and the Early Fathers," *Vigiliae Christianae* 58(3, 2004), 277-297. 리는 요한공동체 예배의 중심에 예수에 대한 경배가 있었다고 주장한다.

47) Τεκνία μου, μὴ ἀγαπῶμεν λόγῳ μηδὲ τῇ γλώσσῃ, ἀλλ' ἐν ἔργῳ καὶ ἀληθείᾳ.

48) C. John Collins, "John 4:23-24, 'in Spirit and Truth': An Idiomatic Proposal," *Presbyterion* 21(2, 1995), 118-121.

의 영을 가리킨다고 말한다. 요한 계열 문서 가운데 동일한 어구 형태를 찾고, 이를 통해 'ἐν πνεύματι καὶ ἀληθείᾳ'의 뜻을 추론하는 것은 적절한 연구 방법이다. 그러나 콜린스는 'πνεύματι'를 예배자의 영으로 해석하는 것은 인접 문맥을 충분히 고려하지 않은 결과이다. 'ἐν πνεύματι καὶ ἀληθείᾳ'는 요한의 예수와 사마리아 여인이 '물' 곧 개인의 영이 아니라 하나님의 선물인 성령과 그것을 주는 존재에 관한 이야기를 나눈 후, 예배에 대한 대화 가운데 등장한 어구이다. 인접 문맥을 통해 판단하면 이곳의 'πνεύμα'는 개인의 영보다는 성령을 가리킨다고 보는 것이 더 적절하다.

하나님을 향한 예배가 단지 '영으로' 하는 예배가 아니라 '영과 진리로' 하는 예배여야 한다는 것은 "'영으로' 하는 예배"에 대한 수정이다. 또한 요한은 '영'을 '진리의 영'이라고 명명함으로써 '영'에 의존한 주장을 '진리'라는 새로운 기준으로 제어한다. 특히 요한이 '영'을 대신하여 '보혜사'라고 재명명하며 이를 '진리의 영'이라고 부를 때에는 '영'을 재해석하여 청중들에게 들려주려는 특정한 의도가 있다고 추정할 수 있다. 요한복음에서 '진리'의 용례를 살펴보면 요한의 의도가 무엇인지 자명하게 드러난다. 요한복음에서 '진리'는 예수에 의한 계시, 나아가 예수 자신을 가리킨다(1:14, 17; 5:33; 8:40, 45; 14:6, 17:17; 18:37). 따라서 '진리의' 영이라고 할 때 그 영은 예수와 아주 밀접한 연관 속에 있다. 보혜사의 증언과 역할을 철저하게 예수와 관련지어 '진리의 영'이라고 부르는 것은 '영'을 근거로 활동하던 이들을 예수에 관한 애제자 계열의 전승으로 제어하고자 하는 의도에서 비롯되었음을 충분히 추론할 수 있다. 예배도 마찬가지이다. 요한은 '영'으로 예배 드려야 한다는 이들의 주장을 '영과 진리로', 곧 '진리의 영'으로 드리는 예배라야 참 예배라고[49] 수정한다. 요한은 공동체의 예배를 자신이 계승하고 있는 애제자 계열의 전승에 따라 기독론적으로 재조정한다. 다시 말해 '진리와 영으로' 드리는 예배는 "예수에 의해 계시된 하나님의 진리와 부합

49) D. Lee, "In the Spirit of Truth," 280.

하여"[50] 영으로 드리는 예배이다. 이와 같이 요한의 예수는 사마리아 여인이 대변하는 그룹의 '때'와 '예배'에 대한 생각을 교정한다.

예수와 대화를 나눈 주요한 여인들 가운데 마르다와 마리아도 있다. 요한은 예수가 마르다와 마리아, 그리고 나사로를 사랑하였다(11:5)고 기록한다. 요한복음의 '사랑'의 용례를 검토해보면 예수가 누군가를 '사랑했다'는 보도가 심대한 의미를 갖고 있음을 알 수 있다. 12장은 마르다와 마리아도 예수를 사랑하고 있음을 알려준다. 마르다는 예수의 시중을 들고, 마리아는 값진 나드 향유를 예수의 발에 붓고 자신의 머리털로 예수의 발을 닦는다(12:2-3). 가룟 유다는 이를 비난하지만 마리아는 예수의 장사를 준비하는 신앙적 통찰을 보여준다. 그러나 요한은 예수의 어머니 마리아, 사마리아 여인, 그리고 막달라 마리아와 같이 마르다와 마리아가 그들의 열정적인 헌신과 부분적인 신앙적 통찰에도 불구하고 예수 인식과 '때'를 분별하는 데에 문제가 있음을 적시한다.

마르다와 마리아는 나사로의 병을 알려서 예수에게 치유를 요청한다(11:3). 그러나 예수는 예수의 어머니 마리아의 청을 받았을 때처럼 즉시 그 요청에 반응하지 않는다. 도리어 예수는 자신이 있던 곳에서 이틀을 더 머문다(11:6). 이때 예수가 염두에 둔 바는 두 자매의 요청보다는 '하나님의 영광'과 '하나님의 아들의 영광'이다(11:4). 마르다와 마리아는 나흘이 지나서 예수가 도착한 것을 때가 '늦은' 것으로 판단하고 나사로의 고통의 현장에 예수가 부재한 것으로 생각한다(11:21; 32). 그러나 예수는 자신이 부활이고 생명이며, 육체적인 죽음에 상관없이 자신에 대한 믿음이 생명임을 선언한다(11:25-26). 그러나 마르다는 부활이고 생명인 예수가 현존함에도 불구하고 나사로의 부활은 '마지막 날 부활 때에' 있을 것으로 알고 있다(11:24). 뿐만 아니라 예수를 부활과 생명 자체로 인식하기보다는 그리스도이자 하나님의 아들이라는 인식 수준을 넘어서지 못한다. 따라서 마르다는 무덤의

50) T. G. Brown, *Spirit in the Writings of John*, 137.

돌을 옮기라는 예수의 말을 곧바로 실행하지 못한다(11:39).

예수와의 대화에서 마르다와 마리아 곧 '여인들'은 예수의 더 깊은 정체의 본질과 그의 때를 분별하는 데에 실패한다. 또한 예수의 부재를 탓하며 '마지막 날 부활 때'를 기다린다. 그러나 요한은 예수가 진리의 영으로 현존하며, 마지막 날이 아니라 예수가 현존하는 바로 지금 부활과 생명을 누릴 수 있음을 공동체 구성원들에게 알린다. 요한은 자신이 속한 애제자 계열 그룹이 전해 받은 전승과 증언, 곧 '진리'에 근거하여 '성령고수그룹'과 공존하면서 동시에 우위를 점하려 한다. 그러나 요한은 복음서를 통해 '성령고수그룹'의 지도적 지위를 일정 부분 수긍하지 않을 수 없었다. 이는 공동체 내에서 '성령고수그룹'의 활동과 지위가 대단히 강력했음을 암시한다. '성령고수그룹'은 '영', '예배', '요청적 기도', '부활 체험' 등의 품목에서 예수 전승을 독점하고 있다고 주장했을 가능성이 높다. 이에 대해 애제자 계열 그룹은 '성령고수그룹'이 '진리의 영'과 예수, 그리고 참 예배를 보다 깊이 인식하는 데에 실패했고, '때'를 알맞게 분별하지 못하며, 어떤 기적적인 일들이 '성령고수그룹'의 요청이 수락된 결과라기보다는 예수의 특정한 의지에 따른 것임을 지적함으로써 그들의 영향력을 부분적으로 차단한다.

IV. 결어

공관복음과는 달리 요한복음의 성령이나 성령-보혜사는 예수 사역 배후의 근원적 힘으로 등장하기보다는 예수에 대한 영향력이 대폭 감소한 채 예수를 증언하는 데에 집중한다. 도리어 요한복음은 예수가 하나님에 대한 언급 없이 성령-보혜사를 제자들에게 보낸다고 기록한다. 이것은 성령에 대한 예수의 통제권을 선언한 것이다. 이러한 요한복음의 보도는 공동체 내부의 권위 구조를 반영한다. 애제자의 전승을 중심으로 모인 요한 저자가 속한 그룹, 곧 애제자 계열 그룹은 성령에 대한 예수의 통제력을 강조하고 공동체의 내부 결속을 다지기를 원하였다. 비묵시문학적 종말론 이해를 갖고 있던 애제자 계열 그룹은 애제자의 예수 증언 혹은 예수 전승을 강조하면서 그 안에서 성령을 이해한다. 반면 요한공동체 내에서 다른 현저한 그룹 중에 하나였던 '성령고수그룹'은 성령에 호소하면서 애제자 계열 그룹의 예수 증언 및 예수 전승 이상을 넘어서려고 시도한다. 이에 애제자 계열 그룹은 성령을 보혜사로 명명하고 다시 그것을 "'진리'의 영"으로 해석하여 요한공동체 구성원들에게 성령을 '진리' 안에서 곧 기독론적으로 수용하도록 설득한다. 또한 애제자 계열 그룹은 참 예배가 '영으로' 하는 예배가 아닌 '영과 진리로' 하는 예배라고 규정함으로써 공동체의 상징 세계를 강화하는 제의 역시 애제자 그룹의 예수 전승 안에서 이루어지도록 한다. 더불어 애제자 계열 그룹은 '성령고수그룹'이 누리던 공동체 내의 높은 지위를 부분적으로 인정하면서도 예수의 '때'에 관한 '성령고수그룹'의 부적절한 견해와 예수 인식의 부족함을 지적하고 이를 교정함으로써 자신들의 우위를 도모한다.

요한일서는 애제자 계열 그룹이 강조하던 '진리의 영'과, 다른 영 곧 예수가 육신을 입고 온 것을 부인하고 그를 시인하지 않는 영인 '그리스도의 적대자의 영' 혹은 '미혹의 영' 사이를 날카롭게 구분한다(요일 4:1-6; 5:6-12). 요한일서는 많은 '그리스도의 적대자들'이 생겨났고 그들이 예수를 부인하고 공동체를 떠났다고 비판한다(2:18-27). 이들이 요한복음의 '성령고수그룹'과 어떤 관련이 있는지는 확실치 않다. 다만 요한복음 기록 당시 '진리'의 영이 아닌, 단지 영에 호소하며 활동했던 '성령고수그룹'에 대한 애제자 계열의 통제 노력은 무산되고, 결국 두 그룹은 분열의 길을 걸었을 개연성이 매우 높아 보인다.

제4장

영생

I. 서언
II. 영생에 관한 두 접근: 개인이냐 집단이냐
III. 밀알과 많은 열매
IV. 집단지향적 개인과 영생의 형태
V. 결어

제4장

영생

I. 서언

요한복음의 영생은 주로 개인주의적 차원에서 연구되어 왔다. 그로 인해 그 영생의 의미도 영적이며, 신학적인 의미로 국한되어 이해되었다.[1] 그러나, 이러한 연구 전망은 요한의 영생에 관한 사회학적 함의를 드러내지 못했고, 그 결과 그 영생의 독특한 색깔을 부각시키지도 못했다. 이 장(章)의 목적은 요한복음이 제시하는 영생의 특징을 요한의 예수 및 요한공동체와 밀접히 연관시켜 규명하려는 것이다.[2] 특히, 여기서는 요한복음의 영생을 개인주의적 관점과 집단주의적 관점으로 각각 해석한 학자들의 견해를 살펴본 뒤, 영생 관련 주요 단락들, 특히 '밀알'과 '많은 열매'를 언급하는 12장 24-25절을 중심으로 요한복음의 영생의 형태와 그러한 형태를 제시할 수밖

1) R. Schnackenburg, *The Gospel of according to St. John*, 3 vols. (New York: The Crossroad, 1982-1987), 2:352-361.

2) 요한복음에 나타난 영생의 근거, 영생의 조건, 영생의 형태 등을 요한공동체와 관련시켜 해석한 논문으로는 나의 소저, "요한의 예수와 영원한 생명", 「한국기독교신학논총」 34(2004), 129-157을 참고하라.

에 없었던 정황을 집중적으로 다룰 것이다.

II. 영생에 관한 두 접근: 개인이냐 집단이냐

모울(C. F. D. Moule)은 요한의 영생을 개인주의적으로 해석하는 대표적인 학자이다. 그는 "요한복음이 기독교적 일치와 유기체적 삶에 대한 주요한 문서 중에 하나라는 일반적인 생각"을 거부한다. 모울에 따르면, 요한복음이야말로 "모든 신약 문서 중에서 가장 강력한 개인주의적인 것 중 하나"이다. 요한복음에 나타난 가장 친숙한 특징인 '실현된 종말론'은 바로 개인주의의 결과이고, 더 나아가 오직 개인주의적인 범위 안에서만 그런 종말론이 가능하다.[3] 모울은 실현된 종말론을 "본질적으로 세계적인 범위의 현현이 아니라 부활의 사실을 깨닫고 그리스도 안에서 하나님을 사랑하고 그를 받아들이는 각 개인에게 비밀스럽고 개인적으로 도래하는 것"으로 해석한다.[4]

모울과 같이 생명을 개인주의적으로 이해하는 해석의 방향은 이후 오그레디(John F. O'Grady)로 이어진다.[5] 오그레디는 예수와 하나님과의 관계가 일대일의 개인적인 관계로 맺어진 것처럼, 예수와 믿는 자와의 관계도 철저하게 개인적인 믿음과 신앙의 차원에서 이뤄진다고 강조한다. 오그레디에 따르면, 요한복음 내에 유기체적인 집단으로서의 공동체에 관한 담론이 전혀 없는 것은 아니나, 그런 공동체를 이루기 위한 핵심적인 전제는 '개

3) C. F. D. Moule, "The Individualism of the Fourth Gospel," *Novum Testamentum* 5(1962), 171-190. "더 [종말적 생명이] 완전히 실현될수록 그 범위는 더욱 좁아진다"(173).

4) 앞의 논문, 173.

5) John F. O'Grady, "Individualism and Johannine Ecclesiology," *Biblical Theology Bulletin* 5(3, 1975), 227-261, 특히 "III. Individualism in the Fourth Gospel"(235-245)을 보라.

인적으로' 예수를 하나님의 계시자이자 중재자로 믿는 것이다. "이 모든 것에서 주요하게 남는 것은 개별 신자들과 예수 사이의 근원적인 하나됨이다."[6] 이를 통해 오그레디는 요한복음이 예수를 '개인적인' 구원자로 받아들인 신앙공동체를 위해 작성된 것이며, 이 개별신자들에게 실천, 특히 "이웃 사랑"[7]의 행동이 요구된다고 주장한다.

모울과 오그레디와 같은 개인주의적 해석은 요한의 생명을 영적인 것으로 해석하는 학자들, 예를 들면 토마스(R. W. Thomas), 모리스(L. Morris)의 주장과도 맥을 같이한다.[8] 그러나 렌스버거(David Rensberger)가 주장한 것처럼 "바로 개인주의적이고 '영적으로 해석하는' 전통이 사회적 차원에서 요한이 의미했던 그것[현재적 생명]을 원천적으로 이해하기 불가능하게 만든다."[9]

모울은 요한의 생명을 개인주의적 차원에서 이해해야 한다고 역설하나, 14장 21-23절에 대한 그의 주장은 단지 선언일 뿐 어떠한 구체적인 주석적 작업을 동반하지 않는다. 14장 21, 23-24절에서 반복되는 단수 형태를 근거삼아 그 구절들이 '개인'에게 현존을 약속한다는 뜻으로 일견 이해할 수 있다. 이런 방식으로 이해한 대표적인 학자가 슈나켄부르크(R. Schnackenburg)이다. 슈나켄부르크에 따르면, 이 단수적 표현은 생명이 개인적 차원에서 실현된다는 것을 반증한다. "지배적인 단수 형태의 표현이 충분히 암시하듯이 개인 인간의 맥락에서 그것[생명]이 자리 잡고 있다는 점을 인정해야만 한

6) 앞의 논문, 240.

7) 앞의 논문, 245. 그러나 요한복음에는 공관복음처럼 "이웃"(πλησίον)에 대한 사랑을 실천하라는 명령(막 12:31; 마 22:39; 눅 10:27)은 나오지 않는다. 오그레디는 공관복음의 내용을 아무런 논증없이 요한복음에 적용시킨 오류를 범했다.

8) R. W. Thomas, "The Meaning of the Terms 'Life' and 'Death' in the Fourth Gospel and in Paul," *Scottish Journal of Theology* 21(1968), 201; L. Morris, *Jesus is the Christ: Studies in the Theology of John* (Grand Rapids: Eerdmans, 1989), 194-198.

9) David Rensberger, *Johannine Faith and Liberating Community* (Philadelphia: Westminster Press, 1988), 127.

다."[10] 그는 "요한의 생명 사상은 사회나 인류의 미래 안에 있는 생명과 어떤 직접적인 관계가 없다."고 주장한다.[11]

그러나 이러한 해석은 14장 21, 23-24절이 위치한 맥락을 고려하지 못한 일방적인 주장이다. 14장 15절 이하부터는 비록 개인을 말하고는 있지만, 이는 개별적인 개체로서의 개인을 뜻하지 않는다. 오히려 이 개인은 예수를 사랑해서 그의 계명을 지키는 '너희'(15절), 보혜사가 영원토록 함께하는 '너희'(16절), 보혜사를 아는 '너희', 보혜사가 속에 거하고자 하는 '너희'(17절), 예수도 고아처럼 버려두지 않고 찾아오는 '너희'(18절), 세상은 보지 못하는 예수를 보고, 예수가 살아 있듯이 살아 있는 '너희'(19절), 아버지 안에 있는 예수 안에 있고, 예수가 안에 거하고자 하는 '너희', 그리고 그것을 아는 '너희'(20절)라는 공동체에 속한 멤버들이다.[12]

"너희"라는 공동체에 속한 멤버들로서의 의미를 잘 보여주는 것이 소위 '포도나무 비유'(15:1-6)이다. 요한복음을 개인주의적으로 해석하는 오그레디는 이 포도나무 비유의 핵심은 "포도나무가 생명을 준다."는 것인데, 주목할 것은 포도나무가지들 상호간의 관계는 생명수여와 무관하다는 것이다. 즉, 포도나무 가지들은 개별적으로 나무와 연결되어 있으면 열매를 맺을 수 있으며, 혹 가지들 가운데 열매를 맺지 못하여 버림을 받는 가지(15:6)가 있다 할지라도 그 버림받음이 다른 가지에는 하등의 영향을 미치지 않는다는 해석이다.[13] 그러나 포도나무 비유의 핵심이 개별가지에 관한 것이라는 오그레디의 해석은 "너희는 가지들이다."(ὑμεῖς τὰ κλήματα)(15:5)라는 표현

10) R. Schnackenburg, *The Gospel of according to St. John*, 2:361.

11) 앞의 책, 361.

12) 슈나켄부르크 또한 생명의 공동체적 차원을 일정 부분 인정한다. "협소한 개인 구원에 몰두하는 위험은 회피된다. 왜냐하면 '영생'을 얻기 위한 개인의 노력은 바로 그 목적을 달성하기 위한 필수적 조건으로 형제의 공동체 및 형제 사랑의 관행과 직접적으로 연결되어 있기 때문이다." 앞의 책, 361. 그러나 그가 강조한 '지배적인 단수 형태의 표현' 자체도 '너희'라는 공동체 내에서 규정된 '단수 형태'이다.

13) John F. O'Grady, "Individualism and Johannine Ecclesiclogy," 244.

을 비롯하여 반복적인 2인칭 복수형 "너희"(15:3, 7-10)가 갖는 함의를 주목하지 못한 것이다. 포도나무 비유에서 강조되는 것은 '가지'라는 독립적인 개인이 아니라 '가지들'로 지칭되는 '너희'라는 공동체에 속한 구성원이다.

요한복음이 말하는 '현재적 생명'은 개인의 계명 준수를 통해 온다는 모울의 주장이나 예수를 개인적인 구원자로 받아들인 결과라는 오그레디의 주장과는 달리 개인의 계명 준수를 통해 오는 개인주의의 결과가 아니라 현존이 약속된 공동체의 차원에서 비롯된다. 톰프슨(M. M. Thompson)의 주장처럼, "하나님의 선물(생명)은 단지 개별적인 신자들에게 주어지는 것이 아니라 하나의 공동체에게 주어진다."[14] 곧 공동체를 떠나서 개인은 무의하며 어떤 생명도 얻을 수 없다. 오데이(Gail R. O'Day)도 포도나무 메타포를 설명하면서 공동체 안에 속한 구성원 됨의 의미를 적절히 표현한다. "공동체 안의 개인들은 단지 그들이 스스로를 유기체 집단의 구성원들로 인식할 때에라야 번영할 것이다. 어떤 개인도 자유로운 행위자가 아니며, 다만 열매 맺음이 예수와 함께 머무는 것에 의존해 있는, 에워싸고 한데 얽힌 포도나무의 한 가지이다."[15] 요한의 예수는 이렇게 말한다. "나는 부활이요 생명이니 나를 믿는 자는 죽어도 살겠고 무릇 살아서 나를 믿는 자는 영원히 죽지 아니하리니 이것을 네가 믿느냐"(11:25-26). 이 말을 개인주의적으로 해석하면, 요한복음은 해독이 불가능한 난해한 고대 상형문자가 된다. 당대는 물론 지금까지 2천 년 동안 수많은 믿는 자들이 그 개인들로는 다 죽었기 때문이다.

모울과 오그레디처럼 요한복음의 현재적 생명을 오직 개인주의적 차원에서만 실현가능하다고 역설하는 학자들의 주장에는 또 다른 중대한 결함이 있다. 그것은 요한이 한 명의 개인 혹은 한 명의 공동체 구성원은 소멸을 피할 수 없다고 말한다는 것이다. 특히 하나님과 예수의 개별적인 관계에 기

14) M. M. Thompson, "Eternal Life in the Gospel of John," *Ex Auditu* 5(1989), 47.

15) Gail R. O'Day, "John," in *Women's Bible Commentary*, eds. Carl A. Newsom and Sharon H. Ringe (Louisville, Kentucky: John Knox Press, 1992), 303.

초하여 믿는 자 각각이 개별적으로 예수를 믿어 예수와 합일하는 것이 요한복음의 주요한 주제라는 오그레디의 주장대로라면, 생명을 수여하는(10:24-25; 14:6) 예수와 합일한 그 '개인'의 육체적 죽음과 소멸이 발생하였을 경우, 현재적 생명에 관한 요한의 해석과 주장은 큰 난관에 봉착한다. 오그레디의 희망과는 달리, 요한은 한 개인의 죽음에 관해선 명료한 입장을 제시한다. '애제자'의 죽음에 대한 이야기가 뚜렷한 증거이다(21:21-23). 공동체 일각에서는 애제자가 죽지 않으리라는 말이 유포되었다. 그러나 요한은 애제자가 죽지 않으리라는 생각이 잘못된 것임을 분명히 밝히고 그러한 생각을 교정한다. 뿐만 아니라 요한은 애제자가 영적으로 살아 있다는 식의 어떠한 암시도 주지 않는다.[16] 예수의 사랑을 받았던 애제자라도 그 개인의 소멸은 불가피하다. 공동체 구성원 개인의 죽음은 환영이나 비실제적이지 않다. 공동체 구성원 개인의 죽음이 불가피하다면 약속된 영생은 어떠한 형태로 이루어지는가? 영원한 생명이 약속된 공동체에 속한 한 구성원의 소멸은 어떤 의미를 갖는가?

III. 밀알과 많은 열매

12장 24-25절에서 예수는 자신의 죽음과 부활을 비유로 말하고, 그 죽음과 부활로 제자들을 부른다. "진실로 진실로 내가 너희들에게 말한다. 만약 밀알 하나가 땅에 떨어져 죽지 않으면 그것 하나가 남는다. 그러나 만약 죽으면 많은 열매를 맺는다. 자신의 목숨을 사랑하는 사람은 그것을 파멸시

16) 타이센에 따르면, 애제자는 증언을 통해 요한복음 안에서 영원히 현존한다. 게르트 타이센, 『복음서의 교회정치학』, 류호성 · 김학철 옮김(서울: 대한기독교서회, 2002 [Gerd Theissen, *Gospel Writing and Church Politics-A Socio-rhetorical Approach*, Hong Kong: Theology Division, Chung Chi College, Cuhk, 2001]), 210-211. 그러나 이것이 애제자는 요한공동체 내에서 영적으로 현존한다는 것을 뜻하진 않는다.

킬 것이다. 그리고 이 세상에서 자신의 목숨을 미워하는 사람은 영원에 이르도록 그것을 보전할 것이다."

12장 24절은, 학자들 사이에서 약간의 이견이 있지만, 전통적으로 예수의 죽음에 관한 것으로 이해되었다. 헨엔(E. Haenchen)은 12장 24절을 12장 23절의 '인자가 영광을 얻을 때가 왔다'는 것과 연결시켜, "무엇보다 영광의 시간이란 24절로부터 포착될 수 있는 것처럼 예수가 십자가상에서 들려 올려지는 것과 죽는 때를 말한다."[17]고 해석한다. 즉, 여기서 죽는 '밀알'은 예수를 가리킨다. 제스케(Richard L. Jeske)는 24절을 그리스인들이 찾아온 사건(12:20)과 연결시키는 가운데, 밀알 비유를 이방인들의 구원을 위한 예수의 십자가 죽음과 관련된 것으로 해석한다.[18] 비슬리-머레이(G. R. Beasley-Murray)와 같은 경우, '생명은 죽음을 통해 이루어진다.'는 농사 원리와 밀알 비유를 연결시키면서, 24-25절이 예수의 죽음의 필요성을 강조한다고 해석한다. 그에 따르면 "12장 24절에서 죽음을 통한 생명의 법칙은 다른 사람들을 위해 생명을 가능케 하는 데에 초점을 두고 있는 반면, 25절에서는 자신을 위해 생명을 얻는 것을 말한다."[19] 한편, 제스케와 같은 류의 해석이지만, 20절의 그리스인들의 정체를 보다 심도 있게 연구하여 24절의 밀알이 예수를 가리키는 것이라고 주장한 학자로는 드레이퍼(Jonathan A. Draper)가 있다.[20] 드레이퍼는 요한복음이 그리스어를 말하는 디아스포라 유대인들에게 복음을 전하기 위해 작성된 것이라는 로빈슨(John A. T. Robinson)의 주장에 착안하여 요한복음의 그리스인들(7:35; 12:20)이 로빈슨이 지목한 디아스포라 유대인들을 가리킨다고 주장한다. 요한 기자는 흩어진 이스라엘

---

17) E. Haenchen, *John*, 2 vols, tr. Robert W. Funk (Philadelphia: Fortress Press, 1984), 2:97.

18) Richard L. Jeske, "John 12:20-36," *Interpretation* 1989(43), 293.

19) G. R. Beasley-Murray, *Gospel of Life-Theology in the Fourth Gospel* (Peabody: Hendrickson Publishers, 1991), 44-45.

20) Jonathan A. Draper, "Holy seed and the Return of the Diaspora in John 12:24," *Neotestamentica* 34(2, 2000), 347-360.

민족들이 다시금 돌아와 이스라엘이 회복될 것을 소망한 이사야서의 내용을 자신의 복음서에 반영했는데, 드레이퍼가 특별히 주목한 부분은 이사야서 6장 10-13절, 그중에서도 13절의 '거룩한 씨'에 관한 것이다. 드레이퍼에 따르면, 요한의 예수는 '다윗의 씨가 하나님이 거하실 성전을 건축할 것'이라는 사무엘하 7장의 다윗에게 한 약속을 성육신으로 실현시킨 존재로서, "예수는 다윗의 씨이자, 아버지로부터 온 거룩한 씨인데, 그 자체 안에 생명을 가지면서 그 생명을 세상에 주어 많은 열매를 맺게 한다."[21] 드레이퍼는 12장 20절 이하의 그리스인들의 방문과 예수로 상징되는 죽어가는 "씨"에 관한 내용은 이사야서 6장 13절과 53장 10절을 배경으로 해석할 수 있으며, 결국 "예수는 이스라엘의 흩어진 백성들을 모아 열매를 맺도록 하기 위해 땅에 떨어진 다윗의 "거룩한 씨"이다."[22]

헨엔, 제스케, 비슬리-머레이, 드레이퍼의 해석을 종합해보면, 24절의 밀알 비유에서 밀알은 예수를 상징하며, 그 밀알이 땅에 떨어져 썩음으로 많은 열매를 맺는다는 것은 '예수의 죽음으로 인해 (그리스인들로 상징되는 이방인들을 포함한) 많은 이들이 구원을 받을 것'을 가리킨다. 그러나 12장 24절의 밀알 비유가 예수와 그의 죽음을 함의한다는 일련의 주장들은 예수의 죽음에 관한 요한복음의 다른 부분들과 어울리지 않는다. 요한 기자는 예수가 땅에 '떨어져(묻혀서)' 죽는 존재로 묘사하지 않는다. 도리어 요한은 예수의 죽음의 형태를 확인시켜 주면서(12:33) 예수가 땅에서 '들림을 받아서' 죽음을 맞이한다(ὑψωθῶ, 12:32. cf. ὑψωθῆναι, 3:14)고 말한다. 니콜슨(Godfrey C. Nicholson)은 요한복음의 주제가 예수의 '죽음'보다는 예수의 '하늘로의 올려짐'에 있다고 주장하면서, 요한 기자가 예수를 땅에 떨어져 죽는 밀알과 같은 것으로 비유했다는 것은 설득력이 없다고 주장한다. 24절의 밀알 비유는 "예수의 죽음에 관한 직접적인 언급"이 될 수 없다.[23]

---

21) 앞의 논문, 353.

22) 앞의 논문, 358.

23) Godfrey C. Nicholson, *Death as Departure: the Johannine Descent-Ascent*

마이컬스(J. Ramsey Michaels)도 12장 24절의 '밀알'이 예수를 가리킨다는 기존의 주장을 반대하면서, 24절은 예수가 아닌 예수의 제자들("너희에게", ὑμῖν)에게 주는 가르침이라고 주장한다.[24] 마이컬스에 따르면, '밀알'은 예수를 믿는 제자(들)을 가리키며, '많은 열매'란 이방인들을 대상으로 한 선교에 관한 암시이다.[25] '많은 열매'에 관한 한 마이컬스의 주장은, '많은 열매'가 이방인들이나 그리스어를 말하는 디아스포라 유대인들의 구원을 암시한다는 제스케와 드레이퍼의 주장과 유사하다. 슈나켄부르크도 '많은 열매'가 풍성한 선교의 열매를 상징한다고 주장한다.[26] '많은 열매'를 선교적 관점에 입각하여 '세상 사람들의 구원받음'으로 해석한 학자들의 주요한 근거 중 하나는 밀알 비유가 위치한 단락이 이방인들인 그리스 사람들(12:20, Ἕλληνές)이 빌립과 안드레를 통해 예수에게 나아온 사건과 연계되어 등장한다는 것이다. 즉, 이방인들이 예수에게로 나아오고 예수가 그 순간을 "인자가 영광을 받을 때"(12:23)라고 명명했기에 밀알 비유에서 말하는 '많은 열매'가 선교를 통해 다수의 이방인들이 예수를 믿게 된 결과를 상징적으로 보여준다는 의미이다.

'밀알'을 예수가 아닌 예수의 제자들, 즉, 예수를 믿고 따르는 자들로 해석한 학자들의 주장이 '밀알'을 예수에 대입시킨 주장보다는 일견 더 타당하다. 그러나 이를 근간으로 '많은 열매'를 선교적 차원에서 조망한 것은 빗나

Schema (Chico, Calif.: Scholars Press, 1983), 152.

24) 말리나(Bruce J. Malina)와 로어바우(Richard L. Rohrbaugh), 네이레이(Jerome H. Neyrey)도 24절의 '밀알이 죽지 않는다면(ἐὰν μὴ)'이라는 표현에 주목하여, 이 표현이 3:3, 8:24, 13:8 등과 유사하다는 근거를 바탕으로 12:24가 제자(도)에 관한 것을 가리킨다고 본다. Bruce J. Malina and Richard L. Rohrbaugh, *Social-Science Commentary on the Gospel of John* (Minneapolis: Fortress Press, 1998), 212; Jerome H. Neyrey, *The Gospel of John* (New York: Cambridge University Press, 2007), 214.

25) J. Ramsey Michaels, *The Gospel of John* (Grand Rapids, Michigan: W. B. Eerdmans Publishing Company, 2010), 684-685, 689.

26) R. Schnackenburg, *The Gospel of according to St. John*, 2:383.

간 해석이다. 12장 20절의 이방인 그리스 사람들은 자신들이 직접 예수를 만나기 위해 나아온 것이지(12:21), 빌립과 안드레와 같은 제자들이나 예수가 직접 찾아가 부른 대상이 아니다. 또한 24절을 설명하는 25절에서도 개인의 목숨에 관한 가르침만 제공될 뿐, 선교적 차원에서 목숨을 버리는 희생이나 순교를 말하지 않는다. 이런 정황에서 이방인들을 대상으로 한 선교 관련 분위기를 감지하기는 어렵다. 특히, 12장 20절 이하의 내용이 12장 36절까지 이어지는 것으로 가정한다면,[27] 지금의 세상은 심판의 대상(12:31)이지 선교의 대상이 아니기 때문에, '많은 열매'를 선교적 의미로 해석한 일련의 주장들은 더 이상 지지받기 어렵다. 비슬리-머레이는 '많은 열매'가 '세상을 위한 생명의 추수' 혹은 '인류가 생명으로 들어가는 것'을 의미한다면서, 마이컬스나 슈나켄부르크의 선교 관련 주장보다 더 포괄적인 해석을 제시했지만 이 주장도 범위만 확장하였을 뿐 선교적 차원에서 조망한 기존의 주장을 되풀이한 것에 불과하다.

지금까지 살펴본 기존의 학자들은 12장 24-25절을 연구하면서, '밀알'의 정체와 '많은 열매'에 내포된 의미와 상징을 연구하는 데 집중했다. 그 결과, 그 죽은 '하나'의 밀알이 '많은' 열매로서 다시금 목숨을 보전하게 되는 방식과 형태에 대해선 상대적으로 주목하지 못했다. 12장 24절의 밀알 비유와 25절의 목숨 포기와 보전에 관한 내용은 긴밀한 연관성이 있다. 25절은 24절의 의미를 설명하는 구절이다. 즉, 밀알 하나가 죽으면 '많은 열매'를 맺게 되는데(24절), 이 과정이 이 세상에서 자기 목숨을 미워하는 사람이 영원에 이르도록 그 목숨을 보전하는 방식(25절)인 것이다. 밀알 하나가 죽지만 그것이 많은 열매를 맺는 것, 바로 그것이 소멸될 한 개인이 영원에 이르도록 목숨을 보전하는 형태이다. 예수가 확언한 것은 개체인 밀알 하나는 사라지지만 많은 열매를 맺는 형태로 그 개체의 생명이 영원히 보전된다는 것이다. 이런 의미에서 만약 밀알이 많은 열매를 맺기 위한 죽음을 거부하고, 홀

27) Francis J. Moloney and Daniel J. Harrington, *The Gospel of John* (Collegeville, Minn.: Liturgical Press, 1998), 346-362.

로 살아 있으려 한다면, 그것은 '자기의 목숨을 사랑하여' 스스로를 파멸시키도록 만드는 것이다. 요한의 예수는 개인으로 상징되는 밀알 하나가 죽기를 거부하고 자기의 생명을 지키려고 한다면 그 개인은 아무런 희망도 없이 종국을 맞이할 것이라 못 박는다. 그렇다면 '밀알 하나가 죽어 맺게 되는 많은 열매'란 무엇을 의미하는 것인가? 12장 24-26절의 의미를 정확히 파악하기 위해서는 다른 본문과의 비교가 필요한데, 10장 1-21절이 적절한 예가 된다. 소위 '양과 선한 목자의 비유'인 10장 1-21절에는 목숨을 버리는 자발성, 자발적으로 목숨을 버리는 것에 대한 아버지의 인정(認定), 자발적으로 포기된 목숨의 회복 주제 등이 나타나는데, 이는 12장 24-26절을 이해하는 데 도움을 준다.

10장 1-21절의 소위 '양과 선한 목자의 비유'는 요한의 예수로 인한 공동체의 창조, 보전, 확장에 관해 말한다.[28] '선한 목자'인 예수는 다른 양들과 섞여 있음에도 불구하고 '자기 소유'의 양들의 이름을 부르고 그들을 이끌고 나간다(1-4절). 그가 이끌고 나간 양들은 예수로 말미암아 생명을 단지 얻을 뿐만 아니라 넘치도록 얻게 된다(10절). 이를 위해 예수는 자신의 목숨을 기꺼이 내어놓는데, 예수가 목숨을 버리는 것은 예수 자신 때문이 아닌 바로 자기 소유의 그 양들을 위해서다(11절, 15절). 자기가 아는 양들을 위한 예수의 자발적인 목숨 포기는 현재 이 '우리'에 들어 있지 않은 다른 양들을 인도하도록 만들고, 현재 자기 소유의 양들과 인도된 다른 양들을 한 목자 아래 존재하는 '하나의 무리'로 만든다(16절). 이러한 자발적인 예수의 죽음 때문에 아버지는 아들을 사랑하고(17절), 아들은 목숨을 내어 놓을 수도 있고 다시 얻을 수도 있는 권세를 통하여 목숨을 다시 회복한다(18절).

---

28) 키이(Howard Clark Kee)는 선한 목자 비유를 예수에 의한 새로운 공동체의 창조라고 전망해서 해석한다. 그에 따르면, 선한 목자로서 예수는 하나님의 백성, 즉 유대인들으로부터 진정한 '자기 소유의 양'들을 불러내어 전통적인 유대인들의 공동체와는 다른 새로운 공동체를 창조하였는데, 이러한 행위가 유대인들로부터 극심한 반대를 촉발시켰다. Howard Clark Kee, *Who are the People of God? – Early Christian Models of Community* (New Havern: Yale University Press, 1995), 165-166.

예수가 스스로 목숨을 내어 놓으면서까지 사랑하는 '양'은 비슬리-머레이의 주장과는 달리 '세상' 혹은 '인류'가 아니다. 물론 예수는 세상을 위해서 이 땅에 보냄을 받았으나, 예수를 거절하는 세상은 더 이상 예수가 목숨을 포기하면서 사랑하는 대상이 아니다. "지금은 이 세상이 심판을 받을 때"(12:31)이기 때문이다. 선한 목자인 예수가 목숨을 버리면서까지 사랑받으며 인도함을 받는 대상은 예수와 서로 '아는' 그 자신의 양이다.[29] "이 맥락에서 '안다'는 당연히 지적인 앎 이상이다. 그것은 (서로) 사귐으로 구성되어 있다. … 그것은 살아 있는 결속을 뜻한다."[30]

예수의 자발적인 목숨포기로 말미암아 한 무리의 양들이 생성되고 유지된다는 '양과 선한 목자의 비유'의 핵심 주제는 예수를 추종하는 요한공동체의 창조, 보전, 확장의 정당성을 확증한다. 예수가 아는 양은 예수의 음성을 알아듣고 예수를 따르는 이들이며(10:27), 예수는 이들에게 영생을 주어 영원히 멸망하지 않도록 한다(10:28). 더 나아가 예수로 인해 영생을 획득한 이들을 아버지와 아들은 영원히 보전하기에 아들과 아버지의 손에서 그들을 빼앗아 갈 자는 아무도 없다(10:28-29). 즉, 예스로 인해 인도함을 받은 양들은 한 무리를 이루게 되고(공동체의 창조), 그 양들은 아버지와 아들로 인해 멸망당하지 않고 유지된다.(공동체의 보전과 확장)

IV. 집단지향적 개인과 영생의 형태

12장 24-26절은 '하나의 밀알'로 비유되는 요한공동체의 구성원들이 자

29) "그(예수)의 추종자들은 그 양들 가운데 있다는 것은 명백한 것처럼 보인다." Craig R. Koester, *Symbolism in the Fourth Gospel: Meaning, Mystery, Community*, 2nd ed. (Minneapolis: Fortress Press, 2003), 110.

30) 헨엔에 따르면, 예수와 양 사이의 서로 앎은 아버지와 아들 사이의 관계를 반영한다. E. Haenchen, *John*, 2:48.

신의 목숨을 스스로 내어 놓아, '많은 열매' 곧 요한공동체 전체의 보전과 확장에 기여하고 이를 통해 영생획득의 길을 걸어갈 것을 격려하는 내용이다. 요한공동체 구성원들은 한 명의 '개인'으로서 다른 '개인'을 위해 목숨을 내어 놓는 것이 아니라 요한공동체에 속한 하나의 '구성원'으로서 다른 '구성원'들을 위해 죽음을 맞이한다. 다른 '구성원'을 위해 목숨을 버린다는 것은 단지 그 구성원 각 개인들을 위한 죽음이 아니라 각 구성원들이 속한 '공동체'를 위해 죽는다는 것을 말한다. 다시 말해서, 자신의 목숨을 내어놓는 대상이 독립된 '개인'이 아니라 '공동체의 다른 구성원'이라는 점은 목숨을 버리는 이유가 대상의 개인적 가치에 있는 것이 아니라 그가 요한공동체의 구성원이라는 점에 있다는 뜻이다. 요한공동체의 구성원을 위해 목숨을 내어 놓으라는 요청은 그 구성원 각 개인보다 구성원으로서의 정체성과 자격을 부여해준 요한공동체 자체의 가치에 우선순위가 있다는 것을 의미한다.

개인의 희생적 죽음을 통한 집단적 가치 추구라는 이러한 요한복음의 독특한 사상은 1세기 지중해 세계 사람들이 지녔던 '집단 지향적 인격체'[31]에 관한 인식과 결부시킬 때 더욱 선명하게 부각된다. 하나의 개인보다는 그러한 개개인이 모여 이룬 집단에 우선적 가치를 두고 행동하는 것을 1세기 당시에는 명예로운 처신이자 독려 받을 만한 행위로 여겼다. 자신을 하나의 독립된 개체로 생각하지 않고 자신이 소속된 집단의 일부분, 즉 '구성원'으로 여기고 그 구성원으로서의 자격을 허락해준 '집단'에 더 값은 의미를 부여하는 것이 1세기 '집단 지향적 인격체'로서의 자기 인식의 핵심이다. 이러한 인식 속에서 개별적으로 존재하는 개인은 무의미하지만, 집단 안에 있을 때는 비로소 존재의 의미를 찾을 수 있기에 "그 그룹이 없다면 그들은 존재하기를 그치는 것이다."[32]

---

31) 브루스 J. 말리나, 『신약의 세계 - 문화 인류학적인 통찰』, 심상법 옮김(서울: 솔로몬, 2000[Bruce J. Malina, *The New Testament World: Insights from Cultural Anthropology*, rev. ed. Louisville, Ky.: Westminster John Knox Press, 1993]), 115-153.

집단의 존재가 개인의 존재의 근거이자 전제라는 이런 집단 지향적 인격체의 사회에서 만약 집단의 구성원으로서의 한 개인이 자신의 존재 근거인 집단을 위해 목숨을 버리는 희생을 감내했을 경우, 그 희생은 상당히 가치 있고 명예로운 죽음으로 찬양받는다. 1세기 지중해 세계에서 집단에 소속된 다른 구성원 혹은 친구를 위하여 목숨을 내어놓는 행위는 매우 고귀한 행동으로 인식되면서 적극적으로 독려되었다. 특히 전쟁과 같은 위기 상황이라면 그와 같은 행동은 더욱 적극적으로 요청되었다. 예를 들면, 로마 제국은 전쟁에서 동료를 구한 이에게 코로나 키비카(corona civica)라는 나무관을 수여하여 그의 행동을 칭찬하고 그의 명예를 드높였다.[33] 그에게 수여된 명예는 개별적인 동료 각 개인을 구했기 때문에 부여된 것이 아니다. 바로 로마 제국에 소속된 '조국'의 병사를 구했다는 점, 보다 근본적으로는 그 병사가 속한 '조국'을 구했다는 이유에 기인한 것이다.

문화인류학적 방법을 통해 규명된 1세기 집단 지향적 인격체에 관한 연구들은 이 장이 논증하는 요한복음의 영생이 갖는 집단주의적 특징과 형태를 설명하는 데 적절한 근거가 된다. 자신의 존재 의미를 부여한 집단을 위해 기꺼이 죽음을 맞이하고, 자신의 죽음으로 보호, 유지된 집단을 통해 명예와 생명을 획득하는 1세기 당시의 사고는 밀알 비유에 담긴 공동체를 위한 자기희생의 주제와 상당히 유사하다.[34] 구성원으로서의 개인이 요한공동

32) Bruce J. Malina and Jerome H. Neyrey, "First-Century Personality: Dyadic, Not Individual," in *The Social World of Luke-Acts: Models for Interpretation*, ed. J. H. Neyrey (Peabody, Mass.: Hendrickson Publishers, 1991), 73.

33) T. R. Stevenson, "The Ideal Benefactor and the Father Analogy in Greek and Roman Thought," *Classical Quarterly* 42(2, 1992), 421-436, 인용은 421. 키케로는 콘술이었던 카틸리나(Catilina)의 음모를 발견하고 이를 진압하였는데, 이로 인해 그는 원로원으로부터 '조국의 아버지'(pater patriae)라는 칭송과 함께 코로나 키비카를 수여받았다. 비록 키케로가 군인은 아니었지만 뛰어난 지도자로서 국가라는 커다란 집단/조직체를 구했기에 당시 그의 행동은 명예와 찬양받기에 합당한 것이었다.

34) 요한공동체의 영생이 지닌 집단주의적 사상은 현대의 소위 공동체주의(Communitarianism)에서 말하는 개인과 집단과의 관계인식에서도 찾아볼 수 있다. 공동체주

체를 위해 희생될 것을 요구받고, 그 희생을 통한 공동체의 존속이 곧 그 죽음의 가치와 의미를 구현하는 것이라는 밀알 비유를 중심으로 한 요한복음의 가르침은 1세기 집단 지향적 인격체의 의미를 익히 알고 있었을 요한공동체 구성원들에게는 낯설거나 무리한 요구가 아니었다. 특히, 전쟁과 같은 긴박한 상황 속에서는 집단을 위한 개인의 희생의 의미가 한층 더 부각되었는데, 박해와 핍박에 놓인 요한공동체[35]도 매우 절박한 위기의 정황 한복판에 위치해 있었다. 요한공동체의 구성원들은 "세상이 이해할 수 없는 태도로 예수를 하나님의 진리의 담지자로 영접하기를 거절하자(1:10-11), 신앙공동체를 생명과 사랑이 발견될 수 있는 유일한 영역으로"[36] 인식하였고, 그 생명과 사랑을 제공한 신앙공동체, 즉 요한공동체를 위한 희생적 죽음이 요한공동체의 보전과 확장을 이루게 해주며, 그러한 집단 보전 및 확장의 과정에 죽음으로써 참여하게 될 때, 하나님으로부터 오는 명예를 획득하게 된다는 영생의 형태에 관한 독특한 이해를 발전시켰다.

'하나'의 밀알은 땅에 떨어져 소멸되지만, 그 결과로 '많은 열매'인 공동

의자들은 현대의 공동체와 그 공동체에 속한 개인의 밀착 정도가 상당히 높다고 주장하면서 자유주의적 개인주의에 반대한다. 이들 중 보다 극단적인 공동체주의를 내세우는 자들은 개체적 생명보다 공동체의 생명을 우선시하는 가운데 유기체적 공동체를 이상향으로 제시하면서 이러한 공동체를 통해 개인의 영속성이 보장된다는 독특한 생명관을 역설한다. 개인주의에 대한 비판과 공동체주의적 개인에 관해서는 Stephen Mulhall and Adam Swift, *Liberals and Communitarians* (Oxford: Blackwell, 1992), 101-126; Ronald Dworkin, "Liberal Community," in *Communitarianism and Individualism*, ed. Shlomo Aviner and Avner De-Shalit (Oxford: Oxford University Press, 1992), 208-216 등을 참조하라.

35) 요한공동체의 역사와 신학을 회당 축출 사건을 중심으로 논증한 고전적인 연구물로는 J. Louis Maryn, *History & Theology in the Fourth Gospel* (Nashiville: Abingdon, 1979).

36) 리차드 헤이스, 『신약의 윤리적 비전』, 유승원 옮김 (서울: IVP, 2002[Richard B. Hays, *The Moral Vision of the New Testament: Community, Cross, New Creation: A Contemporary Introduction to New Testament*, Edinburgh: T. & T. Clark, 1997]), 238.

체는 존속되고, 희생된 밀알로서의 개인은 영생을 얻게 된다. 물론 밀알 하나가 땅에 떨어져 죽는다고 해서 자연적으로 '많은 열매'를 맺는 것이 아니다. 하나님이 그 밀알의 죽음을 통해 '많은 열매'를 맺게 하는 것이다. 그러므로 여전히 생명의 '근거'는 요한공동체 스스로에게 있는 것이 아니다. 요한공동체는 생명의 근원인 하나님이 구성원 개인의 희생적 죽음을 무의미하게 만들지 않고 공동체의 생명력을 지속시켜주는 것으로 보상해주는 것을 알기에, '많은 열매'를 위해 소멸될 하나의 밀알이 되는 것을 주저하지 않는다.

요한복음에서 '선한 목자로서'의 예수는 죽음을 통하여 '양들'인 공동체를 창조하고, 보전하며 확장한다. 이런 예수를 따르는 요한공동체 구성원들은 동일한 목적의 죽음과 희생에로의 초대를 받는다. 예수가 자신의 자발적인 죽음으로 공동체를 창조하고 보전하고 확장한 것처럼, 12장 24-26절은 예수를 섬기는 제자들이 예수와 같이 마땅히 감당해야 할 공동체를 위한 희생적 죽음을 받아들일 것을 강조하는 내용이다. 그를 섬기고자 하는 제자들은 그를 '따라야'(ἐμοὶ ἀκολουθείτω) 한다(12:26). 이 명령은"이기심 없이 자기 부정을 통하여 실행되어야 하는 섬김"[37]이라는 헨엔의 주장과는 달리, 자기 부인과 섬김의 수준을 뛰어넘어 공동체를 위한 예수의 죽음과 같은 죽음을 받아들일 것을 제자들에게 요청한다. 요한복음에서는 공동체를 위한 헌신에는 하나님께 영광을 돌리는 죽음이 필연적으로 따르게 된다는 것이 부활한 예수와 베드로의 이야기를 통해 명료히 드러난다. 예수를 사랑하는 것과 예수의 공동체 구성원들을 위한 헌신(21:15, 16, 17)[38]의 필연적 결과물은 하나님께 영광을 돌리는 죽음(21:19)이다. 주목할 점은 요한의 예수가 그 과정을 12장 26절에서와 동일하게 "나를 따르라."(Ἀκολούθει μοι)는 명령

37) E. Haenchen, *John*, 2:97.

38) 특별히 요한이 그 구성원들을 선한 목자로서의 예수가 자신의 목숨을 버릴 만큼 위하는 양(πρόβατον, 10:11, 15)과 동일한 표현(πρόβατον, 21:16, 17)으로 묘사한 것은 주목할 만하다.

으로 제시했다는 점이다. 하나님은 자신의 양들을 위해 목숨을 버린 예수를 사랑하듯이(10:17), 예수를 따라 공동체를 위한 자발적인 희생적 죽음을 택한 자들을 명예롭게 한다(τιμάω,[39] 12:26). 또한 예수는 그러한 죽음을 택한 사람들을 그가 있는 곳에 함께 있게 하는 보상을 수여한다(12:26).

요한공동체의 구성원들도 예수처럼 한 알의 밀알로 죽어 많은 열매로서의 공동체의 보전과 확장에 기여한다. 이것은 분명 한 개인이 목숨을 잃은 것이요, 소멸되는 것을 의미한다. 그러나 그러한 목숨의 포기와 자발적인 죽음으로부터 얻어지는 '많은 열매'라는 공동체의 존속이야말로 소멸된 밀알이 영생을 획득하고 보존하는 모습이다. 밀알이라는 개체는 소멸된다. 그러나 그로 인해 '많은 열매'라는 공동체는 그 생명력이 유지되며, 그것이 바로 요한이 말하는 영생의 핵심적 형태이다.

V. 결어

요한복음의 영생은 한 개인에게 주어지는 영원한 삶이라는 영적이고 개인주의적인 차원으로서는 충분히 규명될 수 없는 독특한 특징을 갖는다. 이는 12장 24-26절을 중심으로 한 '밀알 비유'와 관련된 예수의 가르침 속에서 더욱 명료하게 확인된다. 10장 1-21절의 소위 '양과 선한 목자의 비유'에서 요한의 예수는 자신을 양들을 위해서 목숨을 버리는 선한 목자에 비유한다. 예수는 자신의 죽음을 통하여 양들에게 생명을 수여하고, 이로써 자신의 공동체를 창조하고, 보전하고, 확장한다. 예수는 자신을 따르는 제자들, 곧 요한공동체 구성원들에게도 동일한 목적을 위한 죽음을 감당할 것을 촉구한다. 요한공동체 구성원들은 각각 자신의 목숨을 미워하면서 하나의 밀알

39) 여기서 'τιμάω'는 주목할 만한 표현이다. 요한복음에서 총 6번 사용된 'τιμάω'는 12:26을 제외하고는 모두 사람이 하나님과 아들을 공경하거나(5:23), 아들이 아버지를 공경하는 것(8:49)을 의미한다.

로서 기꺼이 목숨을 내어 놓고, 그 결과로서 주어진 '많은 열매'라는 집단의 형태로서 자신의 목숨을 영원히 보전한다. 요한복음의 영생을 개인주의적 차원으로만 이해할 경우, 요한복음의 대표적 인물인 애제자의 필연적 죽음에서도 볼 수 있듯이, 한 개인의 불가피한 죽음과 소멸을 적절하게 설명해줄 논거를 찾기가 어려워진다. 밀알 하나로서의 개인은 반드시 소멸되기에 요한은 개인으로서의 불가피한 죽음 자체를 부정하지 않는다. 그러나 요한의 예수를 본받아 요한공동체의 보전과 확장에 기여하는 죽음은 요한공동체의 존속을 통해 영생으로 이어지며 하나님으로부터 오는 명예획득의 주요통로가 된다.

핍박과 박해의 절박한 정황에 있었던 요한공동체는 공동체의 보전과 확장이 희생적 죽음을 감당한 개인에게 주어지는 영원한 생명의 실현 형태로 믿었다. 공동체의 보전과 확장이라는 집단주의적 관점에서 개인의 죽음은 완전한 소멸이 아니었다. 그들은 더 큰 전체에 기여하는 그 죽음을 영생의 형태로 인지하고 예수의 말씀에 기댄 채, 당당하게 죽음에 맞서 나아갔다. "나를 믿는 자는 영원히 죽지 아니하리라"(11:26).

제5장

심판

I. 서언

II. 1세기 유대교 및 공관복음의 심판 사상

III. 요한복음의 하나님과 심판

IV. 요한복음의 예수와 심판

V. 심판과 요한공동체의 정황

VI. 결어

제5장*

심판

I. 서언

요한복음의 종말론은 공관복음에 비해 매우 독특한 특징을 띠고 있다. 이 독특성은 종종 '실현된 종말론'이란 말로 요약된다. 가령 브라운(R. E. Brown)은 현재적 구원에 관한 요한복음의 본문을 근거로 요한복음이 '실현된 종말론'을 가지고 있었다고 주장한다. 브라운에 따르면 실현된 종말론은 요한공동체가 닥친 문제, 곧 지연된 파루시아에 대한 답변이다.[1] 그러나 '실현된 종말론'으로 요한복음이 갖고 있는 종말에 관한 본문들을 설명하는 데에는 분명한 한계가 있다. 요한복음 내에는 미래에 있을 종말을 가르치는 본문도 존재하기 때문이다.[2] 따라서 현재까지 요한복음의 종말론 연구는 '실

* 제5장은 "요한복음의 심판과 요한공동체의 상황", 「신약논단」 16(4, 2009), 1011-1049에 게재된 나의 논문을 재정리한 것이다.

1) R. E. Brown, *The Gospel according to John*, 2 vols. (New York: Doubleday & Company, Inc., 1966), 1:Lxxxxv-vi.

2) Herman Ridderbos, *The Gospel of John*, tr. John Vriend (Grand Rapids, Michigan: William B. Eerdmans Pub. Com., 1997), 199-200은 요한복음의 미래적 종말론에 관한 본문들이 편집자의 수정이나 부가라는 불트만을 비판한다. C. K. Barrett, *The*

현된 종말론'에 찬반을 표시하며 종말의 실현 시점과 관련된 기존의 논의들을 부분적으로 수정하는 데에 머물러 왔다.[3)]

이 장에서는 요한복음의 '심판'('κρίνω', 'κρίσις', 'κρίμα')과 관련된 본문을 사회학적 전망에서 규명하려 한다. 심판 단락들은 종말론의 핵심적 요소이면서도 종말의 실현 시점 논의에 밀려 그간 비교적 소홀히 취급되었다. 그러나 요한복음의 '심판' 본문은 요한복음의 종말론을 새로운 각도에서 조명하게 할 뿐만 아니라 본문 배후에 존재하는 요한공동체의 내외부적 역동성을 드러낸다. 이에 이 장에서는 1세기 유대교 및 공관복음의 심판 사상을 간략하게 정리하고, 그에 비춰 요한복음의 심판 사상이 갖는 독특성을 요한공동체의 정황과 밀접히 관련시켜 해석하려 한다.[4)]

Gospel according to St. John (London: SPCK, 1978), 73f.; 91f.를 보라.

3) Jörg Frey, "Eschatology in the Johannine Circle," in *Theology and Christology in the Fourth Gospel*, eds. Gilbert Van Belle, Jan G. van der Watt, and Petrus J. Maritz (Leuven: Leuven Univ. Press, 2005) 중 47-82를 보라. 또 R. Alan Culpepper, *Resurrection of Jesus in the Gospel of John* (Tübingen: Mohr Siebeck, 2008), 253-276. 쿨페퍼는 요한공동체의 경험이라는 맥락 안에서 실현된 종말론을 살핀다.

4) 카터(W. Carter)는 요한복음을 당시 지배 세력인 로마제국이라는 넓은 배경에서 읽어야 한다고 주장한다. 그의 *John and Empire: Initial Exploration* (New York: T & T Clark, 2008), 3-18을 보라. 물론 그의 이러한 주장은 새로운 것이 아니다. 마스틴(B. A. Mastin)이 이미 오래전에 이러한 시도를 한 바 있다. 그의 "The Imperial Cult and the Ascription of the Title θεός to Jesus (John xx.28)," *Studia Evangelica* 6(1973), 352-365 참조. 카터는 이러한 시도를 요한복음 전체를 해석하는 데 본격적으로 적용했다. 물론 로마제국의 유·무형의 압력이 요한복음 기록에 일정 부분 영향력을 끼쳤으리라는 것은 부인하기 어렵다. 그러나 똑같은 로마제국 아래서 산출된 여러 문서들이 일정한 색깔을 띠지 않고 각기 다른 반응을 보이는 것은 그 저자들이 속한 구체적인 공동체의 입장과 동경이 각기 달랐기 때문이다. 심지어 철저히 비정치적 색채를 띠고 있는 영지주의적 문서들조차 역시 로마제국 아래서 산출되었다는 점을 고려한다면, 카터가 비판한 것과는 달리 영적 접근이나 소종파적 접근은 그의 소위 정치적 해석과 함께 요한복음해석에 있어서 여전히 적법하고도 주요한 방법들이라 할 수 있다.

II. 1세기 유대교 및 공관복음의 심판 사상

구약성서나 1세기 유대교는 다양한 형태의 신앙을 보여준다. 종말이나 심판에 관한 사상도 다채로우며 세부적 사항에서 일치된 의견이 정착된 것도 아니다.[5) 그러나 종말이나 심판에 관한 논의가 지리멸렬하여 윤곽선을 그리지 못할 정도라고는 말할 수 없다. 복음서의 종말/심판 사상의 배경이 되는 1세기 유대교 혹은 제2성전기의 종말/심판 사상은 몇몇 특정한 핵심 명제를 공유한다.[6) 그중 가장 근본적인 신앙은 '하나님이 심판자'(시 75:7)라는 것이다(신 10:17-18; 삼상 2:10; 시 76:8-9; 96:10; 110:6; 사 30:18; 습 3:5 등).[7)

구약성서 및 1세기 유대교에서 하나님은 만물의 창조자이자 역사의 주관자, 또 정의로운 법의 수여자로 고백된다. 이 고백은 하나님이 개인뿐만 아니라 나라들을 정의와 공정함으로 재판하고 다스리는 최고 심판자라는 생각으로 이어졌다.[8) 성서 기자들에게 창조자이자 법의 수여자이며 주관자인 하나님과 심판자 하나님을 연결하는 것은 자연스러운 사고의 결과였다.

---

5) Robert B. Crotty, "Eschatological Ambiguity in pre-Christian Judaism," *Colloquium* 16(2, 1984), 1-10.

6) 헬리어는 신약성서의 종말론을 논의하기 위해서는 제2성전기 유대교를 참조할 필요가 있고, 그것을 다룰 때 유의해야 할 점과, 그 연구가 주는 유익에 관해 말한다. Larry R. Helyer, "The Necessity, Problems, and Promise of Second Temple Judaism for Discussions of New Testament Eschatology," *Journal of the Evangelical Theological Society* 47(4, 2004), 597-615. 헬리어에 따르면 제2성전기 유대교의 종말론을 형성하는 데에 주력한 이들은 일부 바리새파였다.

7) Adrian H. W. Curtis, *Law and Religion* (Cambridge, England: James Clarke, 1988) 중 "God as 'judge' in Ugaritic and Hebrew thought"에 해당하는 3-12를 참조하라.

8) Michael Maher, "God as Judge in the Targums," *Journal for the Study of Judaism in the Persian, Hellenistic and Roman Period* 29(1, 1998), 49-56.

심판자 하나님을 고백하고 찬양하는 구절은 예언서나 묵시문학뿐 아니라 지혜문학이나 역사서 모두에 편만하게 나타난다. 물론 심판자 하나님이라도 지나치게 엄정하고 가혹하여 자비와 계약적 성실함을 완전히 잊어버린 하나님은 아니다. 그러나 악과 불의에 대한 하나님의 진노와 엄한 심판에 대한 사상은 계속해서 진전되었다.

심판자 하나님, 그리고 심판자 하나님이 그의 정의를 완전히 회복하는 날에 대한 기대는 성서 기자들, 특별히 예언서 저자들이 처한 희망을 품을 수 없는 상황과 대비되면서 이른바 묵시문학적 성격을 띠게 되었다. 이에 '주의 날'(야웨의 날)이라는 미래에 있을 최종적인 심판의 날에 대한 소망도 깊어져갔다.[9] '주의 날'을 포함한 다양한 묵시문학적 종말론 묘사에서 '하나님이 최종적인 심판자'라는 명제는 여러 믿음들을 산출해 냈다. 그중에서 다음과 같은 믿음들은 대중적인 호소력을 가졌다. '하나님이 그의 정의를 실행하는 결정적인 날을 계획해 두었다', '그날에 하나님은 죄인과 의인들에게 각각 심판과 보상을 내릴 것이다', '하나님은 이스라엘의 원수들/죄인들을 처벌할 것이다', '하나님은 자신의 백성인 이스라엘/의인들을 구원할 것이다', '그날이 지나간 후 하나님은 새로운 시대를 열 것이다.'[10]

구약성서와 1세기 유대교에서 '하나님이 최고 심판자'라는 사상과 긴밀히 연결되어 있는 또 다른 근본적인 사항은 하나님이 대리자를 선택하고 그에게 일정부분 심판권을 위임했다는 것이다. 하나님의 대리자는 신적 존재도 인간도 될 수 있는데, 그들은 하나님을 대신하여 하나님의 심판을 행한다. 가령 모세는 백성들을 위해 재판관(출 18:13-16)으로 임명받았고, 그는 다른 이들과 그 권리를 나눈다(출 18:13-16; 신 1:16-18; 16:18-19; 17:

9) 구약성서와 이른바 초기 유대교 문헌(지혜의 서, 솔로몬의 시편, 제1에녹서, 희년서, 쿰란 문서, 모세의 증언, 열두 족장의 증언, 시빌의 신탁집, 제4에스라, 아브라함의 증언 등)에 묘사된 하나님과 그의 대리인들의 심판에 관해서는 Marius Reiser, *Jesus and Judgment-The Eschatological Proclamation in Its Jewish Context* (Minneapolis: Fortress Press, 1997), 19-164를 보라.

10) 앞의 책, 144-163.

8–9). 가나안 정착 후 이른바 '사사'들은 재판관/심판관으로 불렸고, 사울 이후의 왕들은 모두 재판/심판을 담당하는 이들로 묘사된다(삼하 8:15; 왕상 3:9, 16–28; 7:7). 이스라엘 종교와 1세기 유대교에서 하나님의 심판을 대리하는 이들은 하나님의 정의를 실행하는 이들로 인식되었다(대하 19:4–11 등). 한편 천상적 존재들이 하나님의 심판을 대행하기도 한다. 미가엘(단 12:1; 1QM XVII, 6–7, As. Mos.; T. Dan 6:1–7)이 대표적인 예이다. 뿐만 아니라 멜기세덱(11Q Melch), 인자(1Enoch 37–71; 4 Ezra 13), 메시아(Ps. Sol. 17; 4 Ezra 11–12; Sib. Or. 5), 아벨(T. Abr) 등 신화적 인물이거나 하나님이 보내는 구원자 역시 심판권을 행사한다.[11]

내세나 부활, 천사의 존재 등을 부정하고 모세오경만을 수용했던 사두개인들은 하나님이 최종심판자라는 믿음을 공개적으로 표현했지만, '주의 날'과 같은 종말론이나 묵시문학적 신앙과 결부된 심판 사상에는 반대했을 것이다. 그러나 1세기 원시기독교의 공관복음 전승은, 하나님이 심판자이며 그가 심판권을 자신의 대리자에게 전적으로 혹은 부분적으로 위임했고 그 심판이 멀지 않아 행해진다는 묵시문학적 종말론의 영향 아래 형성되었다. 이는 공관복음에 보도된 세례 요한과 예수에 대한 보도에서 명확히 알 수 있다.

세례 요한에 관한 보도는 복음서 외에도 요세푸스의 『유대고대사』에서 찾아볼 수 있다. 원시기독교의 전승이 형성되던 시기를 살았던 요세푸스지만 그가 보도하는 세례 요한은 원시 기독교의 전승과는 달리 윤리적 설교를 행하는 '철학자'의 모습을 띠고 있다. 요세푸스의 세례 요한은 인간 사이에는 상호 간의 공의를, 하나님 앞에서는 경건이라는 두 가지 덕(ἀρετή)을 가르치는 설교가다.[12] 그러나 공관복음의 세례 요한은 하나님의 종말론적 심

11) 앞의 책, 156.

12) G. 타이센, A. 메르츠, 『역사적 예수 연구 – 예수의 역사적 삶에 대한 총체적 연구』, 손성현 옮김(서울: 다산글방, 2001[G. Theissen, A. Herz, *Der historische Jesus: ein Lehrbuch*, Göttingen: Vandenhoeck & Ruprecht, 1996]), 297.

판과 그것을 수행하는 메시아에 관해 선포하는, 종말에 올 엘리야와 같은 예언자이다. 공관복음의 세례 요한은 옷과 음식(막 1:6)에서 이미 종말론적 인물임을 스스로 보여준다.[13] 공관복음이 요약하는 그의 메시지는 하나님의 임박한 분노의 심판(μέλλουσα ὀργη, 마 3:7; 눅 3:7), '더 강한 사람'(ἰσχυρότερος, 막 1:7; 마 3:11; 눅 3:16)의 도래, 성령(막 1:7) 혹은 불과 성령(마 3:11; 눅 3:16)의 세례, 심판의 완수와 구원의 도래(마 3:12; 눅 3:17) 등의 선언과 그에 따라 인간이 해야만 하는 '회개'의 촉구이다.[14] 공관복음의 세례 요한과 그의 선포는 '주의 날'과 관련된 묵시문학적 종말론의 주요 요소를 담고 있다. 가까운 미래에 닥칠 주의 심판의 날, 그날에 심판자가 되시는 하나님과 그의 대리자, 대리자의 심판이 가져올 구원과 저주, 회개의 촉구 등.

공관복음의 예수 역시 묵시문학적 인물로 스스로를 나타내며 긴박한 종말과 심판에 관해 선언한다. 예수 당시의 통상적인 종말 시나리오에 따라 심판을 먼저 선언하고 잇따르는 회복을 선언했는지 아니면 심판과 회복을 동시에 선언했는지, 심판보다는 회복이 예수의 주된 선포 내용이었는지, 1세기 팔레스타인 유대교와 예수의 심판 선언이 어느 정도 연관성이 있는지, 심판과 관련하여 세례 요한의 영향이 어느 정도였는지에 관한 다양한 토론이 있지만 대다수의 학자들은 역사적 예수가 종말론적 심판과 회복을 선언했으리라고 생각한다.[15] 또 미래의 심판에서 예수는 자신이 하나님을 대리

---

13) 레이버디레(E. Laverdiere)는 세례 요한의 옷과 음식에 관한 마가의 묘사를 성찬의 주제와 관련시킨다. 그의 "In the Following of Christ. The Eucharist in the Gospel According to Mark-II. Locusts, wild Honey, and the Bread of Angels," *Emmanuel* 106(2, 2000), 68-76을 보라.

14) 세례 요한의 설교 중 일부는 Q에 근거를 둔 것이다. 세례 요한의 예언자적 선포와 Q의 지혜론적 자료 사이의 긴장에 관해서는 Alan Kirk, "Upbraiding Wisdom: John's Speech and the Beginning of Q(Q 3:7-9, 16-17)," *Novum Testamentum* 40 (1998), 1-16을 보라. 그러나 커크의 주장은 Q를 지혜론을 담은 문서로 부당전제하면서 논의를 전개한다.

15) Steven M. Bryan, *Jesus and Israel's Traditions of Judgement and Restoration* (Cambridge: Cambridge Univ. Press, 2002). 소위 "예수 세미나"(Jesus seminar)는

하여 결정적인 역할을 할 것이라고 암시한다.[16] 이것과 관련해서는 라이저(Marius Reiser)의 연구가 돋보인다. 그는 예수의 심판 설교가 공관복음 전승의 모든 층에서 발견될 뿐 아니라 그것이 분명하고 일관성을 보여준다고 주장한다. 곧 예수는 종말론적 심판을 설명하기 위해 여러 이미지와 용어들을 사용하는데, 그것은 당시 사람들에게 낯설지 않은 묵시문학적 종말론의 것이었다.[17] 그러한 예수의 언행은 예수의 하나님 상(像), 곧 묵시문학적 종말론에서 심판과 정의를 실행하는 하나님 상을 반영한다. 예수에 따르면 종말론적 심판은 하나님이 주도하지만 예수의 말과 그에 대한 태도가 하나님의 백성과 그렇지 않은 사람들 사이를 날카롭게 가르는 준거가 된다. 따라서 저주를 받을 사람들 가운데에는 인종적 유대인들도 포함된다.[18]

이로써 요한복음의 심판 본문의 독특성을 이해하기 위한 1세기 유대교와 공관복음의 심판 사상은 대략 다음과 같은 형태를 띠었다고 말할 수 있다. 먼저 하나님은 현재에도 일정 부분 심판을 행하지만 그보다는 매우 가까이 어느 특정한 종말 심판의 날에 그분의 정의와 평화를 실행할 것이다. 하나님은 궁극적인 심판자로서 활동하지만 동시에 그는 심판권을 자신의 대리인에게 위임한다. 그 심판은 날카롭게 구원받을 자와 심판받을 자를 가른

비묵시론적 예수, 현자 예수 상을 제안한다. 그러나 이에 동조하는 학자들은 많지 않다. 예수 세미나의 주도적 학자 로버트 펑크의 역사적 예수 연구에 대한 비판을 보려면 서중석, "로버트 펑크의 역사적 예수 가설 비판", 『복음서의 예수와 공동체의 형태』(서울: 이레서원, 2007), 267-288.

16) 윌슨(Alistair I. Wilson)은 예수를 미래적 심판자로서 다루는 경향에 찬성하면서도 마태복음의 예수가 동시대에도 심판자로서 활동했음을 강조한다. Alistair I. Wilson, "Matthew's Portrait of Jesus The Judge With Special Reference to Matthew 21-25," *Tyndale Bulletin* 54(1, 2003), 157-160.

17) Daniel J. Harrington, "Afterlife Expectations in Pseudo-Philo, 4 Ezra, and 2 Baruch, and Their Implications for the New Testament," in *Resurrection in the New Testament*, eds. Reimund Biennger, Veronica Koperski, and Bianca Lataire (Leuven: Leuven Peeters, 2002), 21-34.

18) Marius Reiser, *Jesus and Judgment*, 302-323.

다. 심판 이후에는 악의 시대가 끝나고 하나님의 평화가 깃든 시대가 열린다. 그렇다면 요한복음의 심판 사상은 위의 대략적인 그림과 어떤 면에서 겹치고 어느 지점에서 갈라지는가?

III. 요한복음의 하나님과 심판

1세기 유대교의 종말론과 이를 부분적으로 변용하여 수용했던 공관복음의 심판 사상을 배경으로 요한복음을 살펴보면 매우 독특한 심판에 관한 본문이 존재함을 알 수 있다. 요한복음은 당시의 유대교와 공관복음이 공통으로 고백하는 '심판자 하나님' 상을 그대로 재현하지 않는다. 도리어 요한복음의 하나님은 심판을 적극적으로 행하지 않는다. 이를 잘 보여주는 본문이 3장 17절과 5장 22절이다.

3장 17절에서 하나님은 아들을 세상에 보낸 목적을 설명한다. 그 목적은 세상을 심판하려는 것이 아니라 세상이 그를 통하여 구원을 받게 하려는 것이다. 통상적으로 이 구절은 크게 세 가지 방향에서 주석이 이루어졌다. 하나는 하나님과 아들 사이의 긴밀한 관계이다. 이는 '보냈다'(ἀπέστειλεν)라는 용어를 통해 강조되는데,[19] 이 용어는 곧바로 예수가 지상에서 띤 사명의 성격을 해명하려는 두 번째 작업으로 이어진다. 마지막으로 보냄을 받은 예수에 대한 반응에 따라 극명하게 나뉘는 사람들의 운명을 설명한다.[20]

슈나켄부르크(R. Schnackenburg)는 본문 해설에 그치지 않고 이 구절 배후에 놓인 논쟁적 배경을 탐색한다. 그는 이 구절을 '심판자로서 자신을

---

19) '보내다'에 관련된 요한의 신학적 함의에 관해서는 Calvin R. Mercer, "Jesus the Apostle: 'sending' and the Theology of John," *Journal of the Evangelical Theological Society* 35(4, 1992), 457-462를 보라.

20) George R. Beasley-Murray, *John*, Word Biblical Commentary 36 (Waco, Texas: Word Books, 1987), 51.

내세우는 동시대의 특정한 다른 이들과 기독교의 구원자(예수)를 구분하고자 했던 요한의 논쟁적이고 변증적 시도'라는 주장을 비판한다.[21] 그에 따르면 이 구절 배후에 놓였던 논쟁적 정황은 믿지 않는 유대인들에 대한 요한의 방어적 태도였다. 곧 요한의 동시대 유대인들은 예수가 유대인들 가운데 믿지 않는 이들을 만났을 때 심판의 가혹함과 위협을 가지고 대했던 사실을 문제 삼았다. 이에 대해 요한은 예수의 목적이 하나님의 구원 의지임을 여기서 재차 강조하는 것이다. 슈나켄부르크가 이에 덧붙인 또 다른 정황은 영지주의와의 갈등이다. 요한은 그 구절을 통해 '세상'의 구원에 회의적인 영지주의자들에 반대하여 '세상'이 구원의 대상임을 천명한다.[22] 그러나 3장 17절 이후에 이어지는 18-21절은 위에서 슈나켄부르크가 제시했던 두 가지 제안과는 다른 논쟁적 정황을 유추하게 한다. 그것은 바로 하나님이 '심판자'가 아니라 '구원자'임을 강조하려는 정황이다. 최소한 하나님이 적극적인 심판자의 역할을 담당하지 않았음을 역설하려는 것으로 보인다.

3장 18-21절에서는 슈나켄부르크가 제시한 예수의 가혹한 심판 선언에 대한 유대인의 분노나 비난의 분위기를 감지하기 어렵다. 또 "'세상'도 구원받는다."는 영지주의에 대한 논쟁적 정황 역시 뚜렷이 드러나지 않는다. 흔히 '실현된 종말론'의 주요 근거로 인용되는 이 본문에서 부각되는 것은 하나님이나 그의 외아들이 심판의 주체가 아니라는 점이다. 이 본문에서 심판은 오로지 하나님과 그가 보낸 아들에 대한 사람들의 반응에 달렸다. 그리고 그 반응의 결과가 바로 심판이다. 19절은 이를 명확히 보여준다. 요한은, 심판은 빛이 세상에 들어왔지만 사람들이 빛보다 어둠을 더 좋아하는 것이라고 잘라 말한다. 요한에 따르면 심판은 당시 유대인들의 통념적인 견해와는

---

21) R. Schnackenburg, *The Gospel of according to St. John*, 3 vols. (New York: The Seabury Press, 1980), 1:401.

22) 3:16에 관한 도발적 연구로 J. Eugene Botha & Philip Rousseau, "For God Did Not So Love the Whole World-Only Israel! John 3:16 revisited," *Hervormde Teologiese Studies* 61(4, 2005), 1149-1168을 보라.

달리 마지막 날에 하나님이 사람들을 구분하고, 구분된 이들에게 각각 알맞은 보상과 처벌을 내리는 것이 아니다. 심판은 어둠을 빛보다 더 사랑하는 것 자체이다. 심판의 주체는 하나님이나 그의 대리자가 아니라 심판을 당하는 사람들 스스로이며, 심판의 내용도 보상이나 처벌이 아니라 어둠을 사랑하는 것 자체이다. 이러한 진술 배후에 놓인 논쟁적 정황은 믿지 않는 유대인이나 세상을 혐오하는 영지주의자와의 갈등이라기보다는 하나님을 마지막 날에 심판자로 믿고 그의 심판이 특정한 보상과 처벌을 가져올 것이라는 묵시문학적 종말론의 믿음을 가진 이들과의 논쟁이라고 할 수 있다. 3장 17절 전후 본문은 이른바 통념적인 묵시문학적 종말론에 반대하는 내용을 담고 있다. 요한복음 내에 존재하는 이러한 경향은 5장 22절을 통해 다시 확인된다.

학자들은 5장 22절이 속한 5장 19-30절에서 이른바 실현된 종말론(24절)과 미래적 종말론(28-29절)을 각각 지지하는 발언을 지적하며, 그 둘 사이의 긴장을 해결하려고 노력해 왔다.[23] 혹은 그 단락이 예수를 하나님과 동등한 '종말론적 심판자로서 계시자'로 그리는지[24] 아니면 아들의 구속 사역을 강조하는지를 두고 논쟁하였다.[25] 그러나 그러한 논쟁 와중에 정작 5장 22절의 독특성은 간략히 취급되었다. 그곳에서 요한의 예수는 "아버지는 아무도 심판하지 않는다(ὁ πατὴρ κρίνει οὐδένα). 다만 모든 심판을 아들에게 넘겼다."고 선언한다.

5장 19-26절은 아버지와 아들 사이의 긴밀한 관계에 대해 말한다. 아들인 예수는 무엇이든지 자기 마음대로 하지 않고 모든 것을 아버지가 하는 것을 보고 따라 한다. 곧 아들은 아버지의 일을 '그대로'(ὁμοίως, 19절) 한다

23) 예를 들어 Tim O'Donnell, "Complementary Eschatologies in John 5:19-30," *Catholic Biblical Quarterly* 70(4, 2008), 750-765를 보라. 오도넬은 그 두 견해가 비록 주제적인 면에서 긴장 상태로 남아 있더라도 원칙적으로는 요한복음의 기독론과 종말론을 서로 보완해 준다고 논증한다.

24) R. Bultmann, *The Gospel of John-A Commentary*, tr. R. W. N. Hoare and J. K. Riches (Philadelphia: The Westminster Press, 1971), 256.

25) George R. Beasley-Murray, *John*, 76.

(19, 21, 26절). 한편 아버지는 아들을 사랑해서 자신의 일을 모두 아들에게 보여준다. 그리고 아버지의 일로 제일 처음에, 그리고 가장 중요하게 꼽히는 것은 죽은 사람들을 살리는 일이다(20-21, 26절). 아버지는 생명을 주는 일을 계속해서 한다. 아들의 말을 받아들이고, 아들을 보낸 아버지를 믿는 이들은 영원한 생명을 갖는다(23절). 그러나 심판과 관련된 22절은 이런 맥락에서 미묘하게 벗어난다. 심판에 관해서는 아버지와 아들이 하는 일이 일치하지 않는다. 아버지 자신은 누구도 심판하지 않는다. 대신 모든 심판(τὴν κρίσιν πᾶσαν)을 아들에게 넘긴다. 아들은 아버지가 하지 않는 일을 맡게 되었다.

대다수의 주석은 신적인 심판 권세의 위임이 대단한 것이며, 예수가 그것을 받았다는 주장은 예수의 권위를 높여주는 것이라고 강조한다.[26] 그러나 아버지는 심판하지 않고 심판을 모두 아들에게 위임했다는 것은 생명과 관련하여 아버지와 아들 사이에 일어난 일과는 다르다. 아버지는 아들의 모범으로 여전히 생명을 주며, 그것을 아들에게만 전적으로 넘기지는 않는다(21절). 다시 말해 아버지는 아들에게 모든 것을 보여주고 아들이 그 일을 따라 하도록 한다. 아버지는 생명을 주는 일을 하고 아들도 그것을 하도록 한다. 생명을 주는 일은 아들에게 모두 넘기지는 않았다. 그러나 22절은 심판에 관해서만큼 아버지는 누구도 심판하려 하지 않고, 모든 심판을 아들에게 넘긴다. 요컨대, 생명을 주는 일은 아버지가 계속하면서 아들에게 모범을 보이고, 심판하는 일은 아버지가 하지 않고 아들에게 심판 권한을 넘긴다. 이는 하나님을 심판자라기보다는 구원자, 특별히 생명을 주는 '아버지' 하나님으로 묘사하는 것이다.[27]

---

26) 예를 들어 슈나켄부르크는 신적인 심판권이 얼마나 대단한 것인지를 소개한다. R. Schnackenburg, *The Gospel of according to St. John*, 2:105-107. 또 Leon Morris, *Expository reflections on the Gospel of John* (Grand Rapids, Michigan: Baker Book House, 1988), 183.

27) 요한복음의 하나님 상에 대한 톰슨(Marianne Meye Thompson)의 견해와도 상응한다. Marianne Meye Thompson, "The Living Father," *Semeia* 85(1999), 19-31. 톰

한편, 요한복음에는 '심판자 하나님'이라는 전통적 하나님 상 역시 존재한다. 그러나 심판자 하나님 상은 우회적인 방식으로 언급된다. 5장 30절에서 예수는 자신이 심판을 하기는 하지만 아무것도 자신의 마음대로 하지 않고 아버지가 하라는 대로 심판하기에 자신의 심판은 올바르다고 선언한다. 8장 16절의 내용도 유사하다. 예수는 자신이 심판을 한다 해도 자신의 심판이 올바르며 그것은 자신을 보낸 아버지와 함께 하기 때문이라고 말한다. 비록 우회적인 방식이지만 위의 두 구절은 대리인을 통해서 심판하는 심판자 하나님의 상에 부합한다.

8장 50절은 위의 두 구절 외에 유일하게 하나님이 심판자로 등장하는 구절로 제시될 수 있다. 예수는 자신이 자신의 영광을 구하지 않는다고 하면서 "구하고 심판하는 자는 있다."(ἔστιν ὁ ζητῶν καὶ κρίνων)고 말한다. 'ὁ ζητῶν' 뒤에는 54절과의 병행을 고려할 때 '예수의 영광'이 생략된 목적어로 올 수 있다. 구문론적으로는 'κρίνων'의 목적어 역시 '예수의 영광'이 되어야 하나 그렇게 되면 그 뜻이 명확하지 않다.[28] 그러나 분명한 점은 예수의 영광을 구하는 하나님이 심판자가 된다는 것이다.

요한복음에서 하나님이 심판자로 등장하는 본문은 우회적이라는 특징 외에도 예수가 자신이 행하는 심판을 정당화하는 혹은 변증하는 맥락을 형성한다는 독특성이 있다. 다시 말해 예수는 심판을 행하기는 하지만 그는 자신의 뜻대로 심판하지 않는다. 다만 예수는 아버지에게 들은 대로(καθὼς ἀκούω), 자신을 보낸 아버지의 뜻대로(ὁ θέλημα τοῦ πέμψαντός με) 심판할 뿐이다. 이러한 말은 마치 심판의 권한은 물론 책임, 그리고 심판하려는 의지 역시 자신의 것이 아님을 암시하는 듯하다. 그렇다면 요한의 예수는 심판

슨은 '아버지' 상이 주로 '생명'과 연결되어 있음을 밝힌다.

28) 번역본에 따라 어떻게 번역되는가에 대해서는 Barclay M. Newman and Eugene A. Nida, *A Handbook on The Gospel of John* (New York: United Bible Societies, 1980), 291을 보라. 뉴만과 나이다에 따르면 그곳에서 '심판'은 하나님이 예수의 영광을 구하지 않는 자들이 잘못되었다는 것을 심판한다는 내용이다.

에 관련하여 어떤 견해를 보여주는가를 살피는 것이 중요하다.

IV. 요한복음의 예수와 심판

요한복음에는 하나님이 심판자로, 또 동시에 심판을 내켜하지 않는 구원자로 등장한다. 두 하나님 상 사이의 긴장은 요한의 예수 상에서도 반복된다. 심판자 하나님이 암시되었던 8장 15절에서 예수는 다음과 같이 말한다. "너희들[바리새인들]은 육을 따라 심판한다. 그러나 나는 아무도 심판하지 않는다(ἐγὼ οὐ κρίνω οὐδένα)."

8장 15 하반절의 문장은 5장 22 상반절의 "아버지는 아무도 심판하지 않는다(ὁ πατὴρ κρίνει οὐδένα)."와 병행한다. 동시에 이 선언은 "[아버지는] 다만 모든 심판을 아들에게 넘겼다."는 5장 22 하반절의 선언과는 긴장 관계에 있다. 5장 22 하반절과 8장 15 하반절을 엮어 읽으면 아버지에게 모든 심판권을 받은 아들은 아무도 심판하지 않는 셈이 된다.

브라운은 심판에 관해 5장 22절과 긴장 관계에 있는 8장 15절을 설명하면서, "나는 아무도 심판하지 않는다."는 예수의 말은 예수 자신이 마지막 때에 오기로 기대된 묵시문학적 심판자와 같지 않음을 의도한 것이라고 주석한다.[29] 그러나 브라운의 해설은 거기서 그친다. 요한의 예수가 전통적인 묵시문학적 심판자 상과 어느 면에서 같고, 어느 면에서 다른지는 구체적으로 명시하지 않는다. 또 "나는 아무도 심판하지 않는다."라는 표현이 어떤 근거에서 예수가 자신은 묵시문학적 심판자와 같지 않다는 점을 의도한 것인지도 불분명하다.[30] 8장 15절의 전후 문맥에는 묵시문학적 혹은 종말론적

29) R. E. Brown, *The Gospel according to John*, 1:345.

30) 물론 요한복음의 특정 본문은 공관복음과는 달리 묵시문학적 심판자와 예수 사이에 거리를 벌리려 하였다. 공관복음의 세례 요한은 예수에게 묵시문학적 심판자의 역할을 돌렸다. 반면 요한복음에 등장하는 세례 요한의 예수에 대한 증거는 그와 사뭇 다

심판자에 관한 어떤 언급도 없기 때문이다. 그보다는 "나는 아무도 심판하지 않는다" 뒤에 바로 이어지는 16절, "그러나 만약 내가 심판한다면"(καὶ ἐὰν κρίνω δὲ ἐγώ)의 가정법을 통해 요한의 예수가 거리를 두고자 한 것이 묵시문학적 심판자 상이라기보다는 '심판' 자체라는 암시를 받는다. 혹자는 예수의 "나는 아무도 심판하지 않는다."는 선언은 예수가 바리새인들과는 달리 '육에 따라'(κατὰ τὴν σάρκα)서는 아무도 심판하지 않는다는 것을 의미한다고 주장할 지도 모른다. 그러나 이는 예수가 12장 47절에서 한 선포, 곧 "누군가 내 말을 듣지 않고 그것들을 지키지 않더라도 나는 그를 심판하지 않는다. 왜냐하면 나는 세상을 심판하러 온 것이 아니라 세상을 구원하러 왔기 때문이다."라는 선명한 선포에 의해 반박된다.

대부분의 학자들은 심판과 관련된 12장 47절에 대한 주석을 간략히 하고 48절에 대한 해설로 넘어간다. 가령 프레이(Jörg Frey)는 12장 47절을 짧게 소개하고 나서 48절에 나온 '마지막 날' 곧 심판의 날을 언급하며 요한복음에 이른바 유대적인 묵시문학적 미래종말론이 포기되지 않는다고 강조한다.[31] 그러나 12장 47절의 내용은 프레이의 주장과는 달리 묵시문학적인 미래적 종말론뿐만 아니라 심판 자체와 긴장 관계에 있다. 요한의 예수는 자신의 말을 들으려고도 지키려고도 하지 않는 사람에 대해 '나'가 강조된 형태로 "나는 그를 심판하지 않는다."(ἐγὼ οὐ κρίνω αὐτόν)라고 선언한다. 그 이유는 자신이 세상을 심판하기 위해서가 아니라 세상을 구원하러 왔기 때문이라는 것이다. 이는 3장 17절에서 하나님이 자신의 아들을 세상에 보낸

르다. David J. MacLeod, "The Witness of John the Baptist to the Word: John 1:6-9," *Bibliotheca Sacra* 160(639, 2003), 305-320. 또 Dirk G. Van der Merwe, "The Historical and Theological Significance of John the Baptist as He is Portrayed in John 1," *Neotestamentica* 33(2, 1999), 267-292. 세례 요한이 요한복음에서 예수에게 돌렸던 여러 칭호들도 생각해 보라. 한편, 1:34에 나온 예수의 칭호에 관한 본문비평적 논의를 위해서는 Tze-Ming Quek, "A Text-critical Study of John 1:34," *New Testament Studies* 55(1, 2009), 22-34.

31) Jörg Frey, "Eschatology in the Johannine Circle," 75.

이유와 동일하다.[32] 3장 17절 이후의 문맥이 하나님을 마지막 날의 심판자로 믿는 통상적 관념에 대한 유보였듯이[33] 12장 47절 역시 예수를 심판자로 간주하는 것에 대한 거리두기로 볼 수 있다.

예수를 심판자로 생각하는 이들은 예수의 말을 듣지도 않고 지키지도 않는 사람들 가운데 아무도 심판하지 않는다는 예수의 선언을 납득하기 어려울 것이다. 미래적 종말론을 지지해 주는 구절로 채택되던 48절에서도 심판하는 행위와 거리를 두려는 예수의 의도가 드러난다. 프레이의 주장대로 48절은 '마지막 날'과 그때 있을 심판을 언급한다는 점에서 미래적 종말론의 주요한 주제를 담고 있다. 그러나 예수는 마지막 날에 자신이 심판자가 된다고 하지 않는다. 대신 예수를 거부한 이들은 그들 자신이 심판자를 갖고 있는데, 그 심판자는 바로 예수가 한 '말'(ὁ λόγος)이다. 이와 같이 예수는 자신과 '말' 사이를 구분하여 스스로 심판자로 자처하지 않는다. 나아가 예수는 자신이 한 그 말, 곧 심판하는 그 말은 자신의 말이 아니라 아버지의 말씀을 대언한 것뿐이라고 밝힌다(12:50). 요한의 예수는 자신이 아니라 자신의 말이 심판자의 역할을 담당할 것인데, 그 말은 바로 아버지의 말이라고 에둘러 하나님을 심판자로 지칭한다. 반면 자신은 적극적인 심판자의 역할을 담당하려 하지 않는다.

다른 한 편, 요한복음에는 예수가 심판을 행한다는 구절도 존재한다. 네이레이(Jerome H. Neyrey)는 8장 26절에서 예수가 유대인을 향해 "나는 너희에 대하여 말하고 심판할 것이 많이 있다."고 선언한 데에 주목한다. 네이레이는 이 구절의 전후 문맥에 '심판자 예수 상'이 뚜렷하다고 주장하였다.[34]

---

32) 3:17의 "ἵνα κρίνῃ τὸν κόσμον, ἀλλ' ἵνα σωθῇ ὁ κόσμος δι' αὐτοῦ."와 12:47의 "ἵνα κρίνω τὸν κόσμον, ἀλλ' ἵνα σώσω τὸν κόσμον"은 내용상, 또 구문론상 병행한다.

33) 이 장의 "III. 요한복음의 하나님과 심판"을 참조하라.

34) Jerome H. Neyrey, "Jesus the Judge: Forensic Process in John 8:21-59," *Biblica* 68(1987), 509-541. 네이레이는 8:15의 '나는 아무도 심판하지 않는다'를 7:32, 45-52에서 특정한 유대인들이 행한 심판 행위의 빛에서 해석한다. 곧 예수는 그 단락에서

그는 그레코-로만 시대의 법정 절차를 소개하면서 요한복음 8장 21-59절이 법정적 이미지를 띤다고 분석한다. 특별히 8장 26절에서 예수는 단지 원고가 아니라 심판자로 나타난다고 주장한다. 그에 따르면 심판자 예수 상은 두 가지 기능을 담당한다. 첫째 선한 사람과 악한 사람을 구분하는 기능을 한다. 구체적으로 전후 문맥에서 심판자 예수는 참 제자와 거짓 제자, 아브라함의 참 후손과 거짓 후손, 하나님의 백성과 사탄의 가족을 갈라 공동체의 경계를 설정한다. 둘째, 심판자 예수 상을 통해 요한공동체는 '세상'을 향한 선교의 실패와 세상의 냉혹한 거절에 대해 예수와 같이 '심판'의 태도를 취함으로써 그 단절을 정당화 한다. 이는 요한공동체가 겪고 있었던 적대적 환경을 반영한다.

9장 39절은 8장 26절에 나타난 심판자 예수 상을 더욱 강화한다. 그곳에서 예수는 12장 47절과는 완전히 다르게, 또 3장 17절과도 모순되게 자신이 세상에 온 목적이 세상을 심판하기 위해서라고 천명한다. "나는 심판하기 위해 이 세상에 왔다(εἰς κρίμα ἐγὼ εἰς τὸν κόσμον τοῦτον ἦλθον)."

슈나켄부르크는 9장 39절이 구원을 강조한 다른 구절들(3:17; 8:15; 12:42)과 모순되지 않는다고 주장한다.[35] 그에 따르면 9장 39절은 3장 18-21절의 논지를 부분적으로 반복한 것으로서 세상에 온 예수에게 제대로 응답하지 못한 사람들의 운명을 말할 뿐이다.[36] 그러나 이는 설득력이 떨어지는 설명이다. 먼저 예수가 적극적으로 심판하기보다는 예수에 대한 태도

확인되듯 다른 이들에게 심판을 당했지 다른 이들을 심판한 일은 없다는 것이다. 다시 말해 네이레이는 아무도 심판하지 않는다는 예수의 말을 이전 문맥에서 이해할 뿐 요한복음의 심판에 대한 일정한 사상과 관련이 없다고 주장한다. 그러나 이런 주장은 심판에 관한 주제를 이어받는 이후 구절들을 무시할 때에만 성립 가능하다. 다른 한 편 그는 8:15, 26 사이의 긴장이 요한이 전해 받은 다른 전승층에서 왔을 가능성도 타진한다.

35) R. Schnackenburg, *The Gospel of according to St. John*, 2:255.

36) 브라운도 유사한 견해를 갖고 있다. R. E. Brown, *The Gospel according to John*, 1:345.

에 따라 운명이 결정된다는 3장 18-21절을 위시한 구절들은, 예수를 받아들인 이들은 생명을 얻고 반대로 받아들이지 않은 이들은 죽음/어둠 가운데 그대로 남아 있게 된다고 말한다. 그러나 9장 39절의 'ἵνα'절은 보지 못하는 이들은 보게 하고, 보는 이들은 보지 못하게 하려 한다는 운명의 역전을 선고한다. 이는 공관복음에서 접할 수 있는 이른바 '역전'(逆轉)의 주제이고, 그것은 적극적인 심판 행위에 속한다.[37] 9장 39절의 문체 역시 심판자 예수 상을 지지하기에 부족함이 없다. 강조된 형태로 사용된 '나'(ἐγώ), 12장 47절 등에서 독특하게 사용되었던 'ἦλθον'의 등장, '심판하기 위해'(εἰς κρίμα)라는 어구를 문장 맨 앞에 두는 강조의 형태, 심판의 대상이 되는 세상을 적시하기 위해 사용된 '이'(τοῦτον) 등은 심판자 예수 상을 뚜렷이 부각시킨다. 나아가 예수가 자신이 세상에 온 목적을 설명하기 전에 치유를 받은 사람에게 "네가 인자[38]를 믿느냐?"라고 물으면서 자신을 '인자'로 밝힌 구절을 주목해 볼 수 있다. 요한복음 5장 27절은 '인자'와 심판을 관련짓기 때문이다. "그[하나님]는 그[예수]에게 심판하는 권한을 주었다. 왜냐하면 그[예수]는 인자이기 때문이다"(5:27).

몰로니(F. J. Moloney)는 요한이 공관복음의 인자 전승을 어떻게 수정했는지에 관해 연구했다. 그에 따르면 요한은 유대적인 전통적 메시아 상을 부분적으로 수정하고, 십자가에서 고난을 당하는 예수의 인간적 면모를 부각하며, 동시대 혼합 종교에 익숙한 이들에게 호소력을 갖도록 인자 전승을

37) 예를 들어 Mark Allan Powell, "Matthew's Beatitudes: Reversals and Rewards of the Kingdom," *Catholic Biblical Quarterly* 58(3, 1996), 460-479; Gosbert Byamungu, "Grace as Subversive Surprise: a Reading of Psalm 130 and Luke 19:1-10," *Ecumenical Review* 56(3, 2004), 334-341을 보라.

38) 몇몇 고대 사본(A L Θ Ψ 070 0250 등)은 '사람'(ἀνθρώπου)의 아들 대신 '하나님'(θεου)의 아들로 읽는다. 그러나 사본상의 증거는 '사람'의 아들을 강력하게 지지한다. 만약 '하나님'의 아들이 원래 읽기였다면 필사자가 그것을 '사람'의 아들로 바꿀 이유가 없다는 것이 대체적인 견해이다. Barclay M. Newman and Eugene A. Nida, *A Handbook on The Gospel of John*, 317.

편집하여 사용했다.[39] 슈나켄부르크 또한 몰로니의 견해에 동의하며 인자 전승의 기원이 공관복음의 인자 전승과, 이른바 하늘에서 내려와 다시 하늘로 올라가는 구원자 신화의 이중 기원을 갖고 있다고 주장한다. 슈나켄부르크는 요한이 그것들을 그대로 수용하기보다는 수정했는데, 특별히 '오는 인자'에 관한 공관복음의 말씀들은 요한 특유의 실현된 종말론으로 변형되었다고 논증한다(1:51; 3:14-15; 5:7; 8:28; 12:33-34).[40] 그러나 슈나켄부르크가 열거한 구절에 포함시킬 수 없었던 5장 27절은 '오는 인자' 곧 심판의 전권을 지닌 묵시문학적 인자상,[41] 그리고 그것을 이어받아 공관복음이 제시한 인자상을 보여준다.[42] 마가복음의 인자 예수는 땅에서 행하는 죄의 용서(2:10)와 안식일 위반에 구애받지 않을(2:28) 권세가 있다고 선언한다. 누가복음은 인자 예수가 그의 '날'을 맞을 것이며 그 날에 인자는 번개와 유비된다(눅 11:30; 17:24, 26, 28). 이처럼 묵시문학적 인자 개념, 다시 말해 심판의 전권을 가지고 세상을 심판하는 인자는 공관복음의 예수에 의해 확인된다(마 8:38; 막 13:26; 14:62; 눅 12:8 등).[43] 5장 27절은 예수에게 위임된 심판의 권세가 그가 '인자'이기 때문이라고 밝힘으로써 공관복음의 인자 전승과 유사성을 보여준다.

---

39) F. J. Moloney, "The Johannine Son of Man," *Biblical Theology Bulletin* 6(1976), 177-189. 몰로니는 자신이 제안한 근본 견해를 30여 년 후에도 유지한다. F. J. Moloney, "The Johannine Son of Man Revisited," in *Theology and Christology in the Fourth Gospel*, 47-82.

40) 루돌프 슈나켄부르크, 『복음서의 예수 그리스도』, 김병학 옮김 (왜관: 분도출판사, 2009[R. Schnackenburg, *Jesus Christus Im Spiegel der vier Evangelien*, Freiburg: Verlag Herder GmbH & Co. KG, 1998]), 438-439.

41) 인자 문제를 다룬 연구서로는 Maurice Casey, *The Solution to the 'Son of Man' Problem* (London: Continuum, 2007)을 참조하라.

42) 신약성서의 묵시문학적 인자 전승은 다니엘서와 관련 있다. 이에 대해서는 Michael B. Shepherd, "Daniel 7:13 and the New Testament Son of Man," *Westminster Theological Journal* 68(1, 2006), 99-111.

43) Edward Adams, "The Coming of the Son of Man in Mark's Gospel," *Tyndale Bulletin* 56(2, 2005), 39-61.

요한복음에는 심판과 거리를 두려는 예수 상과 심판자 예수 상이 공존한다. 한 편으로 요한의 예수는 자신이 심판이 아니라 구원을 위해 왔기 때문에 어떤 심판도 행하지 않을 것이라 선언하고, 심판을 하더라도 그것은 자신이 아니라 아버지의 뜻을 따른 것이라고 밝힌다. 다른 한 편 예수는 자신이 세상에 온 목적이 심판을 위한 것이며, 인자인 자신이 심판의 전권을 가지고 심판할 것이 많다고 천명한다. 하나님 상과 마찬가지로 심판과 관련하여 긴장 관계에 있는 두 예수 상이 함의하는 바는 무엇인가?

V. 심판과 요한공동체의 정황

위에서 살펴본 것처럼 요한복음의 심판 사상은 일관되게 나타나지 않는다. 하나님과 예수는 한 편으로는 상대방에게 심판권 혹은 심판 행위를 양보 혹은 양도하며 스스로는 심판하려 하지 않고, 다른 한 편으로는 자신이 적극적으로 심판한다. 서로에게 심판을 양보/양도하려는 태도는 형식적으로 하나님과 예수가 서로에게 영광을 돌리고, 사랑을 주고받으며 서로 안에 거하는 것과 유사하다. 그러나 영광이나 사랑, 그리고 상호 거주가 요한복음에서 존중 받는 가치[44]인 반면 특정 본문에서 심판은 적극적인 수행의 대상이 아닌 것으로 드러난다.

심판과 관련하여 긴장 관계에 있는 이러한 상이한 두 가지 상이 요한복음 내에 존재하게 된 이유에 관해서는 여러 설명이 제안될 수 있다. 요한 기자를 보수적인 전승 수집가로 보고 요한이 모순되는 전승을 그대로 기록했

44) Joong Suk Suh, *The Glory in the Gospel of John: Restoration of Forfeited Prestige* (Oxford, Ohio: M. P. Pub., 1995); Ronald A. Piper, "Glory, Honor and Patronage in the Fourth Gospel: Understanding the *Doxa* Given to Disciples in John 17," in *Social Scientific Models for Interpreting the Bible: Essays by the Context Group in Honor of Bruce J. Malina*, edited by John J. Pilch (Leiden: Brill, 2001), 281-309.

을 것이라 추정할 수 있다. 그러나 이러한 추정은 요한이 자신에게 전해진 전승을 정교하게 편집한 다른 본문을 보면 설득력이 크지 않다.[45)]

심판에 관하여 요한을 전승의 편집가로 설정해도 이해가 쉽지는 않다. 만약 요한이 철저히 편집을 했다면 긴장 관계에 있는 하나님과 예수의 두 상 중 한 쪽을 택하고 다른 쪽은 삭제하거나 약화시켜 통일성을 강화했을 것이다. 적절한 설명은 요한을 공동체의 대변인으로 간주하는 것이다. 공동체의 대변인은 공동체의 지도자적 인물로 공동체 전체의 방향 설정에 참여하지만 자신의 의견보다는 공동체 내부의 존재하는 그룹의 견해를 반영한다.[46)] 이러한 사회학적 전망은 심판에 관하여 하나님과 예수에 대해 모순되는 두 진술 배후에 갈등하는 두 그룹을 상정하게 한다.

요한공동체 내의 한 그룹은 전통적인 유대교의 묵시문학적 심판자상과 하나님 및 예수를 떨어뜨려 놓으려 한다. 그들은 하나님과 예수가 모두 심판자라는 점을 흔쾌히 수용하려 하지 않는다. 유대적 묵시문학의 종말론을 일정 부분 거절한다는 의미에서 이들을 '비묵시문학적 종말론 그룹'이라고 명명할 수 있다.

요한공동체가 공관복음을 알고 있었고, 그것을 기본으로 하여 전개된

---

45) 가령 네 복음서에 공통으로 있는 오병이어 이야기에 대한 요한의 편집을 보라. Stephen W. Need, "Jesus the Bread of God: the Eucharist as Metaphor in John 6," *Theology* 105(825, 2002), 194-200.

46) 이러한 사회학적 전망에 대해서는 Joong Suk Suh, *The Glory in the Gospel of John*, 141-177, 특별히 163-175를 보라. 또 Gerd Theissen, *Gospel Writing and Church Politics - A Socio-rhetorical Approach* (Hong Kong: CUHK, 2001), 1-7. 리차드 보캄(Richard Bauckham)은 복음서 배후에 특정한 공동체를 가정하지 않는다. 그에 따르면 복음서 기자는 특정 공동체를 위하여 복음서를 기록했기보다는 좀더 광범위한 기독교인 독자층을 염두에 두었다. 이러한 견해에 따르면 '요한공동체'는 단지 학자들의 가공물일 뿐이다. R. Bauckham, ed., *The Gospels for All Christians: Rethinking the Gospel Audiences* (Grand Rapids: Eerdmans, T. & T. Clark, 1998). David C. Sim, "The Gospels for All Christians? A Response to Richard Bauckham," *Journal for the Study of the New Testament* 84(2001), 3-27은 보캄의 이론을 설득력 있게 반박한다.

공동체라는 대체적인 학문적 합의를 받아들인다면 '비묵시문학적 종말론 그룹'은 요한복음 내에서 전통적 묵시문학적 요소와 어긋난 진술들의 근원지로 지목될 수 있다. 그들은 심판과 관련하여 공관복음의 묵시문학적 종말론과 다르게 요한복음이 보여주는 종말론적 독특성 배후에 놓여 있는 그룹으로 추정할 수 있다. 곧 '비묵시문학적 종말론 그룹'은 공관복음이나 바울 서신에서 관찰되는 묵시문학적 종말론의 핵심적 구성 요소인 마지막 심판의 날에 벌어질 대심판을 상정하지 않는다. 그들에게 심판은 '이미' 벌어진 일이다. 그 심판도 심판자가 따로 있어 그가 적극적으로 심판한다기보다는 빛과 생명을 거부한 사람 스스로가 자초한 것으로 설명된다. 심판의 내용도 빛으로 나아오지 않고 어둠 가운데 남아 있는 것이다. 이 그룹은 종말의 날에 대심판을 수행할 인자의 재림도 생각하지 않는다. 예수는 다시 그의 제자들에게 오나 심판자가 아니라 그가 보낼 '다른 보혜사'를 통하여 현존한다(13-16장).[47] 구원도 현재적인 일이다. '영원'한 생명이 '지금 여기'에서 실현된다. 예수를 살아서 믿는 자는 영원히 죽지 않는다(11:25-26; cf. 5:25). 그들은 마태공동체(마 19:28)나 바울(고전 6:2)처럼 예수를 따르는 이들이 장래에 심판자가 될 것이라고도 말하지 않는다.

한편, '비묵시문학적 종말론 그룹'과 맞서고 있는 다른 한 그룹은 공관복음에서 찾아볼 수 있는 묵시문학적 종말론의 최종적 심판자 상을 하나님과 예수에게 여전히 적용하려 한다. 통상적인 유대적 묵시문학과 사상적 유사성을 갖는다는 측면에서 이들을 '묵시문학적 종말론 그룹'이라고 부를 수 있다. 이들은 여전히 미래에 있을 심판의 날을 믿으며 심판의 전권을 위임받은 인자의 도래를 기대한다. 인자는 사람들의 운명을 극적으로 역전시킬 것이다.

47) 이 책의 '예수의 부활'을 참조하라. 공관복음에서 성령은 심판과 연관되었으나 그 구절들이 요한복음에는 나오지 않는다. 그러나 예수는 자신을 대신하여 오는 (혹은 자기 자신) 성령이 일정한 심판을 행한다고 밝힌다(16:8, 11). 이는 심판과 관련하여 하나님과 예수뿐 아니라 성령의 역할도 논란 중에 있었음을 보여준다.

요한공동체 내에 '묵시문학적 종말론 그룹'과 '비묵시문학적 종말론 그룹'이 유입되거나 생겨난 선후 관계를 정확하게 정리한다는 것은 어렵다.[48] 그러나 요한공동체 내에 존재했던 다양한 그룹들이[49] '심판'과 관련하여 대립하는 두 진영으로 나뉘어졌다는 것은 분명히 드러난다. 요한공동체를 전통적 유대주의에 근접한 그룹과 그렇지 않은 그룹을 구분하는 이 글의 논지는, 요한공동체가 근본적으로 '소박한 크리스천' 그룹과 '영적인 크리스천' 그룹으로 나뉘었다는 타이센(Gerd Theissen)의 이론과 근사성을 띤다.[50]

타이센은 요한공동체 내에 존재하는 다양한 그룹에 대한 브라운의 재구성을 부분적으로 동의한다.[51] 그러나 타이센에 따르면 근본적으로 요한공동체의 내부 역동은 공관복음의 신앙 이해에 머무는 '소박한 크리스천'과 성령에 의해 보다 진전된 신앙 이해를 가진 '영적인 크리스천' 사이의 대립과 공존 시도로 이루어진다. '소박한 크리스천'은 공관복음 전승에 비교할 만한 사도계 혹은 요한복음의 베드로가 대변하는 신앙을 소유한 이들로 나타난다. 다른 한 편 영적인 크리스천은 하나님의 성육신으로서 예수에 대해 더 깊은 이해를 발전시킨 이들이다. 타이센은 심판 주제를 언급하지 않았지만 '비묵시문학적 종말론 그룹'은 '영적인 크리스천 그룹'과 유사하고, '묵시문학적 종말론 그룹'은 '소박한 크리스천 그룹'과 각각 사상적 친화성을 갖는다고 할 수 있다.[52]

---

48) 통상적으로 비묵시문학적 종말론은 예수의 재림 지연과 그에 따른 좌절과 종말론의 수정, 이후 종말론의 영화(靈化) 현상으로 간주된다. 그러나 로빈슨(J. A. T. Robinson)은 남부 팔레스타인과 관련된 초기 전승을 받았던 요한에게는 비묵시문학적 종말론이 더 원초적인 것이라고 주장한다. 이 견해를 받아들이면 '묵시문학적 종말론 그룹'이 '비묵시문학적 종말론 그룹'보다 더 늦게 요한공동체에 유입된 것이다. J. A. T. Robinson, *Jesus and His Coming* (Philadelphia: Westminster Press 1979), 163-164.

49) 요한공동체를 구성하는 다양한 그룹에 관해서는 R. E. Brown, *The Community of the Beloved Disciple* (New York: Paulist Press, 1979)를 보라.

50) Gerd Theissen, *Gospel Writing and Church Politics*, 146-154.

51) R. E. Brown, *The Community of the Beloved Disciple*를 보라.

심판에 관하여 두 그룹 사이에 존재했던 팽팽한 긴장은 요한공동체의 결속력을 약화할 수 있다. 그러나 요한공동체가 와해되지 않은 이유 중에 하나는 공동체와 외부 사이에 높은 경계를 설정하고, 이러한 경계 설정으로부터 공동체의 결속을 도모했기 때문이다. 요한복음의 심판 관련 본문은 요한공동체 내부의 갈등을 보여주는 한 편 요한공동체와 외부 사이의 경계를 설정하는 기능 또한 담당했다.[53] 요한은 자신의 공동체를 향한 외부인 세상, 그중에서도 특별히 '유대인'[54]의 심판이 정당하지도 않고, 실효성도 없다고 규정한다.

안식일에 치유한 것을 두고 분개하며 정죄하는 유대인들을 향해 예수는 "겉모양으로(κατ' ὄψιν) 심판하지 말고, 의로운 심판을 행하라."(7:24)고 반격한다. 또 바리새인들을 향해서 "너희는 육을 따라(κατὰ τὴν σάρκα) 심판한다."(8:15)고 비판한다. 요한복음에서 유대인, 그리고 바리새인의 심판 행위를 비판하면서 예수가 사용했던 '겉모양으로', '육을 따라' 등의 어구는 '유대인의 율법과 일치하지 않는'을 의미한다. 이는 예수의 말이 나온 전후 문맥(7:21ff.; 8:17ff.)에서뿐만 아니라 바리새파 출신의 니고데도가 '대제사장들과 바리새파 사람들'의 심판이 '율법에 어긋난'(7:51) 것임을 지적하는

52) '비묵시문학적 종말론 그룹' 또는 '영적인 크리스천 그룹'은 브라운의 재구성에서는 "요한계 크리스천"(the Johannine Christians)으로 명명된다.

53) 요한공동체와 다른 기독교 공동체(회당 내에 있는 기독교적 유대인들, 유대교적 크리스천, 사도계 크리스천) 및 비신자들(세상, 유대인, 세례 요한의 제자들) 사이의 관계에 관한 연구로는 H. Hendrickx, "The Johannine Community," *Theology* 12(1990), 167–180을 보라. 요한공동체의 외부 경계 설정은 이 글의 주제를 넘어서는 것이기에 이곳에서는 '유대인'과 '심판'에 관련된 본문을 다룬다.

54) 요한복음의 '유대인'은 뜨겁게 논쟁되는 주제이다. 개괄적 이해를 위해서는 R. Alan Culpepper, "The Gospel of John and the Jews," *Review & Expositor* 84(2, 1987), 273–288을 보라. 한편 요한복음에 나타난 '유대인'의 부정적 이미지가 요한복음의 반유대주의를 보여주는가의 여부를 논하는 Patrick Chatelion Counet, "No Anti-Judaism in the Fourth Gospel: A Deconstruction of Readings of John 8," in *One text, A Thousand Methods*, ed. Sjef Van Tilborg and Ulrich Berges, and Patrick Chatelion Counet (Leiden: Brill, 2005), 197–225도 유용하다.

장면에서도 확인된다. 이것은 '유대인'의 예수 심판, 요한공동체의 현실에서는 회당을 중심으로 하는 지역 유대인 공동체의 요한공동체 심판이 정당하지 않다는 선언이다.

요한은 '유대인'의 심판의 정당성뿐만 아니라 구속력에 대해서도 야유한다. 유대인들이 예수를 잡아 빌라도 앞에 끌고 갔을 때 빌라도는 "너희의 율법에 따라" 심판하라고 말한다. 그러나 유대인들은 "우리들은 사람을 죽일 권한이 없다."고 대답한다(18:31). 이것은 심판의 정당성을 문제 삼는다기보다는 율법이 명한 사형을 실행할 수 없는 '유대인'의 처지를 비아냥거린 것이라 할 수 있다. 심판의 정당성을 비판한 것이 유대인 사이에 발생할 수 있는 사안이라면, 심판의 실효성을 문제 삼은 것은 유대인 사이에서도, 또 비유대인이 '유대인'을 향해서 제기한 것일 수 있다. 말을 보태면, 전자는 율법대로 심판하지 않는 유대인을 향한 유대인 내부의 비판일 가능성이 높다. 반면 후자는 유대인이 이방인을 힘입어 동족을 공격한다는 유대인의 비난일 가능성과 더불어 지역 유대인을 향한 요한공동체 내 이방인들의[55] 조소일 수도 있다. 이와 같이 외부에서 '유대인'이 행하는 요한공동체에 대한 평가가 잘못되었고 또한 구속력도 없다는 언명은 요한공동체와 외부와의 경계를 설정하는 데에 도움을 준다. 외부의 적대자의 부당함과 무능력을 고발하는 것은 내부의 결속력을 높이는 기능을 수행한다.

'유대인'과의 경계를 높이는 것은 좁게는 요한공동체가 속한 지역의 유대주의 공동체, 보다 넓은 차원에서는 묵시문학적인 유대교 및 묵시문학적 경향을 띠는 다른 기독교 공동체와의 이격(離隔)을 보여주는 단서이다. 묵시문학적 유대교 혹은 묵시문학적 기독교 공동체와 거리를 두도록 요한공동체의 전개 과정을 주도해 나간 그룹은 바로 '비묵시문학적 종말론 그룹'이었

---

55) 앤더슨은 요한공동체 내부에 이미 이방인이 유입되었다고 생각한다. Paul N. Anderson, "The *SITZ IM LEBEN* of the Johannine Bread of Life Discourse and It's Evolving Context," in *Critical Reading of John* 6, ed. R. Alan Culpepper (Leiden: Brill, 1997), 41.

을 것이다. 그들은 전통적인 묵시문학적 종말론에서 벗어나 있던 여러 공동체들과 사상적 유사성을 띤다. 가령 그들의 종말론은 유대주의를 경계하거나 조롱하는 일부 영지주의 문헌에 나타난 종말론과 공유점이 있다. 그중 종말과 심판이 '이미' 일어났다는 주장은 요한복음과 일부 영지주의 문헌 사이에 존재하는 현저한 유사성이다.[56]

케제만(Ernst Käsemann)은 일찍이 요한복음과 영지주의적 종말론 사이의 유사성을 밝힌 바가 있다. 그는 요한복음의 종말론이 디모데후서에 나타난 거짓 교사들의 가르침, 곧 부활이 이미 일어났다는 종말론의 잘못을 수정한 형태라고 주장한다. 케제만에 따르면 "모든 영지주의는 구원의 현재적 성격을 증거하고, 그렇게 함으로써 묵시문학으로부터 분기되어 나갔다."[57] 그러나 필(Malcolm Lee Peel)은 케제만 등이 요약한 영지주의의 종말론을 비판한다.[58] 영지주의 문헌에서도 미래에 성취될 종말의 희망이 완전히 삭제되지 않았음을 보여주는 여러 본문들이 있기 때문이다. 이러한 본문들은 심판에 관한 혼돈이 요한공동체뿐만 아니라 2세기 다른 공동체들, 특히 실현된 종말론을 발전시킨 영지주의 공동체들에서 발견될 수 있다는 점을 증명하였다.

요한복음과 일부 영지주의 문헌 사이에 존재하는 또 다른 유사성은 예수의 하나님 상이 전통적인 이스라엘의 하나님 상, 곧 심판자 하나님 상과 일치하지 않는다는 것이다. '비묵시문학적 종말론 그룹'이 묘사하는 하나님

---

56) 몇몇 학자들은 요한복음을 영지주의 문헌 목록에 포함시킨다. Willis Barnstone and Marvin Meyer, eds., *The Gnostic Bible* (Boston & London: Shambhala, 2003)은 요한복음을 『도마복음』과 함께 초기 지혜 복음서 목록에 올린다. 또 Edwin M. Yamauchi, *Pre-Christina Gnosticism* (Eugene, Oregon: Wipf and Stock Publishers, 2003)은 기독교 이전 영지주의를 근거로 요한복음을 주석하고자 한다.

57) Ernst Käsemann, *Essays on New Testament Themes*, tr. W. J. Montague (London: SCM Press, 1964), 171-172.

58) Malcolm Lee Peel, "Gnostic Eschatology and the New Testament," *Novum Testamentum* 12(2, 1970), 141-165, 인용은 143.

과 예수는 심판자임을 자처하려 하지 않는다. 이는 영지주의 문헌에서 창조자 하나님을 '질투하는 비방자'로 비판하는 것과 유사하다.[59] 영지주의 문헌에는 구약성서에 나오는 창조주 하나님의 위협과 분노, 다시 말해 "자신을 불쾌하게 하는 자에게 잔인하고 부당한 처벌을 가하는 질투의 하느님"에 대한 비판이 있다.[60] 가령 『진리복음서』에서 분노하고 심판하는 하나님은 '이스라엘의 하나님'으로 묘사되고, 이와 대조적으로 참 하나님은 '아버지'로 제시된다. 구약성서의 하나님에 대한 비판은 전통적 유대주의와의 결별을 의미한다.

요한복음은 주로 '비묵시문학적 종말론 그룹'의 입장을 대변하면서 '묵시문학적 종말론 그룹'의 입장을 부분적으로 수용하려고 노력했다. '묵시문학적 종말론 그룹'의 사상이 드러나는 단락들은 그 노력의 일환으로 볼 수 있다. 그러나 '비묵시문학적 종말론 그룹'과 '묵시문학적 종말론 그룹'은 결국 서로 결별한다. 그 두 그룹은 결별 후, 각자가 예수 전승에 대한 해석에 있어서나, 요한공동체의 정통을 계승하는 문제에 있어서 각각 자신들이 더 우위에 있다고 주장했을 것이다.

VI. 결어

요한복음은 심판과 관련하여 긴장 관계에 있는 본문들을 가지고 있다. 한 편에서는 동시대 유대교 및 공관복음의 묵시문학적 종말론에 부합하는 하나님 상 또는 예수 상이 드러난다. 그 본문들은 최종적인 심판자인 하나님

59) 정태현, "영지주의와 뉴에이지 운동," 마들렌 스코펠로, 『영지주의자들』, 이수민 편역 (왜관: 분도출판사, 2005[Madeleine Scopello, *Les Gnostiques*, Paris, Fr.: Les Editions du Cerf, 1991]), 15.

60) 스티븐 횔러, 『이것이 영지주의다』, 이재길 옮김 (서울: 샨티, 2006[Stephan A. Hoeller, *Gnosticism*, Wheaton, IL: Theosophical Publishing House, 2002]). 인용은 51.

과, 인자로서 적극적으로 심판권한을 행사하는 아들이 마지막 날에 심판을 행할 것으로 묘사한다. 반면 그와 다른 본문들은 하나님 및 예수를 심판과 거리를 두려는 구원자로 선언한다. 이러한 본문에서 심판은 마지막 날에 있기보다, 하나님과 예수를 거부하는 이들에게 현재에 이미 이루어진다.

요한복음 내의 이러한 긴장은 요한공동체 내부에 갈등하는 두 그룹, 곧 '묵시문학적 종말론 그룹'과 '비묵시문학적 종말론 그룹'을 상정하게 한다. '심판' 관련 본문은 요한공동체 내의 두 그룹 사이의 갈등을 반영하는 동시에 요한공동체와 그 공동체의 외부, 특별히 '유대인'과의 경계를 설정하는 기능을 수행하였다. 외부와의 경계가 강화되면서 공동체의 내적 긴장은 일정 기간 잠복되었다.

요한복음은 요한공동체 내의 두 그룹 중 '비묵시문학적 종말론 그룹'의 산물이다. '비묵시문학적 종말론 그룹'은 '묵시문학적 종말론 그룹'의 입장을 일정 부분 수용하려 했다. 그러나 요한공동체에 강력한 영향력을 미치던 '비묵시문학적 종말론 그룹'은 결국 '묵시문학적 종말론 그룹'과도 분리되고, 유대주의 및 묵시문학적 종말론을 받아들인 다른 기독교 공동체로부터도 점차 분리되는 길을 걷게 되었다.

제6장

하나님의 자녀

I. 서언

II. 하나님의 자녀

III. 하나님의 자녀와 하나님으로부터 난 자들

IV. 하나님의 자녀의 조건

V. 결어

제6장

하나님의 자녀

I. 서언

요한복음의 특징 중 하나는 믿는 자를 "하나님의 자녀"로 규정한다는 점이다. 이 장(章)에서는 하나님의 자녀의 개념과 요한복음에서의 그 의미를 규명한 후, 요한이 제시하고 있는 하나님의 자녀와 하나님으로부터 난 자들의 개념을 비교한다. 그 후에 요한은 하나님의 자녀가 될 수 있는 방법을 어떻게 제시하고 있는지를 밝힌다. 곧, 요한복음은 어떠한 종류의 하나님의 자녀를 일러주고 있는지의 문제와 요한이 제시한 하나님의 자녀가 되기 위한 조건은 무엇인지의 문제를 다룬다. 이를 규명하기 위해 요한복음 1장 12-13절에 나타나는 핵심적인 구(句)인 "하나님의 자녀"와 요한복음의 다른 부분에 나타난 그것과 관련된 단락에 집중하려 한다.

II. 하나님의 자녀

"영접하는 자 곧 그 이름을 믿는 자들에게는 하나님의 자녀가 되는 권세를 주셨다"(요 1:12). 요한복음에서 "하나님의 자녀"(τέκνα θεου)는 두 군데에 나온다(1:12; 11:52).[1] 바울은 "하나님의 자녀"외에도 "하나님의 아들들"(υἱοὶ θεοῦ, 롬 8:14)과 "양자"(υἱοθεσία) 개념을 더 사용한다(롬 8:15, 19, 23; 9:4). 바울과는 달리 요한은 하나님의 "아들들"의 사용을 거부하고 하나님의 "자녀"만 사용하는데, 이는 요한이 하나님의 "아들"을 하나님의 "특별한"(μονογενής) 아들, 예수에게만 적용하기 위한 것이다(1:14, 18; 3:16; 21:31).[2] 요한은 로고스를 영접하는 자와 그 이름을 믿는 자를 동일한 수준으로 설명한다. 요한복음에서 "영접하는 것"과 "믿는 것"은 의식적이고 능동적인 선택을 담고 있는 용어로서, 각기 서로를 설명하는 동의어이다.[3] "그가 자기 땅에 왔으나 자기 백성이 영접하지 아니하였다"(1:11).

마이컬스(J. Ramsey Michaels)는 11절의 영접하지 않은 그의 백성과 12절의 영접한 자들의 모순을 지적한다. 곧, 11절의 범위가 12절을 포괄하고 있기 때문이다. 여기서 그의 백성으로 번역되는 οἱ ἴδιοι는 그의 것, 그에게 속한 자들을 뜻하는데, 그들이 그(로고스)를 영접하지 않은 것은 12절에서 그를 영접하는 자들과 일견 상치되는 것처럼 보인다. 마이컬스에 따르면, 11절과 12절에서 각각 사용된 단어들, παρέλαβον과 ἔλαβον의 차이로는 이를 설명할 수 없는데, 그 둘은 근본적으로 동의어이기 때문이다. 그는 오히려 그 모순은 고의적인 것이라고 설명한다. 이는 마치 3장 32-33절에서 둘째 절이 첫째 절에 제한을 가하는 것과 같다. "그가 친히 보고 들은 것을 증언하되 그의 증언을 받는 자가 없다. 그의 증언을 받는 자는 하나님이 참되다는

---

1) 요한일서와 바울 서신에는 각각 네 번씩 나온다(요일 3:1, 2, 10; 5:2; 롬 8:16, 21; 9:8; 빌 2:15).

2) 요한은 "'특별한 아들, 하나님'이 자신의 계시를 최상의 계시가 되게 한다."는 독특한 사상을 전개한다. R. E. Brown, *The Gospel According to John*, 2 vols. (New York: Doubleday & Company Inc., 1966-1970), 1:36.

3) J. Ramsey Michaels, *The Gospel of John* (Grand Rapids, Michigan: W. B. Eerdmans Publishing Company, 2010), 67.

것을 인정한 것이다."[4] 마이컬스의 설명은 설득력이 있다. 그러나 소위 그 "모순"은 다른 항목에 대한 설명으로도 가능하다. 1장 12절에서 하나님의 자녀가 되기 위해서는 그를 먼저 영접하고, 그의 이름을 믿어야 한다는 조건은 아직은 그들이 하나님의 자녀가 아니라는 뜻이다. 아직 그들의 상태는 11절의 영접하지 않은 자들과 같다. 곧, 그 조건이 충족되지 않으면 12절에 제시되는 사람들이나 11절의 사람들은 같은 부류의 사람들이다.

12절의 목적은 "거부의 비극이 아니라, 영접의 은혜이다."[5] 그들이 믿으면, 그들에게는 하나님의 자녀가 되는 권세가 주어진다. 믿는 자들은 하나님의 자녀가 된다. 12절 끝의 "그의 이름을 믿는 자"는 어색한 부가가 아니라, 의도적인 첨부이다.[6] 이는 2절 끝에 "하나님과 함께"(πρὸς τὸν θεόν), 3절 끝에 "지어진 것"(ὃ γέγονεν), 4절 끝에 "사람들의"(τῶν ἀνθρώπων)가 의도적으로 첨부된 것과 같다.[7] 하나님이 세상을 만들었다는 의미에서는 모든 사람이 그의 자녀라 할 수 있다. 그러나 엄격한 의미에서 예수를 영접한 자, 그의 이름을 믿는 자만이 하나님의 자녀이다. 그의 "이름"은 그분 자체이다. 가령, "야곱의 하나님의 이름이 너를 지키시며"(시 20:1)에서 하나님과 하나님의 이름은 동의어로 사용된다. 마찬가지로, 요한은 예수의 이름을 믿는 것과, 예수를 믿는 것을 같은 내용으로 처리한다(6:35; 11:25-26; 12:46 등).

요한복음 1장 12절에서 "그의 이름을 믿는 자"는 어떻게 그의 이름을 믿게 되었는가? 그의 이름을 믿는 자, 혹은 그의 이름을 믿는 일은 요한복음에서 이곳 외에 두 번 더 나온다. 그런데 하나님의 이름을 믿게 된 이유를 설명하는 유일한 구절은 2장 23절이다. "많은 사람이 예수께서 나타내 보이신

---

4) 앞의 책, 68.

5) L. Morris, *The Gospel According to John*, rev. ed. (Grand Rapids, Michigan: W. B. Eerdmans Publishig Company, 1995), 87.

6) Urban C. von Wahlde, *The Gospel and Letters of John*, vol. 2 (Grand Rapids, Michigan: W. B. Eerdmans Publishing Company, 2010), 22.

7) 앞의 책, 22.

표적을 보고, 그 이름을 믿었다." 물론 3장 18절에도 그 이름을 믿는다는 표현이 나오나, 그곳에는 믿게 된 경로에 대해서는 언급하지 않는다. 믿는 자는 예수의 표적을 보고 그 이름을 믿게 되었다. 표적은 예수의 신적 정체를 드러내는 수단이다. 요한 저자는 요한복음의 기록 목적을 20장 31절에서 분명히 밝힌다. "오직 이것들을 기록함은 너희로 예수께서 하나님의 아들 그리스도이심을 믿게 하고, 그 이름을 힘입어 생명을 얻게 하기 위함이다." 그런데, 바로 그 직전 절에서 요한은 예수가 이 책에 기록되지 않은 다른 표적도 많이 행했다고 언급한다. 여하간 표적들을 기록하는 목적은 믿게 하고 생명을 얻게 하려는 것이다. "그를 믿는 자마다" 영원한 생명이 약속된다(3:15, 16). 예수를 믿는 것은 결국은 예수를 보낸 하나님을 믿는 것이다(12:44). 11장 25-26절에는 보다 강력한 혜택이 주어진다. 예수를 믿는 자는 "죽어도 살겠고, 무릇 살아서 나를 믿는 자는 영원히 죽지 아니하리라."는 것이다. 그 이유는 예수 자신이 "부활이요 생명"(11:25)이기 때문이다. 요한은 1장 12-13절을 통해 주요 관심을 변경한다. "말씀이나 빛을 '그'라는 인칭대명사(그를 혹은 그의)로 처리하여 배경 속에 잠시 물러서고… 크리스천 공동체가 무대 중앙을 차지한다."[8] 영생을 소유한 믿는 자들은 신적 상태를 유지한다.

하나님의 자녀로서의 믿는 자는 예수가 하는 일도 할 뿐 아니라, "그보다 큰일도 할 것"으로 예고된다(14:2). 요한복음에서 예수는 자신의 기적들에 대해 "표적들"이라는 용어를 사용하지 않는다. 요한이 본 예수는 자신의 기적들을 "일들"로 명명한다. 이 점이 요한의 사상적 특징 중 하나이다. 왜냐하면 공관복음의 경우, "일들"은 예수의 기적을 묘사하기 위해서는 오직 두 번만 사용되기 때문이다(마 11:2; 눅 24:19). 요한복음에서 예수가 자신의 기적을 "일들"로 명명한 이유는 구약에서 하나님이 기적들을 행할 때, 그것들을 자신의 일들로 명명한 데서 찾을 수 있다. 하나님이 자기 백성들을

8) J. Ramsey Michaels, *The Gospel of John*, 74.

위해서 성취한 내용들 곧 창조나 출애굽 사건들은 하나님에 의해 자신의 일들로 명명된다. 요한이 본 예수는 자신의 선교 사업을 아버지의 창조 사업이나 구속 사업과 관련시킨다. "내 아버지께서 이제까지 일하시니 나도 일한다"(5:17). "일"은 신적 전망, 곧 하나님이나 예수가 자신의 기적을 일컬을 때 주로 사용한 용어이고 "표적"은 인간적인 전망, 곧 하나님의 기적을 다른 인물들(요한 기자 포함)이 일컬을 때 주로 사용한 용어이다.

결국, 요한이 본 예수가 사용한 "일"의 내용은 다른 인물들이 예수의 기적을 일컬을 때 사용한 "표적"과 같다. 이러한 사용법은 예수는 하나님이라는 것을 암시하기 위한 것이다. 요한의 모든 표적들은 바로 이 점을 드러내기 위한 방편이라 할 수 있다. 믿는 자가 예수가 한 일보다 더 큰 일을 하리라는 것은 믿는 자가 수행할 표적들이 상당할 것임을 예고해준다. 그러나 이것은 우선 예수가 "아버지께로 간"(14:12) 후에 가능하다. 예수가 표적들을 행함으로써 하나님의 역할을 감당했듯이, 믿는 자가 표적들을 행하면, 그들도 하나님의 역할을 수행하는 셈이라는 것을 간접적으로 암시해 준다. 믿는 자들에게 주어지는 하나님의 자녀가 되는 권세는 바로 이 표적을 행하는 권능과 관련되어 있다. 그들은 이제 표적을 행함으로 진정한 하나님의 자녀가 된다. 실제로 하나님의 말씀(로고스)을 받은 자들은 작은 "신들"(θεοὺς)로까지 격상된다(10:35).

11장 52절의 "흩어진 하나님의 자녀"도 믿는 자를 뜻한다. 가야바의 예언(11:49-52)에서 예수는 "그 민족만 위할 뿐 아니라 흩어진 하나님의 자녀를 모아 하나가 되게 하기 위하여 죽으실 것"이 예고되어 있다. "흩어진 하나님의 자녀"는 통상 흩어진 유대인, 혹은 헬라화된 유대인을 뜻하는 것으로 해석되거나,[9] 아니면 이방인을 뜻하는 것으로 해석된다.[10] 우선, "흩어진

---

9) K. Fuglseth, *Johannine Sectarianism in Perspective: A Sociological, Historical, and Comparative Analysis of Temple and Social Relationships in the Gospel of John, Philo, and Qumran* (Leiden: Brill, 2005), 312.

10) R. Schnackenburg, *The Gospel according to St. John*, 3 vols. (New York:

하나님의 자녀"는 이사야 43장 5-6절을 상기시킨다. "내가 너와 함께 하여 네 자손을 동쪽에서부터 오게 하며 서쪽에서부터 너를 모을 것이며 … 내 아들들을 먼 곳에서 이끌며, 내 딸들을 땅 끝에서 오게 하며 …." 물론 여기에 언급된 아들들과 딸들은 이스라엘 백성이다. 그러나 요한의 "흩어진 하나님의 자녀"는 이것과 다르다. 그 이유는 요한이 그 표현을 예수의 죽음과 관련시키는데, "예수의 구속적 의의는 보편적"[11]이기 때문이다. 오히려 요한은 "하나님의 자녀"라는 용어를 새롭게 규정함으로써 다른 내용이 되게 한다(1:12-13). 곧, "하나님의 자녀"는 유대인이든 이방인이든, 그들의 혈통과는 관계없이 예수를 "믿는 자들"을 뜻하고 있음이 분명히 드러난다. 이 서막에 나오는 "하나님의 자녀"가 다른 곳에 나오는 용어를 통제하는 기조가 된다. "흩어진 하나님의 자녀"는 인종적 구분 없이 도처에 흩어져 사는 모든 믿는 자들을 뜻한다. 11장 52절에서 예수는 "흩어진 하나님의 자녀"를 모아 하나가 되게 하기 위해 죽을 것으로 예고된다. 요한이 본 예수는 이 점을 직접 언급하기도 한다. "내가 땅에서 들리면 모든 사람을 내게로 이끌 것이다" (12:32). 여기서 "모든 사람"이 유대인이나, 이방인 어느 하나로 제한될 수 없음은 자명하다.

III. 하나님의 자녀와 하나님으로부터 난 자들

"이는 혈통으로나 육정으로나 사람의 뜻으로 나지 아니하고 오직 하나님으로부터 난 자들이다"(1:13). 1장 13절은 12절에 나오는 "그 이름을 믿는 자들" 또는 "하나님의 자녀"를 부연 설명한다. "이는 혈통으로나 육정으로나

Crossroad, 1982-1987), 2:350. 슈나켄부르크는 "흩어진 하나님의 자녀"는 유대인들과 이방인들 양쪽 모두이나, "특히 이방인들"이라고 주장한다.

11) H. N. Ridderbos, *The Gospel According to John* (Grand Rapids, Michigan: W. B. Eerdmans, 1997), 410.

사람의 욕망으로 나지 아니하고 오직 하나님으로부터 난 자들이다." 하나님의 자녀는 세 번에 걸친 부정적 설명과 한번 언급되는 긍정적 표현으로 규명된다. 우선 "혈통으로부터 아니고"(οὐκ ἐξ αἱμάτων) 할 때, 그 뜻은 무엇인가? 혈통(피)에 복수가 사용되었다. 구약에서 피를 흘릴 때 복수 형태로 사용되기도 한다. 가령, "그들의 피는 영원히 요압과 그의 자손에게로 돌아갈 것이다"(왕상 2:33). 또는 "너(다윗)는 많은 피를 흘려 가며 큰 전쟁을 치렀으니, 나의 이름을 위하여 성전을 건축할 수 없다. 너는 내 앞에서 많은 피를 땅에 흘렸기 때문이다"(대상 22:8). LXX의 해당 구절들은 여기 사용된 피를 복수 형태로 번역하였다. 그러나 이러한 예는 혈통, 곧 피에 의한 출생과는 관련이 없다. 모리스(L. Morris)나 마이컬스는 1장 13절에서 피가 복수 형태로 표시된 것은 부모가 두 명이기 때문일 것으로 추정한다.[12] 이것은 가능한 추정이나, 확실하지는 않다. 실제로 여기서 피가 복수 형태로 표시되었다는 것은 중요한 논점이 아니다. 요한은 왜 혈통(피)으로부터가 아니라고 강조했는가가 문제의 핵심이다. 바로 위에서 언급한 학자들을 포함하여, 대부분의 주석서가 제시하는 혈통 거부에 대한 일반적인 대답은 지상적인 육의 출생을 거부하기 위한 것이라는 설명에 맞추어져 있다. 가령, 헨엔(E. Haenchen)에 따르면, 1장 13절은 "진정한 크리스천들은 자신들의 존재를 자연적인 출산 또는 어떠한 지상적 조건들과 같은 것에 힘입고 있지 않다."[13]는 것을 뜻한다고 주장한다. 그러나 이것은 소위 동의어의 반복이지 대답이 아니다. 곧, 그는 요한이 소위 자연적 출산을 거부하는 이유를 묻는 데까지 나아가지 못하고 있다.

요한이 혈통(피)으로부터가 아니라고 강조한 이유는 유대교 회당으로부터 출교 당한 상황과 깊은 관련이 있다. 요한공동체에 속한 믿는 자들은

12) L. Morris, *The Gospel According to John*, 89; J. Ramsey Michaels, *The Gospel of John*, 73.

13) E. Haenchen, *A Commentary on the Gospel of John*, 2 vols. (Philadelphia: Fortress Press, 1984), 1:118.

회당으로부터 '추방'당했기 때문에, 그들은 이제 유대인들이 아니었고, 그들 스스로도 "더 이상 자신들을 유대인들로 간주하지 않았다."[14] 추방당한 후 모든 것이 급격하게 달라졌다. 출교 당한 후, 그들은 자신들이 정착하여 안정을 되찾을 사회적 기반을 상실하게 되었다. 그들은 "세상에 속한 자가 아닌"(15:19) 자들이 되었다. 세상, 특별히 유대교의 세상은 요한공동체와 서로 낯설어 한다. 그들은 세상에서 환난과 미움을 당하는데(16:33), 그 이유는 예수가 그들을 세상에서 택했기 때문이다(15:19). 요한은 믿는 자들이 안주할 수 있는 대체 기반으로, 혈통 대신 "하나님으로부터"의 출생이라는 상징세계를 제공한다. 그들에게는 세상이 주는 것과는 전혀 다른 평안과 위로가 주어진다. "평안을 너희에게 끼친다. 곧 나의 평안을 너희에게 준다. 내가 너희에게 주는 것은 세상이 주는 것과 같지 않다. 너희는 마음에 근심하지도 말고 두려워하지도 말라"(14:27). 결국 예수는 세상을 이긴 분으로 묘사된다(16:33).

이러한 전략은 하나님의 자녀에 대한 다른 두 부정적인 설명에도 똑같이 적용된다. "육정으로부터 아니고"(οὐδὲ ἐκ θελήματος σαρκὸς) 또한 "사람의 뜻으로부터 아니고"(οὐδὲ ἐκ θελήματος ἀνδρὸς)라는 설명은 결국 혈통이라는 결과를 산출하게 된 과정에 대한 부연 설명이다. 사람의 뜻이라 할 때, "사람"은 1장 4, 6, 9절의 ἄνθρωπος가 아니라 남편 혹은 남자를 뜻하는 ἀνήρ가 사용되었다. 곧, 13절의 "육의 욕망"이나 "사람의 욕망"은 "일반적인 성적 욕망과 구체적으로는 남자의 욕망"[15]을 뜻한다. 이러한 욕망이나, 그 욕망의 결과로서의 피를 거부할 수밖에 없었던 사회적 정황이 바로 출교에서 오는 정체감의 상실을 반영해준다. 요한은 이 상실감에 대한 강력한 대체로 "하나님으로부터"의 출생을 제시한다. 이 출생은 육체적인 것이 아니다.

---

14) R. E. Brown, *The Community of the Beloved Disciple: The Life, Loves, and Hates of an Individual Church in New Testament Times* (New York: Paulist Press, 1979), 41.

15) R. Schnackenburg, *The Gospel according to St. John*, 1:264.

바울도 살과 피(σὰρξ καὶ αἷμα)를 거부한다. "혈과 육은 하나님 나라를 이어받을 수 없고 또한 썩는 것은 썩지 아니하는 것을 유업으로 받지 못한다"(고전 15:50). 바울이 혈과 육을 출생과 관련시키지 않았으나, 그 역시 물질적인 수준과는 다른 상징세계를 제시한다는 점에서는 요한과 사상적 근사성을 갖는다.

믿는 자들은 "하나님으로부터 난"(ἐκ θεοῦ ἐγεννήθησαν) 자들이다. "하나님으로부터 난다."는 것은 무슨 뜻인가? 요한이 본 예수는 니고데모에게 "위로부터 나는"(3:3) 것과 "물과 성령으로 나는" 것(3:5)을 말한 후, "육으로 난 것은 육이고 영으로 난 것은 영이다."라고 명료하게 선언한다(3:6). 이러한 표현들은 1장 10절에 나오는 "세상"과는 대조적인 하나님의 자녀의 신적 기원과 영적 상태를 강조한다. 하나님으로부터 나는 것은 성령으로 나는 것을 뜻한다. 육이 아니라 영을 강조하는 것도 요한공동체의 현재 상태의 특성을 반영한다. 이는 출교 후, 혈통과 욕망으로 상징되는 물질적 기반 상실에서 오는 정체감의 위기를 극복하게 하기 위함이다. 요한이 제시하는 "하나님으로부터" 난 자들은 믿는 자들에게 새로운 정체성을 부여한다. 하나님으로부터 난 자들은 영적인 사람들이다. 요한이 하나님을 "영"으로 해석하는 것(4:24)도 우연이 아니다. 믿는 자들이 하나님과 영적인 것으로 접촉점을 삼게 하기 위한 것이다.

하나님으로부터 난 자들도 육신을 지니고 있다. "하나님으로부터"라는 표현 때문에 그 육신의 출생을 동정녀 탄생의 형태로 추정할 수는 있다. 1장 13절의 말들은 "문자적으로 본다면 모든 크리스천을 위한 동정녀 탄생을 표현한다."[16] 그러나 그들을 낳아 준 동정녀나 모태에 관한 언급이 없기 때문에 동정녀 탄생 개념을 여기에 적용하는 것은 무리이다.[17] 더구나 그들이 하나님으로부터 난 자들임을 알게 된 것은 이미 혈통에 의해 태어난 시점에서

---

16) E. Haenchen, *A Commentary on the Gospel of John*, 1:118.

17) J. Ramsey Michaels, *The Gospel of John*, 73-74. 물론, 헨엔도 1:13을 문자적으로 해석하지는 않는다. 앞의 책, 118.

보면 한참 후의 일이다. 예수를 믿는 자들은 비록 그들이 하나님으로부터 난 자들이라 해도 육신을 입은 채 태어났다. 이는 마치 예수가 스스로 온 것이 아니고 "하나님으로부터"(ἐκ τοῦ θεοῦ) 왔으나(8:42), 육신을 입고 세상에 온 것과 같다(1:14). 요한은 예수가 "어떻게" 세상에 왔는가에 대해서는 관심을 두지 않는다. 1장 45절에서 빌립은 예수를 "요셉의 아들 나사렛 출신"으로 소개한다. 여기에 마태나 누가에서 볼 수 있는 소위 동정녀 탄생 개념은 찾기 어렵다. 마찬가지로 요한은 하나님으로부터 난 자들이 "어떻게" 육신을 입고 태어났는지에 대해서는 침묵한다.

"하나님의 자녀", 또는 "하나님으로부터 난" 자들이라는 명칭은 요한공동체의 자기규정들이다. 이 두 명칭은 서로 유사하다. 다만, "하나님의 자녀"는 하나님으로부터 난 결과로서 믿는 자들의 현재의 지위를 더 강조하는 반면, "하나님으로부터 난 사람들"은 믿는 자들의 신적인 기원을 더 강조한다. 그러나 두 명칭은 모두 믿는 자들을, 그 기원이나 현재의 상태에 대한 의식의 견지에서 볼 때, 신성한 사람들로 규정한다. 모든 믿는 자들은 하나님으로부터 태어났기 때문에 1장 14, 18절의 μονογενής를 "유일한"으로 번역할 수 없다.[18] "특별한"이 그 단어에 대한 적합한 번역이다. 요한공동체는 스스로를 신성한 공동체로 간주한다. 요한공동체의 믿는 자들은 예수를 믿기 전에는 자신들을 하늘이 아니라 땅으로부터 온 사람들로 이해했다. 그러나 예수를 믿고 출교를 당한 후에는 자신들을 땅이 아니라 하늘로부터 온 사람들로 회고적으로 규정했다. 요한공동체의 믿는 자들은 자신들의 기원이 하늘에 있다고 스스로를 간주하기 시작했다. 비록 지금은 땅 위에 살고 있으나, 그들은 하늘에 있는 그들의 신성한 기원(ἐκ θεοῦ)을 기억하고, 그 하늘에 근원적인 동경과 소망을 둔 채 살았다.

18) Gordon D. Kirchhevel, "The Children of God and the Glory That John 1:14 Saw," *Bulletin for Biblical Research* 6(1996), 87-93, 특히 91.

IV. 하나님의 자녀의 조건

예수를 믿는 자, 곧 그의 신적 정체를 믿는 자는 어떻게 하나님의 자녀가 되는가? 곧, 하나님의 자녀가 되는 조건은 무엇인가? 첫째, 그것은 그가 주는 권세에 달려있다. "그가 하나님의 자녀가 되는 권세를 주었다"(ἔδωκεν αὐτοῖς ἐξουσίαν τέκνα θεοῦ γενέσθαι). 여기서 "주다"(δίδωμι)는 단순히 건네는 것이 아니라, 허락한다는 뜻이다. "주다"는 것은 하나님의 은혜의 부여이다. 아버지는 아들에게 생명을 준다(5:26). 아버지는 하늘에서 떡을 준다(6:31). 요한 저자는 세례 요한의 입을 통해 이렇게도 말한다. "하늘에서 주지(허락하지) 않으면 사람이 아무 것도 받을 수 없다"(3:27). 곧, 믿는 자들에게 예수가 주는 권세는 그가 "허락하는" 권세이다. 결국, 하나님의 자녀는 저절로 되는 것이 아니라, 그가 허락하는 행위에 의존되어 있다. "권세"(ἐξουσία)는 아들이 아버지에게서 받은 모든 사람에게 영생을 주기위해 모든 사람을 다스리는 능력이다(17:2). 그 권세는 심판의 권세이기도 하다(5:27). 권세는 빌라도가 오해했듯이 자기 스스로 가질 수 있는 것이 아니라, "위로부터"(ἄνωθεν) 주어진다(19:11). 1장 12절에서 "권세"가 없었어도 그 뜻이 달라지지 않는 것은 이미 "주다"(허락하다)라는 표현만 가지고도 그 뜻이 명료하게 밝혀지기 때문이다. 다만 "권세"를 첨가한 것은 "강조의 표지"[19]이다.

하나님의 자녀가 되는 두 번째 조건은 그들이 예수를 영접하거나, 그(혹은 그의 이름)를 믿어야 한다. 그를 믿기 전에는 아직 하나님의 자녀가 아니다. 이것이 예수가 자신을 믿으라고 도처에서 명한 이유이다(4:21; 10:38; 14:1, 11). "세상의 빛"(1:9; 3:19; 9:5; 12:46)으로 묘사되는 예수는 "빛을 믿으라 그리하면 빛의 아들들(υἱοὶ φωτὸς)이 되리라."(12:36)고도 말한다.

19) R. Schnackenburg, *The Gospel according to St. John*, 1:262.

그를 믿지 아니하는 자는 “하나님의 특별한 아들의 이름을 믿지 아니하므로 벌써 심판을 받은 것이다”(3:18). 예수를 믿는 자에게는 영생이 약속된다(3:36; 5:24). 믿는 자는 영원히 죽지 아니할 것이다(11:26). 요한복음의 기록 목적 자체가 예수를 믿고, 생명을 얻게 하려는 것이다(20:31). 하나님과 예수와 신자 사이의 소위 대통합의 목적도 아버지가 예수를 보낸 것을 세상으로 믿게 하기 위한 것이다(17:22). 믿는 것의 내용은 무엇인가? 무엇을 믿어야 하는가? 요한은 결론에서 명료하게 밝힌다. 믿는 것은 다름 아닌 “예수께서 하나님의 아들 그리스도이심을”(20:31) 믿는 것이다. 이것이 믿는 자를 영생으로 이끈다. 아는 것의 내용도 같다. “영생은 곧 유일하신 참 하나님과 그가 보내신 자 예수 그리스도를 아는 것이다”(17:3). 아버지와 예수와 믿는 자들이 온전함을 이루어 하나가 되게 하려는 목적도 아버지가 예수를 보낸 것과 그를 사랑한 것을 알게 하기 위한 것이다(17:23).

1장 14절은 1장 1-13절을 확인해 준다. 곧, 요한은 14절에 “‘자기 땅에 온’ ‘참 빛’은 1절에 소개된 ‘말씀’(ὁ λόγος) 외에 다른 것이 아니라는 것을 명백하게 함으로써”[20] 그 이전 절들을 요약한다. 14절에서 예수는 하나님의 “특별한”(μονογενής) 아들로 묘사된다. 예수가 “특별한” 것은 예수와 하나님은 서로가 서로를 영화롭게 하기 때문이다(17:1). 1장 14절에서 “우리”로 대변되는 믿는 자들은 그의 “영광”을 본다. 그 영광은 은혜와 진리가 충만한 영광이다(1:14). “우리” 모두는 은혜 위에 은혜를 “그의 충만함”으로부터(ἐκ τοῦ πληρώματος αὐτοῦ) 받는다(1:16). 믿는 자들은 그가 없이는 받을 수 없다. 말을 바꾸면, 1장 12절의 조건은 14절과 16절에도 이어진다.

요한은 예수 시대의 제자들을 자신의 시대에는 믿는 자들에 대한 지표가 되게 한다. 서막에서 예수를 믿는 것의 중요성을 밝힌 것은 예수와 믿는 자들 사이의 위계를 강조하기 위한 것이다. 서막에 나오는 예수의 주도권 또는 믿는 자들의 예수에 대한 의존성의 주제는 요한복음의 남은 부분 전체에

20) J. Ramsey Michaels, *The Gospel of John*, 76.

면면히 흐르고 있다. 오그레디(J. F. O'Grady)는 서막이 요한복음의 남은 부분과는 독립된 찬양시라는 전통적인 견해를 거부한다. 서막과 남은 부분은 공통된 주제들을 끊임없이 교환한다고 설득력 있게 주장한다.[21] 실제로 세례 요한 이야기를 제외한 서막 전체가 요한그룹의 산물이다. 하나님의 "특별한" 아들로서의 예수의 신적 지위와 하나님의 자녀로서의 믿는 자들의 신적 지위에는 차이가 있다. 예수는 원래의 신분이나, 믿는 자들은 주어진 신분이다. 예수는 천상에 갈 곳이 있으나, 제자들은 예수가 예비해주어야만 거처가 마련된다. "내가 너희를 위하여 거처를 예비하러 간다. 가서 너희를 위하여 거처를 예비하면 내가 다시 와서 너희를 내게로 영접하여 나 있는 곳에 너희도 있게 하리라"(14:2-3). 예수의 거처는 하나님이 예수를 보낸 곳이다. 곧, 하나님의 품 안이다(1:18). 제자들의 거처는 예수의 거처 준비와 그의 귀환("다시 와서")에 의존되어 있다. 예수와 아버지 사이에는 매개자가 없다. 그러나 제자들은 예수의 매개를 통해야, 예수가 있는 곳, 곧 아버지의 품 안에 거처를 마련할 수 있다. 이것이 "나 있는 곳에 너희도 있게 하리라."는 말의 뜻이다. 예수는 하늘과 땅 사이의 장소의 이동이 가능하다. 그는 자신이 "하나님께로부터 왔다가 하나님께로 돌아갈 것을"(13:3) 안다. 뿐만 아니라, 그는 하늘과 땅 사이의 이동을 자유롭게 할 수 있는 유일한 분이다. "하늘에서 내려온 자 곧 인자 외에는 하늘에 올라간 자가 없다"(3:13). 예수 외에는 어느 누구도 아버지에게 직접적이고 독립적으로 올라갈 수 없다. 그러나 제자들의 하늘에로의 이동은 하늘에 올라갔던 예수가 다시 와서 그들을 이끌어 주어야 가능하다(12:32).

제자들은 심지어 예수의 친구가 될 수도 있다. 그러나 그것은 그들이 그가 명령대로 행한다는 조건이 충족되어야 가능하다(15:14). 그의 명령은 "내

---

21) J. F. O'Grady, "The Prologue and Chapter 17 of the Gospel of John," in *What We Have Heard from the Beginning: The Past, Present and Future of Johannine Studies*, ed. Tom Thatcher (Waco, Texa: Baylor Univ. Press, 2007), 215-228. 특히 218-219.

가 너희를 사랑한 것 같이 너희도 서로 사랑하라."(13:34; 15:12) 하는 것이다. 곧, 제자들이 예수의 친구로 명명되는 특권은 '서로 사랑' 명령의 준수 여부에 달려 있다. 여전히 예수에 대한 제자들의 종속이 강조된다. 요한이 서막과 남은 부분에서 이처럼 예수의 주도권과 매개, 예수에 대한 제자들의 의존을 강조한 것은 예수와 믿는 자들 간의 위계가 붕괴되는 것을 막으려는 것이다. 요한은 믿는 자들이 하나님의 자녀가 되는 조건을 강조함으로써 예수의 매개와 예수의 주도권을 부각시킨다.

V. 결어

마가복음이 주로 혹독한 제자의 길을 제시하면서 변모를 권면한다면, 요한복음은 믿는 자들의 신적 기원(하나님으로부터 난 자들)에서 연유된 신적 상태(하나님의 자녀)를 강조하면서 그 사실에 대한 앎, 곧 깨달음의 중요성을 제시한다. 요한이 믿는 자들을 혈통으로나 육정으로나 사람의 욕망으로 나지 아니한 자들이라고 강조하는 것은 출교 후, 그들의 사회적인 기반의 상실을 반영한다. 더 이상 그들의 그러한 물질적 수준을 인정해줄 사람들이 없다. 똑같은 항목으로의 대항은 이제 무의미해졌다. 요한은 자신과 자신의 동료들을 출교한 주체가 더 이상 믿는 자들에게 위협을 가할 수 없는 새로운 대체 항목을 제시한다. 그것은 믿는 자들을 하나님으로부터 난 자들로 규정하는 일이다. 믿는 자들은 하나님과 신성을 공유한다.

다만, 요한은 믿는 자들의 신적 상태는 세상에 온 로고스를 영접하고, 그의 이름을 믿어야 하는 조건이 충족되어야 가능하다는 제한을 가한다. 이는 예수 사후, 요한공동체 내에 예수 없이도 신적 상태에 이를 수 있다고 주장하는 한 그룹과 그 신적 상태는 성육신한 "특별한 아들"(1:14) 예수가 믿는 자들에게 주는 "권세"(1:12)에 의존되어 있다고 주장하는 다른 그룹의 갈등 상황을 반영하고 있다. 후자에 속한 요한은 믿는 자들에 대한 예수의 주도권을 강조하면서 전자를 설득한다. 물론 믿는 자들은 예수와 신적 상태를 공유한다. 예수는 자신이 하나님과 함께 나눈 "영광"을 믿는 자들에게 주었기(17:22) 때문이다. 예수는 그들 안에 있고, 그들은 예수 안에 있다(14:20). 그러나 요한에 따르면, 예수의 신분은 그가 원래 지녔던 것인 반면, 그들의 신적 신분은 "주어진" 것이다. 더구나 예수와 그들의 차이점은 하나님과의 관계에서 볼 때 더욱 뚜렷해진다. 예수는 하나님을 직접 본 "하나님"(1:18), 유일하게 하나님을 본 분(6:46)인 반면, 그들은 예수를 통해서만 하나님을 간접적으로 볼 수 있는 사람들이다. 믿는 자들은 "조건이 붙은" 하나님의 자녀이다. 요한이 본 예수는 이렇게 강조한다. "나를 떠나서는 너희가 아무 것도 할 수 없음이라"(15:5).

제7장

예수의 고별기도

I. 서언

II. 파이퍼의 고별기도 해석의 문제

III. 고별기도의 예수와 하나님

IV. 고별기도의 예수와 하나님과 믿는 자들

V. 결어

제7장

예수의 고별기도

I. 서언

요한복음에 나오는 예수의 고별기도(17:1-26)는 예수의 고별연설(13:31-17:26) 중 마지막 단락으로 그 연설의 절정을 이룬다. 이 장(章)은 예수의 고별기도의 특성을 다룬다. 먼저 고별기도를 문화인류학적 모델 중 후원자-중개자-수혜자 모델을 적용하여 다룬 대표적인 학자, 파이퍼(Ronald A. Piper)의 해석의 문제점을 지적한 후, 예수의 정체 규명과 예수와 하나님과의 관계를 먼저 다룬 후에, 믿는 자들과 다른 믿는 자들의 정체 규명과 그들이 예수 및 하나님에 대해 갖는 관계를 다룬다. 여기서는 고별기도에 두드러진 하나 됨의 주제를 전통적인 시각과는 다른 전망으로 해석한다. 또한 고별기도의 신학적 특징이 반영하고 있는 공동체의 정황을 추정한다.

II. 파이퍼의 고별기도 해석의 문제

파이퍼는 요한복음 17장의 고별기도를 다룬 논문에서, 요한복음 17장의 담론을 단지 신학적으로 취급하기보다는 배경에 주목하는 일이 중요하다고 전제하고, 후원자-중개자-수혜자의 모델을 적용하여 해석하였다.[1] 물론 이 모델을 공관복음 해석에 적용한 연구들은 많이 있다.[2] 그러나 파이퍼는 이 모델을 요한복음에 적용한 대표적인 학자라 할 수 있다.[3] 그는 특히 17장 22절에 집중하면서 '영광'(δόξα)을 "신적인 능력의 표현"이 아닌 고대 지중해 세계의 핵심 가치인 '명예'로 이해하도록 설득한다.[4] 곧, 수혜자가 중개자 예수를 통해 후원자 하나님과 연합한 결과로서 얻는 '명예'라는 것이다. 물론 본문의 "배경"을 중시해야 한다는 파이퍼의 전제에는 재론의 여지가 없다. 그러나 그 배경 읽기에 후원자-중개자-수혜자의 모델이 최적인지의 여부는 세밀한 점검이 필요하다.

우선 파이퍼가 집중한 17장 22절을 살펴보자. "내게 주신 영광을 내가 그들에게 주었사오니 이는 우리가 하나된 것 같이 그들도 하나가 되게 하기 위함입니다." 파이퍼는 이 본문에서 핵심은 하나님이나 예수에게 주어진 '영광'(δόξα)이 아니라, 제자들에게 주어진 영광이라고 하면서, 주고받는 영광은 영광을 보거나 다른 사람이 보도록 전시하는 것(1:14)과는 매우 다른 의

---

1) Ronald A. Piper, "Glory, Honor and Patronage in the Fourth Gospel: Understanding the *Doxa* Given to Disciples in John 17," in *Social Scientific Models for Interpreting the Bible: Essays by the Context Group in Honor of Bruce J. Malina*, ed. John J. Pilch (Leiden: Brill, 2001), 281-309.

2) B. J. Malina, "Patron and Client: The Analogy Behind Synoptic Theology," *Forum* 4(1, 1988), 2-32; H. Moxnes, "Patron-Client Relations and the New Community in Luke-Acts," in *Social World of Luke-Acts*, ed. by J. H. Neyrey (Peabody, Mass: Hendrickson Pub., 1991), 241-268; A. Kirk, "'Love Your Enemies,' the Golden Rule and Ancient Reciprocity (Luke 6:27-35)," *Journal of Biblical Literature* 122(4, 2003), 667-686; J. Marshall, *Jesus, Patrons, and Benefactors: Roman Palestine and the Gospel of Luke* (Tübingen: Mohr Siebeck, 2009).

3) 파이퍼 이후에, 이 모델을 요한복음해석에 사용한 주요 학자로는 네이레이가 있다. J. H. Neyrey, "'I am the door'(John 10:7, 9): Jesus the Broker in the Fourth Gospel," *Catholic Biblical Quarterly* 69(2, 2007), 271-291.

4) Ronald A. Piper, "Glory, Honor and Patronage in the Fourth Gospel," 282-285.

미를 지닌다고 주장한다.[5] 그러나 파이퍼의 주장과는 달리, 여기서 예수가 제자들에게 준 영광은 다름 아닌 그가 하나님에게 받은 영광이다. 곧 예수가 받은 영광이 제자들이 받은 영광을 규정한다. 하나님과 예수는 영광을 주고받음으로 서로 하나가 된다. 예수와 제자들도 영광을 주고받음으로 하나가 된다. 여기서 영광은 오히려 '신성'으로 이해되는 것이 보다 적합하다. '영광'이 단순한 '명예'가 아니라 '신성'을 뜻한다는 점은 17장 5절에서도 분명히 드러난다. 예수는 "창세 전에 아버지와 함께 가졌던 영광으로 지금도 아버지와 함께 나를 영광스럽게" 해달라고 간구한다. 아버지와 함께 가졌던 영광은 명예가 아니라 신성한 상태를 뜻한다. 하나님은 영이기 때문이다(4:24).

17장 22절에서도 예수가 하나님으로부터 받은 것은 단지 명예로 제한될 수 없다. 거기서 제자들이 예수에게서 받은 것도 마찬가지이다. 바로 예수는 자신이 받은 그 신성을 제자들에게 준다. 파이퍼는 이 본문에서 주석가들이 '영광'(δόξα)을 하나님의 위엄이 가시적인 방법으로 드러나는 것으로 해석하는 것은 매우 어려운 일이라 하면서 제자들에게 영광을 주는 목적은 특별히 어떤 것을 '드러내는 것'이 아니라고 말한다.[6] 이것은 요한 저자가 17장에서 예수와 하나님과 믿는 자들이 신성으로 하나됨을 독특한 방식으로 묘사하고 있다는 점을 간과한 것이다. 예수가 받은 영광이 드러낼 수 있는 영광이라면 제자들이 받은 영광도 드러낼 수 있는 영광이다. 이 둘은 분리될 수 없다. 심지어 예수는 제자들에게 영광을 받기까지 한다(17:10).

다음으로, 후원자-중개인-수혜자의 위계에 관한 것을 다루어 보자. 파이퍼는 17장 22절에서 일종의 "위계적인 패턴"을 발견하고, 예수는 아버지를 위한 중개인의 역할을 효과적으로 수행한다."고 주장한다.[7] 그는 후원자는 하나님으로, 중개인을 예수로, 수혜자를 제자들로 상정한다. 물론 요한복음에는 예수가 중개인의 역할을 하는 것으로 보이는 구절들이 있다. 가령,

---

5) 앞의 논문, 285.

6) 앞의 논문, 285.

7) 앞의 논문, 288.

"너희가 열매를 많이 맺으면 내 아버지께서도 영광을 받으실 것이요 너희는 내 제자가 되리라."(15:8)는 구절이나, "사람이 나를 섬기려면 나를 따르라 나 있는 곳에 나를 섬기는 자도 거기 있으리니 사람이 나를 섬기면 내 아버지께서 그를 귀히 여기시리라."(12:26)는 구절 등은 중개인으로서의 예수의 역할에 부합한다. 그러나 요한은 예수의 역할을 중개인이 아니라 후원자로 묘사하기도 한다. 가령, "나는 선한 목자라 선한 목자는 양들을 위하여 자가 목숨을 버린다."(10:11)는 구절이나, "나는 포도나무요 너희는 가지라."(15:5)는 구절 등은 후원자의 모습 바로 그것이다. 이러한 단락에서는 중개자의 모습을 찾기 어렵다.

공관복음과는 달리 요한복음에서는 예수는 하나님에 의해 보냄을 받은 하나님의 아들로 묘사되기도 하고, 하나님으로 묘사되기도 한다. "보냄을 받은 자는 보낸 자보다 크지 못하다."(13:16)고도 하고, "나와 아버지는 하나"(10:30)라고도 한다. "아버지는 내 안에 나는 아버지 안에 있다."(17:21)고도 하고, "아버지는 나보다 크심이라."(14:28)고도 한다. 이러한 묘사들은 요한의 독특한 기독론에서 연유된다. 이러한 독특성에 대한 분석과 해답 없이 일방적으로 후원자-중개인-수혜자의 모델을 적용하는 것은 무리이다. 위의 예시에서 예수는 그 모델대로 하자면, 파이퍼의 가설과는 달리, 어떤 곳에서는 중개인, 다른 곳에서는 후원자의 역할을 맡는다. 물론 파이퍼는 존슨과 단데커(T. Johnson and C. Dandeker)를 인용하면서 그 학자들이 당시의 사회관계들이 후원자와 수혜자의 양자관계인지 아니면 후원자-중개인-수혜자의 삼각관계인지를 물었다고 지적한다.[8] 그러나 그는 그 학자들에 대한 자신의 평가는 생략한 채 삼각관계에 더 치중한다. 이는 블록(A. Blok)을 인용할 때에도 그대로 드러난다. 곧 파이퍼는 촌락이나 시골에 거주하는 사람들에게 중개인은 실상 후원자의 역할을 수행하였다는 블록의 주장을 단지 보이세벤(J. Boissevain)의 주장을 빌려서 비판한다. 곧, 파이퍼

8) 앞의 논문, 289.

에 따르면, 보이세벤은 후원자들이 분배하는 일차 자원들은 중개인들이 분배하는 이차자원들과 구분했다는 것이고, 중개인들은 양 진영에 모두 발을 담그고 있다는 바로 그 이유로 양쪽 모두에게 효과적이었다는 것이다.[9] 그러나 이것은 블록에 대한 비판이 아니다. 파이퍼에 의해 설명된 블록과 보이세벤은 각기 다른 것을 말하고 있기 때문이다. 블록은 양자관계의 특정한 경우를 설명하고 있고, 보이세벤은 삼각관계의 효용성에 대해 언급할 뿐이다. 파이퍼는 중개인이 후원자를 겸하는 경우를 더 조사 한 후, 이를 요한복음에 적용했어야 하지 않았을까? 곧 파이퍼가 적용한 것은 후원자와 수혜자의 양자 관계라기보다는, 주로 그 중간에 중개인이 포함된 삼각관계라 할 수 있다. 물론 파이퍼는 "수혜자의 시각에서 보면 중개인은 어떤 의미에서 후원자이기도 하다."[10]고 한발 뺀다. 그러나 파이퍼가 예수의 역할을 중개인보다 후원자에게 더 적합하다고 언급한 것은 오직 10장의 목자의 역할로 제한된다.

파이퍼와는 달리, 요한복음에는 예수의 역할을 중개인으로 제한할 수 없는 분위기가 팽배하다. 요한이 본 예수는 "나는 생명의 떡이다. 내게 오는 자는 결코 주리지 않을 것이다."(6:35)라고 선언한다. 예수는 자신을 믿는 자에게는 "그 배에서 생수의 강이 흘러나오리라."(7:38)고도 한다. 목마른 자는 다 자신에게로 와서 마시라는 것이다(8:37). 또한 예수는 이렇게 말한다. "하늘에서 내려온 인자 외에 하늘로 올라간 자가 없다."(3:13)는 구절이나 "나는 문이다. 누구든지 나로 말미암아 들어가면 구원을 받는다."(10:9)는 구절, 또는 "나는 세상의 빛이다. 나를 따르는 자는 어둠에 다니지 아니하고 생명의 빛을 얻으리라."(8:12)는 구절 등에는 중개인의 모델이 들어설 자리가 없다. 요한에 따르면 유대인들도 예수가 자신을 하나님과 동등으로 삼았다고 인지하고 있었다는 것이다(5:18). 아버지 공경과 아들 공경은 같다(5:23). 아버지 속에 생명이 있듯이 아들 속에도 생명이 있다(5:26). 고별기

9) 앞의 논문, 290.
10) 앞의 논문, 298.

도 자체에서도, 가령 17장 5절의 예수는 하나님과 동등한 후원자의 모습이지 결코 중개자의 모습이 아니다.

마지막으로 파이퍼가 제시하는 후원자-중계인-수혜자의 모델에서 수혜자가 얻는다는 혜택과 관련된 문제를 살펴보자. 후원자의 경우, 자신이 지원하는 수혜자들이 있다는 것 자체가 명예이다. 이를 위해 후원자들끼리도 경쟁한다. 그런데 수혜자는 무엇을 얻는가? 파이퍼에 따르면, "수혜자는 그의 동료로부터 얻어낸 부러움에 비례하여 명예를 얻는다."[11] 홉스(T. R. Hobbs)도 같은 점을 지적하였다. 곧, 수혜자는 능력 있는 후원자와 연합함으로써 명예를 얻는다는 것이다.[12] 그런데 모든 수혜자는 자신의 처지와는 상관없이 같은 반응을 하는가? 아니다. 낮은 신분의 수혜자는 특히 후원자가 자신보다 부나 영향력의 측면에서 현저한 우위를 차지할 때, 이들로부터의 후원을 명예로 생각하나, 높은 지위의 수혜자는 자신이 누군가의 수혜자로 보이는 것을 수치로 여겼을 것이다.[13] 따라서 파이퍼는 수혜자 중 엘리트 계층과 비엘리트 계층을 나눈다.[14] 놀라운 것은 그는 이러한 구분을 매우 간략히 언급하면서 지나칠 뿐, 요한복음에 제시되는 수혜자의 신분을 구분하지 않는다. 요한복음에서 수혜자는 엘리트 계층인가 아니면 비엘리트 계층인가? 만일 쿨만(O. Cullmann)의 고전적인 구분처럼 요한복음의 제자들이 엘리트 계층이었다면, 그들은 자신이 후원자(하나님)로부터 중개인(예수)을 거쳐 수혜를 받는 것을 수치로 생각했을 것 아닌가? 사태가 이러한데도 파이퍼는 이 문제를 다루지 않았다.

파이퍼에 따르면, 후원자가 줄 수 있는 최상의 혜택은 "영원한 생명"이다. 파이퍼는 요한복음에서 영원한 생명에 대한 독점적인 지배력은 하나님

11) 앞의 논문, 294.

12) T. R. Hobbs, "Reflections on Honor, Shame, and covenant Relations," *Journal of Biblical Literature* 116(1997), 501-503, 특히 502.

13) Ronald A. Piper, "Glory, Honor and Patronage in the Fourth Gospel," 292-293.

14) 앞의 논문, 293.

만이 지닌다는 점이 강조되어 있다고 주장한다. 또한 중개인 예수가 수혜자들이 그 독점권에 접근하는 것을 통제했다는 것이다. 그 근거로 예수를 생명으로 묘사하고 있는 본문들을 제시한다.[15] 그러나 그가 제시하는 구절들, 가령 12장 50절이나 11장 25절과 같은 생명 관련 구절들은 중개자 예수보다는 하나님과 동등함이 강조된 소위 공동후원자로서의 예수의 모습이 역력하다. 파이퍼는 예수의 십자가 수치와 회당으로부터의 축출이라는 두 가지 주요한 수치에 대한 상쇄의 방편으로 요한이 하나님과의 연합, 하나님의 후원이라는 명예를 사용했다고 주장하나,[16] 이때의 '연합'이란 단순히 후원자와 수혜자 사이의 '연결' 정도의 의미에 불과할 뿐 질적인 합일과는 거리가 멀다.

결국, 이 모델은 예수가 하나님의 아들, 곧 중개인의 역할만을 하는 것으로 이해될 수 있는 공관복음 해석에는 적합하나, 요한복음해석에는 그대로 적용되기 어렵다. 요한에서는 예수의 위계 설정 작업이 단순하지 않은 이유가 예수는 중개인으로, 어떤 곳에서는 중개인 겸 후원자로, 또 다른 곳에서는 후원자로만 묘사되고 있기 때문이다.

III. 고별기도의 예수와 하나님

요한 기자는 자신이 속한 소위 요한공동체의 현재적 관점에서 예수 이야기를 전개한다. 이런 점에서 요한 기자의 주요 관심이 과거에 무엇이 예수에게 일어났는지가 아니라, 그가 염두에 두고 있는 믿는 자들이라는 브라운(R. E. Brown)의 언급은 정곡을 찌른 것이다.[17] 요한 기자는 예수의 고별기

15) 앞의 논문, 296.

16) 앞의 논문, 302, 309.

17) R. E. Brown, *An Introduction to the Gospel of John*, ed. by F. J. Moloney (New York: Doubleday, 2003), 314.

도를 부활 이후의 관점에서 역 투영한다. 프레이(Jörg Frey)는 예수의 선재적 영광까지도 십자가에 처형된 예수를 영화롭게 하려는 관점에 그 근거를 둔 기획으로 본다.[18] 결국, 예수의 기도는 요한 기자 당대의 믿는 자들의 복지를 위한 것이다. 예수는 세상을 떠나지만, 믿는 자들은 남아 있기 때문이다. 홀러웨이(Paul A. Holloway)에 따르면, 이 복지는 세상의 적대라는 요한공동체가 당면한 관심에 의해 이해된다.[19] "요한공동체가 당면한 관심"으로부터 고별기도가 고안되었다는 홀러웨이의 주장은 자연스럽다. 그러나 그 당면한 관심의 핵은, 그가 제시한 것을 넘어서 있다. 곧, 예수의 정체 규명과 믿는 자들의 정체 규명, 그리고 이에 따른 요한공동체의 내부 갈등이다.

고별기도로 들어가기 전에 요한의 사상이 집약되어 있는 서막(1:1-18) 중 1장 14절을 먼저 살펴보자. 예수의 "영광"(δόξα)은 1장 14절에 처음으로 언급된다. "말씀이 육신으로 왔고 우리 가운데 거하시매 우리가 그의 영광을 보니 아버지로부터 온 특별한 이의 영광이요 은혜와 진리가 충만하더라." 14절은 "그리고"(καὶ)로 시작한다. 이 "그리고"가 앞서 12-13절에서 언급한 것들에 대한 부가인지, 새로운 이야기를 시작하는 것인지는 분명하지 않으나, 후자로 보는 것이 더 적합한 것 같다. 그 이유는 12-13절에는 믿는 자들에 관한 이야기로 채워져 있기 때문이다. 서막 중 1장 1-5절에서 로고스의 기원(1-2절) 및 역할과 본질(3-5절)을 이야기하다가 6-8절의 세례 요한 이야기가 이어지고, 9-13절의 영접하지 않는 자와 영접하는 자에 관한 이야기 다음에, 14절이 나오기 때문이다. 14절은 2절 다음, 혹은 5절 다음에 자리를 잡는 것이 더 자연스러울 정도이다. 이 14절에서 예수는 하나님의 "특별한 이"로 소개된다. 요한 그룹은 그의 "영광"을 보았다. 아버지의 특별

18) Jörg Frey, "'… das Sie Meine Herrlichkeit Schauen' (John 17:24): Zu Hintergrund, Sinn und Funktion der Johanneischen Rede von der δόξα Jesu," *New Testament Studies* 54(3, 2008), 375-397, 특히 394-397.

19) Paul A. Holloway, "Left Behind: Jesus' Consolation of His Disciples in John 13:31-17:26," *Zeitschrift für die Neutestamentliche Wissenschaft und die Kunde der älteren Kirche* 96(1-2, 2005), 1-34, 인용은 32.

한 이의 그 영광은 "은혜와 진리로 충만한" 상태이다. 이는 출애굽기 34장 6절을 연상하게 한다. "나 주는 자비롭고 은혜로우며, 노하기를 더디하고, 한결같은 사랑과 진리가 풍성한 하나님이다." 더구나 로고스, 예수는 만물 창조의 주역이고(1:3), 그가 거한 "세상" 창조의 주체이다(1:10). 만물이든 세상이든 그 창조는 하나님만이 갖고 있는 권능의 표현이었기 때문에, 그 하나님의 특별한 이의 "영광은 하나님의 아들이 자신의 아버지와 함께 나누는 신분과 모습이다. 영광은 그의 신적 정체"[20]라 할 수 있다.

오그레디(J. F. O'Grady)는 서막과 특히 고별기도의 공통 주제들을 상세한 도표를 통해 제시해 놓았다.[21] 서막과 고별기도는 비교해도 좋을 만큼 공동 기반을 지닌다. 물론 서막의 첫 세례 요한 이야기(1:6-8)는 고별기도에 나타나지 않는다. 그 이유는 세례 요한 이야기의 대부분은 요한의 창작이 아니라, 전해 내려온 전승에 대한 요한의 변경이기 때문이다. 그러나 세례 요한 이야기를 포함한 서막 전체가 요한그룹의 산물이다. 요한복음 17장의 고별기도는 크게 두 부분으로 나뉜다. 1-5절은 예수와 하나님과의 관계, 6-26절은 예수와 하나님과 믿는 자들(다른 믿는 자들 포함)과의 관계를 보여준다. 첫 탄원은 "아버지여 때가 이르렀사오니 아들을 영화롭게 하사 아들로 아버지를 영화롭게 하게 하옵소서"로 구성된다. 이 영광은 비단 고별연설 전체의 마지막 부분에 해당하는 고별기도의 도입부에서뿐 아니라, 고별연설 자체의 도입부, 곧 13장 31절에도 언급된다. "그(유다)가 나간 후에 예수께서 이르시되 지금 인자가 영광을 받았고 하나님도 '그 안에서' 영광을 받았다."[22] 17장 2절에서 예수는 아들이고, 아들이 갖고 있는 권세는 아버지

20) J. T. Nielsen, "The Narrative Structures of Glory and Glorification in the Fourth Gospel," *New Testament Studies* 56(2010), 357.

21) J. F. O'Grady, "The Prologue and Chapter 17 of the Gospel of John," in *What We Have Heard from the Beginning: The Past, Present and Future of Johannine Studies*, ed. Tom Thatcher (Waco, Texa: Baylor Univ. Press, 2007), 215-228, 인용은 218.

22) ἐν αὐτῷ에서 "안"은 도구적 의미, 곧 "통하여"로 사용된다. Peter W. Ensor, "The

가 준 것으로 설정된다. 17장 3절은 다소 다른 분위기를 보여준다. 영생은 하나님만 아는 것으로는 부족하다는 것이다. 곧, 영생은 "유일하신 참 하나님과 그가 보내신 자 예수 그리스도를 아는 것"으로 드러난다. 아버지를 영화롭게 한 아들은 이제 아버지가 아들을 영화롭게 해달라고 간구한다(17:4-5). 예수와 하나님은 여전히 나누어져 있으나, 예수의 위상이 격상된다. 고별기도 중반으로 가면 분위기가 바뀐다. 예수의 것은 다 아버지의 것이고, 아버지의 것은 다 예수의 것임이 강조된다(17:10). 고별기도 후반으로 가면 전체적인 색채가 달라진다. 예수와 하나님은 상호포괄한다(17:21-23). 아버지와 예수는 "우리"로 묶인 채, "하나"가 된다(17:22). 21절에서 "아버지는 내(예수) 안에, 나(예수)는 아버지 안에" 있는 것으로 묘사된다.

여기서 아버지는 할 때 "는"은 무슨 뜻인가? 예수는 할 때 "는"은 무슨 뜻인가? "A는 B이다" 할 때 be동사 '는'(은)은 흔히 A와 B가 동격인 것에 대한 서술로 이해되고 있다. 그러나 "A는 B이다"라는 식의 명제는 생각보다는 훨씬 다양하게 사용되고 있다. 가령, 1. 소나무는 푸르다. 2. 모세는 여호수아보다 위대하다. 3. 게바는 베드로이다. 4. 이사야는 선지자이다. 5. 인내는 쓰나 그 열매는 달다. 이런 예를 들어 보면, 이런 다섯 가지 경우 모두에 be동사가 사용되었으나, 의미는 각기 다른 것을 알 수 있다. 1은 속성, 2는 관계, 3은 동위, 4는 소속, 5는 결과를 각각 나타내고 있다. 우리가 사용하는 일상 언어는 이렇게 모호해서 원하는 뜻을 정확히 표현하기 위해서는 긴 설명이 필요할뿐더러, 여간 세련되지 않으면 원래 표현하고자 하는 목적을 달성하기가 어렵다. 여하간, A가 B와 똑같은 것은 오직 3의 경우일 뿐이고 나머지 경우에는 아무리 'A는 B이다'로 되어 있어도 A와 B는 동격 관계가 아니다. 3의 경우를 다시 독립시켜서 취급해 보자. A가 B와 동격이 되려면 우선 A가 B를 포함해야 하고($A \supset B$), 동시에 B도 A를 포함해야 한다.($A \subset B$) 그때 비로소 A=B라고 말할 수 있다. 이런 점에서 예수와 아버지는 명실상부한

Glorification of the Son of Man: an Analysis of John 13:31-32," *Tyndale Bulletin* 58(2, 2007), 229-252, 특히 243.

동격의 하나됨으로 합일된다. “내 것은 다 아버지의 것이요 아버지의 것은 내 것”(17:10)이다. 예수는 “그(하나님) 안에서”, 하나님은 “그(예수) 안에서” 영광을 받는다(13:32). 요한은 여기서 똑같은 구(句), ἐν αὐτῷ를 교차하여 사용함으로써, 상호포괄을 분명히 한다. 요한의 예수는 또 이렇게 선언한다. “내가 아버지 안에 있고 아버지는 내 안에 있다”(14:10). 예수는 하나님과 이미 “하나”임이 전제된다(17:22). 곧, 예수와 아버지는 독립된 실체이자, 하나이다. 예수는 도마의 입을 통해 “나의 주님, 나의 하나님”이라 선포된다(20:28).

요한은 왜 이렇게 예수를 하나님의 아들일 뿐 아니라 하나님이라고 설명하는가? 예수의 “육신”(σάρξ)으로 인해 생긴 오해에 대한 답을 마련하기 위한 것이다. 창세 전에 이미 하나님과 함께 있었고(1:1), 하나님과 함께 영광을 누렸던(17:5) 예수는 “육신”을 입고(1:14) 세상에 보내진다. 이 점은 고별기도에서 여섯 번이나 반복된다.[23] 육의 수준으로 보내질 때 예수는 하나님과의 동격을 상실한다. 왜냐하면 요한은 하나님을 “영”으로 이해하고 있기 때문이다(4:24). 아버지에게서 파견되어 세상에서 활동할 때, 예수는 자신이 하나님에 의해 보내졌음을 강조한다. 고별연설 단락 이외에도 이 점은 도처에서 강조되어 있다. “보낸다”(ἀποστέλλω)는 요한복음에서 모두 28번 등장한다(3:17; 6:29; 8:18 등). 이 중 대부분에서 보냄의 주체는 하나님으로, 보냄의 대상은 예수로 드러난다. 그런데 “보냄을 받은 자는 보낸 자보다 크지 못하다”(13:16). 예수는 천상에서는 하나님이나, 지상에서 육을 입고 활동할 때는 하나님의 아들이다. 아버지는 지상의 아들보다 크다(14:28). 하나님에 의해 파견된 예수는 자신의 뜻을 행하지 않는다(4:34; 5:30; 6:38). 그러나 예수의 지상의 삶은 천상의 하나님과 긴밀히 연관되어 있다. 그는 세상에 있지만, 현재 “아버지에게로 돌아간다”(16:28). 요한은 “돌아간다”가 현재적인 동작임을 동사 “πορεύομαι”를 사용하여 알린다. 다른 곳에서도 예수는 자신이 돌아갈 분이 누구인지를 분명히 한다. “내가 너희와 함께 조금

23) 17:3, 8, 18, 21, 23, 25.

더 있다가 나를 보내신 이에게로 돌아간다(ὑπάγω)"(7:33). 여기서도 현재동사가 사용된다. 지상에서도 예수는 그의 영광을 드러냈고(2:11), 이미 하나님으로부터 영광을 받았다(17:22). 십자가에 못 박히기 전에도 예수는 이미 자신이 부활이라고 선언한다(11:25). 예수는 제자들에게 말을 하고 있을 때에도 "더 이상 세상에 있지 않다"(17:11). 더 이상 "있지 않다" 할 때 현재형이 사용된다. 예수는 지상에서 활동할 때에도 지상과 천상을 넘나든다. 요한은 고별기도에서 예수와 하나님의 하나됨을 강조한다. 이토록 하나됨이 주요한 현안으로 부각되는 것은 하나됨을 부정하는 분위기가 팽배해 있었기 때문이다. 요한의 경쟁그룹은 고별기도에 나타난 하나됨의 주제와 관련된 내용들을 거부한다. 경쟁그룹에게 있어서 예수는 하나님의 아들이긴 하나, 하나님은 아니다. 요한이 예수와 하나님의 하나됨을 강조한 것은 그 경쟁그룹의 생각을 교정해주기 위한 것이다. 예수의 말씀은 하나님의 말씀이다(17:8). "예수는 하나님의 지속적인 현존"이다.[24] 아버지는 예수 안에 있고(17:21, 24), 예수는 아버지 안에 있다(17:21). 예수와 하나님은 "우리"로 결속된다(17:22). 예수가 하는 말은 아버지의 말이다(14:24). "예수 자신이 하나님의 자기표현이다."[25] 요한이 본 예수는 이렇게 선언한다. "나와 아버지는 하나이다"(10:30).

IV. 고별기도의 예수와 하나님과 믿는 자들

예수와 하나님과 믿는 자의 관계는 어떠한가? 믿는 자 또는 제자들은

---

24) D. J. van der Merwe, "The Interpretation of the Revelatory Events in John 17:24-26: An Exegetical Exercise," *Verbum et Ecclesia* 25(1, 2004), 311-329, 인용은 326.

25) D. G. van der Merwe, "The Exposition of John 17:6-8: An Exegetical Exercise," *Hervormde Teologiese Studies* 59(1, 2003), 169-190, 인용은 175.

아버지가 아들에게 준 사람들이다(17:6). 그들은 자신들을 포함한 모든 것이 아버지가 아들에게 준 것이라는 점과 예수가 아버지로부터 온 점을 알았다(17:7-8). 그들은 예수가 아버지에 의해 파송된 것도 믿었다(17:8). 예수는 세상에 더 이상 없지만, 그들은 있다(17:11).[26] 예수는 아버지께 그들을 보전해 줄 것을 간청한다. 예수가 세상에 있을 때, 그는 하나를 제외하면, 그들 모두를 지켰다(17:12). 그들은 마치 아버지가 예수를 세상에 보낸 것처럼 예수에 의해 세상에 보내진다(17:18).

요한이 본 예수는 믿는 자들뿐 아니라, 또 다른 믿는 자들을 언급한다. "내가 비옵는 것은 이 사람들만 위함이 아니요 또 그들의 말로 말미암아 나를 믿는 사람들도 위함입니다"(17:20). 이 언급 자체가 다른 믿는 자들이 예수로부터, 또한 본래 믿는 자들로부터 구분이 된 사람들임을 전제한다. 그러나 요한은 상호포괄이라는 대통합의 큰 그림을 제공한다. 요한은 예수와 하나님을 묶는 "우리" 속에 믿는 자들과 다른 믿는 자들을 포괄시킨다. "아버지, 아버지께서 내 안에, 내가 아버지 안에 있는 것 같이 그들도 다 하나가 되어 우리 안에 있게 하사 세상으로 아버지께서 나를 보내신 것을 믿게 하옵소서"(17:21). 믿는 자들과 다른 믿는 자들은 하나가 된다(17:22). 이는 예수와 아버지가 하나인 것과 같다(17:22). 17장 21a절의 "하나"는 23절의 "하나로 온전하게 됨"(τετελειωμένοι εἰς ἕν)을 뜻한다.

마이컬스(J. Ramsey Michaels)는 "온전하게 됨"은 하나님의 사랑을 완전하게 하는 것을 뜻하거나 서로 사랑의 실현을 뜻한다고 주장하면서, 예수

---

26) 파시니오스(George L. Parsenios)는 고별기도와 그리스 비극문학을 대조하여 연구한 후, 요한이 비극적 기교를 자신의 목적에 맞추어 변형시켰다고 주장한다. George L. Parsenios, "'No longer in the World' (John 17:11): the Transformation of the Tragic in the Fourth Gospel," *Harvard Theological Review* 98(1, 2005), 1-21. 이와는 대조적으로 밤멜(E. Bammel)은 고별기도를 포함한 고별연설 전체가 유대교적 고별연설의 형식에 속하나, 요한이 크리스천 장르로 대체했다고 주장한다. E. Bammel, "The Farewell Discourse of the Evangelist John and Its Jewish Heritage," *Tyndale Bulletin* 44(1, 1993), 103-116, 특히 111-116.

안에 거하는 것(15:4)이 그의 사랑 안에 거하는 것으로 규정되었다(15:9-10)고 그 근거를 제시한다.[27] 실제로 그가 제시하지 않은 다른 구절들을 자세히 살펴보면 예수는 자신을 사랑한 하나님의 사랑이 믿는 자들에게 있고, 예수도 그들 안에 있다고 말한다(17:26). 예수는 아버지를 사랑하고 아버지가 명한 것을 행한다(14:31). 예수는 아버지의 계명을 지킴으로서 그의 사랑 안에 거한다(15:10). 믿는 자들도 예수의 계명을 지킴으로써 예수의 사랑 안에 거하는 것으로 인정받게 된다(14:21; 15:10). 그러나 마이컬스는 "하나로" 통합되는 것의 의미 속에 내재되어 있는 정체의 통합은 파악하지 못했다.

10장 16절에서 예수는 이미 이렇게 말했다. "이 우리에 들지 아니한 다른 양들이 내게 있어 내가 인도하여야 할 터이니 그들도 내 음성을 듣고 한 무리가 되어 한 목자에게 있으리라." 11장 52절은 가야바의 입을 통해 예수의 죽음의 목적 중 하나가 "흩어진 하나님의 자녀를 모아 하나가 되게 하기 위함"임을 밝힌다. 고별기도 17장 20절의 "다른 믿는 자들"은 바로 위에서 언급한 "다른 양들"이나 "흩어진 하나님의 자녀"를 연상하게 해준다. 믿는 자들의 하나됨이라는 측면에서 17장 20절과 다른 두 구절(10:16; 11:52)은 근사성을 갖는다. 그러나 17장 21-22절은 그 다른 두 구절을 압도한다. 믿는 자들과 다른 믿는 자들의 하나됨은 그 자체로 끝나는 것이 아니라, 최종 지점까지 더 나아가야 한다는 것이 강조되어 있기 때문이다. 그들의 하나됨은 예수와 아버지의 하나됨 속에 포괄되는데까지 이르러야 한다는 것이다. "이는 우리가 하나가 된 것 같이 그들도 하나가 되게 하려 함입니다"(17:22b). 이것이 예수가 자신이 받은 영광을 그들에게 준 이유이다(17:22b). 더 나아가, 17장 21절은 이러한 대통합의 최종 목적을 명료하게 제시한다. "세상이 아버지께서 나를 보내신 것을 믿게 하옵소서." 스테이톤(John E. Staton)은

27) J. Ramsey Michaels, *The Gospel of John* (Grand Rapids, Michigan: W. B. Eerdmans Publishing Company, 2010), 878.

이 목적을 "세상에 대한 선교"로 명명한다.[28] "제자들의 통합과 세상에 대한 그들의 선교는 분리할 수 없다."[29]

하나님은 예수를 "세상이 구원 받게 하려고" 보낸다(3:17). 이는 예수의 입을 통해 확인된다(12:47). 예수는 세상의 빛이다(8:12; 9:5). 문제는 이러한 세상에 대한 선교가 17장 9절에 나오는 예수의 탄원과 상치되지 않는가 하는 것이다. 예수는 이렇게 기도한다. "내가 간구하는 것은 세상을 위함이 아닙니다"(17:9). 물론 이 구절 외에도 세상에 대한 비판이나 부정적인 묘사는 요한복음 도처에 제시되어 있다. 예수의 나라는 이 세상에 속한 것이 아니다(18:36). 곧, 예수의 나라와 세상은 양립할 수 없다. 그러나 고별기도에서 세상 선교를 독려하는 구절(17:21)과 세상을 위해 간구하는 것이 아니라는 구절(17:9)은 상치되지 않는다. 17장 9절의 강조점은 "예수 자신은" 더 이상 세상을 위해 간구하지 않는다는 뜻이다. 아버지에게서 나와 세상에 온 예수는 이제 다시 세상을 떠나 아버지에게로 가야 하기 때문이다(16:28). 세상에 대한 선교는 이제 제자들의 몫이라는 말이다. 곧, 예수는 제자들의 활동을 통해 세상에 대한 선교를 유지한다. 그것이 예수가 제자들을 "세상에 보낸"(17:18) 이유이다.

세상에 보내진 그들은 세상에서는 환난을 당한다(16:33). 예수처럼 믿는 자들도 세상에 속하지 않는다(17:14). 세상에 속하지 않는다는 바로 그 이유로 믿는 자들은 세상에서 미움을 받는다. "너희가 세상에 속하였으면 세상이 자기의 것을 사랑할 것이나 너희는 세상에 속한 자가 아니요 도리어 내가 너희를 세상에서 택하였기 때문에 세상이 너희를 미워한다"(15:19). 닐슨(J. T. Nielsen)이 지적한 것처럼, "요한복음은 인간적인 위계의 상태를 믿는 자들에게 주어진 신적 상태로부터 구분한다. 하나님으로부터의 (신적)

28) John E. Staton, "A Vision of Unity-Christian Unity in the Fourth Gospel," *Evangelical Quarterly* 69(4, 1977), 291-305, 인용은 300. 스테이톤은 통합의 또 다른 목적을 믿는 자들의 충만한 기쁨(15:11)으로 규명한다(299).

29) J. Ramsey Michaels, *The Gospel of John*, 875.

상태를 얻는다는 것은 일상적인 사회적 위계에서는 자격이 상실되는 상태를 받아들이는 것을 뜻한다."[30] 예수와 믿는 자들은 세상으로부터의 미움이라는 공동의 운명에서도 하나로 묶인다.

예수는 믿는 자들에게 아버지의 이름을 나타낸다. 예수는 아버지의 이름으로 왔다(5:43). 요한에게 있어서 아버지의 이름은 아버지를 직접적으로 언급하는 또 다른 방식이다.[31] 그들은 원래 아버지의 것이었는데, 아버지가 예수에게 주었다(17:6). 그들은 아버지가 예수에게 준 모든 것의 기원을 알 뿐 아니라(17:7), 예수의 기원도 안다(17:8). 예수는 그들을 위해 간구한다(17:9). 예수는 자신의 떠남 이후에도 "아버지의 이름으로" 그들을 보전해달라고 탄원한다(17:11). 이렇게 탄원하는 것은 세상이 그들을 미워하기 때문이다(17:14). 세상이 그들을 미워하는 이유는 예수처럼 그들도 세상에 속하지 않았기 때문이다(17:14, 16). 예수는 자신이 아버지의 이름을 알게 하였고, 또 알게 하리라고 말한다(17:26a). "하나님을 안다는 것은 하나님이 제자들 안에 산다는 것과 그들의 삶이 하나님의 특성에 상응해야 한다는 것을 뜻한다."[32] 예수가 아버지의 이름을 알게 하는 이유는 "나를 사랑하신 사랑이 그들 안에 있고 나도 그들 안에 있게 하려 함"(17:26bc)이다. 여기서 "알게 하리라"(γνωρίσω)는 미래 동사를 사용한 것과 예수도 "그들 안에"(ἐν αὐτοῖς) 있게 하려는 것은 예수의 떠남 이후에도 예수는 제자들과 함께 한다는 것을 강조하기 위한 것이다. "아들을 위한 아버지의 사랑(15:9)으로부터 제자들을 위한 예수의 사랑(13:34; 15:12)과 서로를 위한 그들의 사랑(13:34-35; 15:12, 17)이 온다."[33]

---

30) J. T. Nielsen, "The Narrative Structures of Glory and Glorification in the Fourth Gospel," 360.

31) B. M. Newman & E. A. Nida, *A Translators Handbook on the Gospel of John* (London: United Bible Societies, 1980), 531.

32) D. J. van der Merwe, "The Interpretation of the Revelatory Events in John 17:24-26," 325.

33) J. Ramsey Michaels, *The Gospel of John*, 882.

요한은 동시에 믿는 자들과 예수의 하나됨을 알린다. 예수는 창세 전에 자신이 아버지와 함께 가졌던 신적 위치(17:5)를 지상의 믿는 자들에게 드러낸다. 예수는 시간의 제약을 받지 않는다. "그가 제자들에게 말하고 있을 때 조차도, 예수는 더 이상 세상에 없다."[34] 예수는 자신이 하나님과 함께 나눈 "영광"을 믿는 자들에게 준다(17:22). 요한은 예수와 믿는 자들의 상호 포괄을 알린다. 예수는 그들 안에 있고, 그들은 예수 안에 있다(14:20). "예수가 세상에 속하지 아니한 것 같이 그들도 세상에 속하지 아니하였다"(17:14, 16). 요한은 믿는 자들끼리의 상호포괄도 강조한다. "우리와 같이 그들도 하나가 되게 하옵소서"(17:11).

예수는 고별기도에서 여러 차례 아버지의 말씀을 언급한다. 예수는 아버지의 말씀을 제자들에게 준다(17:14). 그들은 그 말씀을 지켰다(17:6). 그 말씀은 아버지가 예수에게 준 말씀이다(17:8). 예수는 유대인들과 논쟁하면서, 하나님의 말씀을 받은 사람을 "신들"로 명명한다(10:35). 이 말이 예수의 자기변호의 맥락에서 나왔다 해도, 이 "신들"은 요한 그룹의 자기 정체의 한 단면을 드러낸다. 믿는 자들은 하나님의 말씀을 받은 자들이다(17:14). 그들은 "하나님의 자녀"(1:12)이다. 그들의 기원은 혈통으로나 육정으로나 사람의 뜻에 있지 아니하고, 하나님에게 있기 때문이다(1:13). 그들은 이 세상에서는 예수처럼 육신을 지닌 채 산다. 그들은 비록 육신의 제한 속에서 살지만 "하나님의 자녀", "하나님에게서 난 자들", 더 나아가 "신들"이라는 의식을 견지한 채 살았다. 예수는 "그들로 말미암아 영광을 받았고"(17:10), 그들은 창세 전에 가졌던 예수의 영광을 보게 된다(17:24). 이것은 믿는 자들이 누릴 수 있는 정체 통합의 엄청난 특권이다. 이 특권을 요한이 본 예수는 직접 간청한다. "내가 원합니다(θέλω)." 이는 공관복음의 겟세마네 기도에서 예수가 "내 원대로 마시옵고 아버지의 원대로 하옵소서"(막 14:36병행) 한 것과 대조적이다. 믿는 자들은 궁극적으로 신적 상태에 들어가게 된다. 아버

---

34) George L. Parsenios, "'No longer in the World' (John 17:11)," 21.

지를 포괄한 예수(17:23b)는 믿는 자들과 다른 믿는 자들이 연합된 그 속에 포괄되고(17:23a), 믿는 자들은 예수와 하나님이 "우리"로 묶인 그 속에 위치를 잡게 되는 영광을 얻는다(17:21). 아버지는 예수에게 영광을 주고, 예수는 그 영광을 믿는 자들에게 준다(17:22). 그러나 믿는 자들의 신분 상승은 예수의 탄원과 예수에 대한 믿음에 의존되어 있다. 그들은 "하나님의 자녀"이고 예수는 "하나님의 특별한(μονογενής) 아들"(3:16)이기 때문이다.

이 상호포괄의 형태를 도표로 정리하면 다음과 같다.[35]

고별기도의 상호포괄

1) 예수와 하나님과의 상호포괄

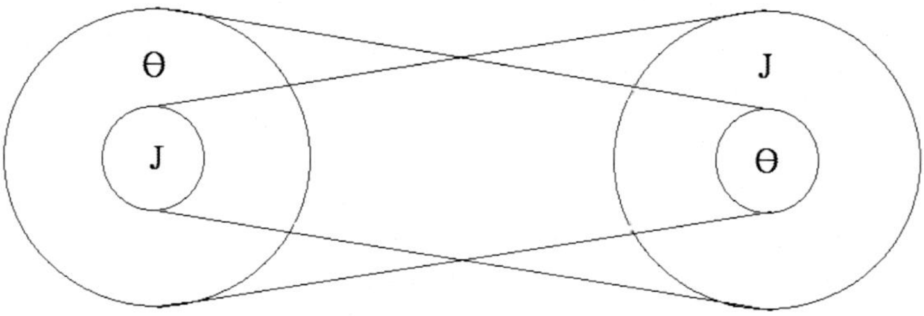

2) 예수와 믿는 자들과의 상호포괄

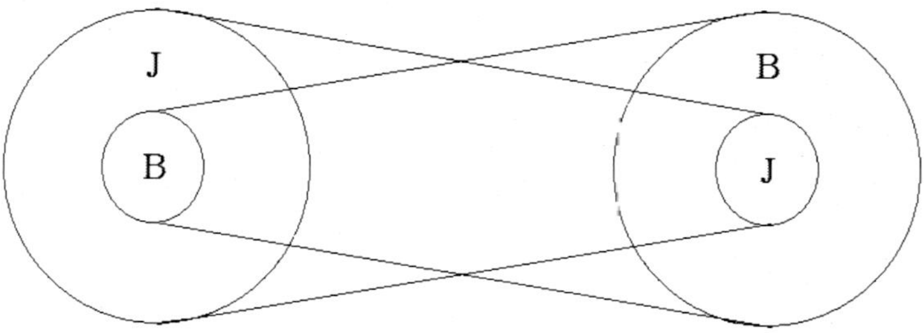

35) 나는 이 도표를 우리나라의 북 중 하나인 장구를 연상하면서 작성했기 때문에 이것을 "장구 Form"으로 명명하고 싶다.

3) (예수 + 하나님)과 (믿는 자들 + 다른 믿는 자들)과의 상호포괄

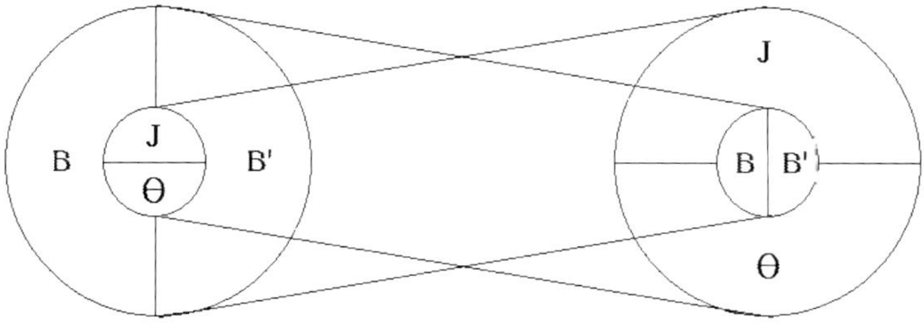

(기호: Θ=하나님, J=예수, B=믿는 자들, B'=다른 믿는 자들)

V. 결어

요한복음 17장의 고별기도는 기도의 형식을 통한 예수의 탄원이나, 그 내용은 예수의 정체와 믿는 자들의 정체에 관한 예수의 선언이다. 요한 저자는 예수의 정체를 하나님의 아들이자 동시에 하나님이라고 규명한다. 요한은 믿는 자들의 정체도 하나님의 자녀이자 신들이라 한다. 이러한 주장은 요한공동체의 독특한 상황이 표출된 것이다. 육으로 온 로고스 예수의 영광을 인지한 특별한 사람들이 복수의 인칭대명사 "우리"(1:14)로 각인된다. 아버지의 특별한 아들의 영광을 인지한 이 사람들은 요한공동체의 한 특정한 그룹이다. 예수의 "육신"에도 불구하고 그 속에서 그의 "영광"을 본다는 것은 매우 어려운 일이다. 이들은 예수가 자기 땅에 왔으나, 그를 영접하지 않은 사람들과 뚜렷이 구분된다(1:11). 요한공동체는 예수를 영접한 공동체이다. 그러나 예수의 정체와 믿는 자들의 정체를 신적 상태와 관련지어 설정하는 문제에 있어서 요한공동체의 내부 의견은 통일되지 않았다.

요한공동체는 예수는 하나님의 아들일 뿐 하나님은 아니라고 주장하는 그룹과 예수는 하나님에 의해 지상으로 보내진 하나님의 아들이지만, 근원

적으로는 하나님이라고 주장하는 그룹으로 나뉘어 있었다. 요한은 후자 그룹에 속해 있으면서 전자 그룹의 생각을 교정하려 한다. 요한은 경쟁 그룹의 주장을 부분적으로 인정한다. 지상의 예수만을 말할 때는 경쟁 그룹의 주장도 일면 옳다는 것이다. 그러나 요한은 거기서 더 나아간다. 예수는 천상에서는 물론 하나님이고, 지상에서 조차도 지상과 천상을 넘나든다는 것이다.

고별기도에 등장하는 믿는 자들의 정체에 관해서도 마찬가지이다. 믿는 자들(17:8)은 다른 믿는 자들(17:20)을 포함해서 "하나님의 자녀"(1:12), 또는 "하나님으로부터 난 자들"(1:13)일 뿐 아니라, "신들"(10:35)로까지 격상된다. 물론 믿는 자들의 신적 상태는 예수의 탄원과 예수에 대한 믿음에 의해 가능해 진다. 믿는 자들의 신분 상승은 조건적이다. 이런 점에서 그들은 예수에 의존되어 있다. 그러나 그 조건이 충족되면 그들은 동시에 예수와 하나가 된다. 예수는 아버지에게 받은 영광을 그들에게 주었고(17:22), 예수는 "그들로 말미암아 영광을 받았다"(17:10). 그들은 창세 전에 가졌던 예수의 영광을 그가 있는 곳에서 보게 된다(17:24). 더 나아가, 예수와 하나님이 하나가 된 "우리"와 믿는 자들이 다른 믿는 자들과 하나가 된 "그들"이 서로 포괄하는 대통합이 이루어진다(17:21-23). 이 대통합은 의견의 통합이 아니라, 정체의 통합이다.

제8장

부활

I. 서언

II. 예수의 십자가와 부활

III. 예수의 부활과 도래

IV. 부활한 예수와 성령-보혜사의 현존

V. 예수의 부활과 제자들의 부활

VI. 결어

제8장*

부활

I. 서언

공관복음의 예수와 달리 요한복음의 예수는 전통적으로 하나님에게만 속한 속성이나 권리를 주장한다. 생명이나 부활에 관해서도 마찬가지다. 생명을 주거나 거두는 것은 원래 하나님에게만 배타적으로 속한 품목이다. 그러나 요한의 예수는 "나는 부활이고 생명이다."(11:25-26)라고 선언한다. 이 선언은 요한공동체가 생명뿐만이 아니라 부활에 관해서도 하나님과 더불어 예수를 결정적 인물로 간주하고, 이를 전제로 부활에 관한 신학적 사고를 전개했다는 증거 구절이다. 그러나 부활에 관해 예수가 결정적인 역할을 한다는 것 외에, 학자들은 요한복음의 부활이나 그와 연관된 구절들에 관해 매우 다양한 해석을 제시한다. 이것은 요한복음의 부활 본문이 공관복음 및 다른 신약성서의 문서들과 구별되는 특징을 지니고 있을 뿐 아니라, 통일된 일관성을 유지하기보다는 서로 긴장 관계에 놓여 있기 때문이다. 이 장(章)은 중요성에 비해 그간 국내 연구자들이 소홀히 했던 요한복음의 부활을 탐구하면서[1] 그 특징을 해명하고, 이를 통해 요한공동체 내부 그룹의 정황을

* 이 장은 나의 논문, "예수의 부활과 요한공동체", 「한국기독교논총」 82(2012), 99-121을 현저히 확장시킨 것이다.

지식사회학적 전망에서 조명하려 한다.

II. 예수의 십자가와 부활

기본적으로 한 신약성서 문서가 가진 특징을 파악하기 위해서는, 성서를 포함하여 다른 고대 문헌들과의 비교 과정을 거칠 필요가 있다. 기본적으로 이 작업은 비교할 만한 그레코-로만 시대의 문헌을 선정하는 일부터, 특정 주제에 대한 상세한 비교가 선행되어야 하기 때문에 쉽지 않다. 그러나 요한복음의 부활 본문의 독특성은 비교적 쉽게 파악된다.[2] 공관복음과 비교할 때, 요한복음에서 부활의 중요성이 문제가 될 수 있다. 불트만(R. Bultmann)은 오래전에 요한복음에서 부활이 사실상 들어설 자리가 없다고 주장했다. 그에 따르면 "만약 십자가에서 일어난 예수의 죽음이 이미 승귀와 영광이라면, 그의 부활은 특별히 중요성을 갖는 사건일 수가 없다."[3] 나아가 그는 이렇게 강변한다. "십자가형에서 얻었던 죽음의 승리를 파괴하는 데에 부활은 전혀 필요가 없다. 왜냐하면 십자가 그 자체가 이미 세상과 그것의 지배자에 대한 승리이기 때문이다."[4]

불트만과 그의 해석에 동의하는 학자들의[5] 해석이 적절한지는 크게 두

---

1) 2012년 3월을 기준으로, 최근 10여 년 간 「한국기독교논총」과 「신약논단」에 수록된 요한복음의 부활 연구로는 김문현, "요한복음 20:1-29의 부활 내러티브 읽기", 「신약논단」 16(4, 2009), 1089-1120이 거의 유일하다.

2) 신약성서의 부활을 주석적으로 다룬 책으로는 Christopher Bryan, *The Resurrection of the Messiah* (Oxford: Oxford University Press, 2011)이 있다.

3) R. Bultmann, *Theology of the New Testament*, 2 vols. (New York: Scribners, 1955), 2:56. 에반스(C. F. Evans) 역시 "엄격하게 말해서, 제4복음서에는 부활 이야기를 위한 공간이 없다. 승귀 혹은 고양은 이미 일어났다."라고 말한다. C. F. Evans, *Resurrection and the New Testament* (London: SCM, 1970), 116.

4) R. Bultmann, *Theology of the New Testament*, 2:56.

5) 요한복음에서 부활의 중요성이 감소되었다고 주장하는 학자들에 관해서는 Andrew

가지 점을 살펴보면 드러난다. 하나는 요한복음이 공관복음과는 달리 예수의 십자가 혹은 죽음을 승귀와 영광이라고 보았는지의 여부이다. 다른 하나는 요한복음에 나타난 부활의 주요 함의와 기능이 예수의 승귀와 영광에 집중되어 있는가이다.

'신적인 존재임을 드러내는 능력과 명예의 현현'을 요한이 주로 사용하는 영광의 정의로 사용한다면[6] 요한의 예수는 사실상 신적인 영광을 놓친 적이 거의 없는 것으로 묘사된다. 물론 예수가 '아버지'와 함께 나누던 온전한 영광은 예수가 육을 입고 하늘로부터 내려와 있는 동안 제한되기는 하였다.[7] 그러나 온전한 영광이 제한을 받기는 했지만 예수는 지상 사역 내내 신적인 영광을 완전히 잃어버리지 않는다. 오직 자신의 주를 알아보지 못하는 사람들이 무지와 오해로 예수의 신적 영광을 제대로 보지 못하였을 뿐이다(1:10-11). 반면 요한공동체인 '우리'는 육신이 된 말씀의 영광을 본다(1:14). 예수는 지상 사역 내내, 특별히 표적을 통하여 자신의 영광을 드러낸다(2:11). 그는 사람이 아니라 하나님으로부터 오는 영광을 받고(5:41; 8:50, 54), 받기만 할 뿐 아니라 하나님에게 영광을 돌린다(7:18). 나아가 하나님과 예수는 서로 영광을 주고받는다(11:4). 하나님이 기꺼이 예수와 영광을 주고받는 것은, 하나님과 예수가 이미 창세 전부터 함께 영광을 누렸기 때문이다(17:5, 24). 요한복음은 이른바 변화산 사건을(막 9:2-8; 마 17:1-13; 눅 9:28-36) 굳이 보도할 필요가 없었다. 오해와 무지로 반대자들에게는 가려져 있을지 모르나 요한의 예수는 사역 내내 변모산에서 일어난 영광의 수준을 유지하고 있기 때문이다. 그렇다면 예수의 죽음과 십자가에서도 영광은 유지되는

T. Lincoln, "'I am the Resurrection and the Life': The Resurrection Message of the Fourth Gospel," in *Life in the Face of Death: the Resurrection Message of the New Testament*, ed. R. Longenecker (MMNTS; Wm. B. Eerdmans Publishing, 1998), 122-144를 보라.

6) Joong Suk Suh, *The Glory in the Gospel of John - Restoration of Forfeited Prestige* (Oxford, OH: M. P. Publications, 1995), 16.

7) 앞의 책, 21-38.

가? 헤게만(H. Hegermann)은 그렇지 않다고 생각한다. 그는 예수가 지상에서 아버지의 영광으로부터 분리되지 않았지만, 죽음에 이르러 영광을 아버지에게 돌려주었다고 주장한다.[8] 그러나 헤게만의 주장은 본문의 지원을 받지 못한다. 요한은 십자가 사건을 예수가 영광을 받는 것으로 암시할 뿐만 아니라(7:39; 12:16, 23) 아버지의 영광도 드러내는 사건으로 해석한다(12:28; 13:31-32; 17:1, 4-5). '죽음'을 영광과 관련짓는 것은 요한에게 낯선 것이 아니었다. 요한은 베드로가 맞이할 죽음을 하나님께 '영광'이 되는 사건으로 해석한다(21:19).

요한은 예수의 '높아짐'도 십자가와 연결한다.[9] "ὑψόω"는 초대교회에서 예수의 승귀를 가리키는 단어 가운데 하나였다(참조. 행 2:33; 5:31). 요한의 예수는 모세가 광에서 뱀을 들어 많은 사람들을 살린 것과 같이 인자도 "들려야 한다."(3:14)고 말한다. 인자가 들릴 때에 그는 자신을 믿는 사람에게 영생을 얻게 한다.[10] 또 예수는 자신이 "높이 들려 올려질 때"(8:28)에 자

8) H. Hegermann, "δόξα," in *Exegetical Dictionary of the New Testament*, vol. I, eds. H. Balz and G. Schneider, 1990.

9) 슈넬레는 신약성서에서 예수의 승귀가 통상 부활과 연관되어 있는 반면에, 요한복음에서는 십자가에서 예수의 승귀가 일어난다고 상세하게 주석한다. 그는 요한이 승귀를 언급할 때 십자가와 부활을 동시에 생각한다고 주장하지만, 그가 실제로 승귀와 연관 지은 것은 거의 십자가뿐이었다. 그는 예수의 영광을 강조하는 요한복음에도 일종의 십자가의 신학이 있다고 강변하지만 자신이 부활의 의의를 의도치 않게 축소하고 말았다는 것을 의식하지 못한다. Udo Schnelle, "Cross and Resurrection in the Gospel of John," in *Resurrection of Jesus in the Gospel of John*, eds. Craig R. Koester and Reimund Bieringer (WUNT 222; Tübingen: Mohr Siebeck, 2008), 127-151, 특별히 146-148. 슈넬레와는 정반대로 요한복음에서 예수의 죽음의 의의가 축소되어 있다는 의견들도 있다. 가령 Esther Straub, "Der Irdische als der Auferstandene. Kritische Theologie bei Johannes ohne ein Wort vom Kreuz," in *Kreuzestheologie im Neuen Testament*, eds. Andreas Dettwiler and Jean Zumstein (WUNT 151; Tübingen: Mohr Siebeck, 2004), 214.

10) John W. Romanowsky, "'When the Son of Man is Lifted up': the Redemptive Power of the Crucifixion in the Gospel of John," *Horizons* 32(1, 2005), 100-116은 요한이 구원론에서 십자가를 소홀히 하고 있다는 해석에 맞서서, 요한이 '인자의

신이 "나는 나"(ἐγώ εἰμι)임이 드러나게 될 것이라고 선언한다. 성서에서 "나는 나"가 야웨의 신적 자기 선언임을 감안할 때(출 3:14) 예수의 정체성이 밝히 드러나는 곳은 그가 들려 올려진 곳, 곧 '십자가'가 된다. 예수가 땅에서 '들려 올릴 때'에 많은 사람들이 예수에게로 인도된다(12:32). 12장 33절은 '들려 올림'을 이해하는 데에 오해의 소지가 없도록 확실히 밝혀두는데, '들려 올림'은 예수가 자신이 당할 '죽음'이 어떠한 것인지를 알려주는 것이다. 따라서 무리들도 어떤 혼란도 없이 '들려 올림'이 죽음이라는 것을 확실히 한다(12:35). 다만 그들은 왜 인자가 들려 올림을 받아 죽어야 하는지를 모를 뿐이다.

요한복음에는 부활의 자리가 없다는 불트만 류의 주장의 첫 번째 전제인 '요한이 공관복음과는 달리 예수의 십자가 혹은 죽음을 승귀와 영광이라고 보았는가'에 대한 대답이 가능해졌다.[11] 이 주장은 부분적인 설득력을 갖는다. 십자가와 죽음 장면에서 예수의 영광과 승귀는 확실히 드러난다. 그러나 예수의 영광과 승귀는 단지 십자가와 죽음에서뿐만이 아니라 지상 사역 내내 과시되는 것이었다.[12] 예수는 표적을 통해(2:13-22), 자기 선언을 통해(5:18; 8:58; 10:30; 17:11) 이미 자신과 하나님의 동등함 혹은 하나님 됨을 밝혔다. 십자가 장면에서 부활의 자리를 없게 만드는 것처럼 보이는 것이 있다면, 그것은 십자가에서만 영광과 승귀가 일어나기 때문이라기보다는 십자가에서 예수가 남긴 마지막 말 때문이다. 예수는 마치 더 이상 자신이

들려 올림'이라는 어구를 통해 십자가가 승귀와 영광뿐 아니라 구원에 결정적인 역할을 담당하게 하고 있음을 논증한다.

11) M. Pamment, "The Meaning of Doxa in the Fourth Gospel," *Zeitschrift für die Neutestamentliche Wissenschaft* 74(1973), 12-16, 특별히 12.

12) 이런 의미에서 요한복음을 개괄하면서 1:19부터 12:50을 '표적의 책'으르, 13:1부터 20:29를 '영광의 책'으로 구분한 브라운의 주장은 그다지 설득력이 있지 않다. Raymond E. Brown, *An Introduction to the Gospel of John*, ed. F. J. Moloney (The Anchor Yale Bible Reference Library: Yale University Press, 2003), 299-300. 브라운이 '표적의 책'이라고 한 부분에서도 영광은 계속해서 드러난다. 표적 자체가 예수의 영광을 드러내는 것이었다.

해야 할 사역이 필요 없다는 이해를 불러올 수 있도록 이렇게 말한다. "다 이루었다"(19:30). 통상적으로 예수의 죽음을 가리킨다고 해석되던 19장 30절의 'παρέδωκεν τὸ πνεῦμα'가 예수의 죽음보다는 성령의 수여를 의미한다는 것을 감안하면[13] '다 이루었다'라는 예수의 선언은 더욱 의미심장하게 들린다. 이후에 청중들은 과연 예수가 해야 할 사역이 무엇이 더 남았는지를 묻게 된다. 그러나 요한은 예수의 부활 이야기를 이어나간다. 그가 최소한 마가복음과 누가복음을 알고 있었다는 견해를 받아들이면,[14] 요한은 부활 이야기를 매우 미미하게 처리하는 마가복음에 전례에 따라 부활 이야기를 삭제할 수도 있었다. 그러나 그는 공관복음보다 더 많이 보도한다. 그는 부활 현현 장면을 20-21장에 걸쳐 보도할 뿐 아니라, 고별 연설에서도 예수가 부활에 관해 가르친 것으로 보도한다. 이것은 불트만의 주장과는 달리[15] 단지 확립된 전승을 별 목적 없이 확장하고 있는 것이 아니다. 전승을 편집하고 재해석하는 데에 거리낌이 없었던 요한이 유독 부활 전승에서만은 보수적인 전승수집가의 면모를 보였다고 추측하는 것은 설득력이 없다. 또한 별 목적 없이 확장했다고 보기에는 요한복음의 부활 본문은 너무나 긴 분량이다. 도리어 요한이 예수의 부활 이야기에 예수의 승귀나 영광 외에 다른 목적이나 중요성을 부여하고 있다고 추정하는 편이 더 설득력이 있다. 이러한 추정은 요한복음의 부활 이야기가 다른 부활 전승이 초점을 맞추고 있는 예수의 승귀와 영광 외에 다른 주요한 목적이나 기능을 갖고 있는지를 점검하게 한다. 이 작업은 요한이 부활의 중요성을 감소시켰다는 주장의 두 번째 전제, 곧 요한복음에 나타난 부활의 주요 함의와 기능이 예수의 승귀와 영광에 집

13) 이에 대해서는 Joong Suk Suh, "The Spirit and the Johannine Community," 「한국기독교신학논총」 78(2011), 111-131, 특별히 113-117를 보라.

14) 게르트 타이센, 『복음서의 교회정치학』, 류호성 · 김학철 옮김 (서울: 대한기독교서회, 2002[Gerd Theissen, *Gospel Writing and Church Politics-A Socio-rhetorical Approach*, Hong Kong: Theology Division, Chung Chi College, Cuhk, 2001]), 128.

15) R. Bultmann, *Theology of the New Testament*, 2:56.

중되어 있다는 전제가 옳은지를 논의하는 것과 맞물려 있다.

III. 예수의 부활과 도래

부활과 예수의 승귀 및 영광이 밀접하게 연관되어 있다는 것은 신약성서 곳곳에서 어렵지 않게 찾아볼 수 있다. 라이트(N. T. Wright)의 표현을 빌리면 신약성서 여러 곳에서 예수의 부활은 "하나님의 아들의 부활"로 제시된다.[16] 누군가 부활했다고 해서 그가 자연스럽게 '하나님의 아들'로 선언되는 것은 아니다. 그러나 신약성서의 기자들은 예수의 부활을 특징적으로 해석하면서 그의 부활이 그가 하나님의 아들로 승귀한 증거라고 선언한다. 가령 로마서 1장 3-4절에서 바울은 이전 전승을 참고하여 이렇게 쓴다. "… 육으로는 다윗의 씨로부터 났고, 거룩한 영으로는 죽은 사람들로부터 부활을 통해 능력으로 하나님의 아들로 선언된 예수 그리스도 우리 주."[17]

뉴만(C. C. Newman) 역시 부활과 영광을 연결한다. 그에 따르면 고기독론보다는 예수의 부활에 대한 초기 기독교인들의 믿음이 예수에게 야웨의 영광을 돌리는 품목이자, 이후에 기독교와 유대교의 분리를 가져왔다.[18] 그러나 요한복음에서 부활은 공관복음이나 바울 전승과는 달리 승귀나 영

16) N. T. 라이트, 『하나님의 아들의 부활』, 박문재 옮김 (서울: 크리스챤 다이제스트, 2005[N. T. Wright, *The Resurrection of the Son of God*, Minneapolis, MN: Fortress Press, 2003]), 1108-1136.

17) 이 구절은 다양한 해석의 역사를 갖고 있다. 이에 대해서는 Joshua W. Jipp, "Ancient, Modern, and Future Interpretations of Romans 1:3-4: Reception History and Biblical Interpretation," *Journal of Theological Interpretation* 3(2, 2009), 241-259를 보라.

18) C. C. Newman, "Resurrection as Glory: Divine Presence and Christian Origins," in *The Resurrection: An Interdisciplinary Symposium on the Resurrection of Jesus*, eds. S. T. Daivs, D. Kendall, and G. O'Collins (Oxford: Oxford Univ. Press, 1997), 59-89.

광보다는 다른 데에 초점이 있다. 요한은 부활을 예수의 도래의 실현, 곧 공동체가 경험하는 재림의 실현으로 해석한다.

예수는 고별연설에서(13:31-17:26) 자신의 떠나감과 도래, 그리고 그 과정 중에 일어날 일에 관하여 가르친다. 그 가르침은 이렇게 요약될 수 있다. 예수는 잠시 동안 제자들을 떠날 것이다(13:33; 14:28; 16:16-19). 그러나 그는 제자들을 고아처럼 버려두지 않고, 다시 그들에게 갈 것이다(14:3, 18, 19). 예수가 잠시 없는 동안 제자들은 두려움과 슬픔에 사로잡힌다(16:6, 21). 그러나 예수가 다시 올 때 그들은 기쁨과 평화를 누릴 것이다(14:27; 15:11-12; 16:20-24; 16:33; 17:13). 이 모든 일이 가능한 것은 예수가 살아 있고, 제자들도 살아 있을 것이기 때문이다(14:9). 제자들이 예수의 서로 사랑하라는 계명을 지키며(13:34-35; 14:21, 23) 하나가 되어 예수 안에 머물면, 예수도 그들 가운데 머물 것이다. 그러나 제자들은 예수를 보고 또 알지만, 세상은 예수를 보지도 알지도 못할 것이다(14:9, 19).

요한은 십자가와 부활을 각각 예수의 떠나감과 다시 옴과 대응시키는데, 이것은 20장 19-20절에서[19] 잘 드러난다. 20장 19-20절은 제자들이 모였을 때 일어났던 첫 번째 예수의 부활 현현을 보도한다. 요한은 이때를 '주간의 첫 번째 그날 저녁'(ὀψίας τῇ ἡμέρᾳ ἐκείνῃ τῇ μιᾷ σαββάτων)으로 소개한다. 시간에 대한 소개는 막달라 마리아가 예수의 빈 무덤을 확인한 '주간의 첫 날'(Τῇ δὲ μιᾷ τῶν σαββάτων, 20:1)과 겹친다. 이 날을 특기한 것은 이미 안식일과 구별되는 기독교인들의 모임을 반영하는 듯 보인다(cf. 고전 16:2). 이날 저녁, 제자들이 '두려움' 가운데 문을 닫아걸고 있을 때에 예수가 '왔다'(ἦλθεν).

---

19) 이 본문은 주로 성령 수여 및 죄의 용서에 관해 초점을 두고 연구되었다. T. R. Hatina, "John 20,22 in its Eschatological Context: Promise or Fulfillment?" *Biblica* 74(2, 1993), 196-219; C. Bennema, "The Giving of the Spirit in John's Gospel - A New Proposal?" *The Evangelical Quarterly* 74(3, 2002), 195-213; J. A. Emerton, "Binding and Loosing - Forgiving and Retaining," *Journal of Theological Studies* 13(1962), 325-331.

복음서는 물론 신약 전체에서 예수의 부활 현현이 'ἔρχομαι' 동사형으로 표현된 사례가 없다. 뷰틀러(Johannes Beutler)의 지적대로 신약성서에서 이 동사가 예수의 도래를 표현하기 위해 사용될 때, 이것은 마지막 때에 예수 혹은 인자의 종말론적인 도래, 곧 재림을 표현하기 위해 사용되었다(막 13:26; 마 24:30; 눅 21:27).[20] 그러나 요한은 마지막 때에 있을 인자의 도래, 곧 다니엘서 7장이나 신약성서의 전승에서 종말론적 도래를 두드러지게 나타나는 그 동사를 부활의 예수에게 곧바로 적용한다. 이것은 요한이 예수의 현현일을 특정하는 것과 맞물려서 예수의 다시 옴이 종말, 곧 '그날'에 있을 도래가 지금 제자들의 모임 가운데 일어나고 있음을 암시한다. 예수는 이미 고별연설에서 이런 방식으로 떠나고 다시 '와서', 제자들 가운데 머무는 것에 관해 말하였다. "나는 너희들을 고아처럼 버려두지 않겠다. 나는 너희에게로 갈 것이다(ἔρχομαι)"(14:18), "그날에(ἐν ἐκείνῃ τῇ ἡμέρᾳ) 너희는 내가 내 아버지 안에 있고, 너희들은 내 안에 있고 나는 너희 안에 있음을 알게 될 것이다"(14:20). 이 약속대로 예수는 '그날에' 두려움 가운데 떨고 있는 제자들을 버려두지 않고 그들에게로 '간다.' 그리고 그들 가운데로 섰다(ἔστη εἰς τὸ μέσον).[21] 예수는 유대인에 대한 두려움 때문에 문을 닫아 둔 제자들에게 '평화'의 인사(εἰρήνη ὑμῖν)를 건네는데, 이 역시 고별 연설에서 예수가 예언한 바의 실현이다(14:27; 16:33). 이 평화는 세상에서 환난을 당하나 세상을 이긴 자가 주는 평화이다. 부활 후에 이것은 세상이 주는 죽음

20) Johannes Beutler, "Resurrection and the Forgiveness of Sins. John 20:23 against Its Traditional Background," in *Resurrection of Jesus in the Gospel of John*, 239.

21) Sandra M. Schneiders, "The Raising of the New Temple: John 20:19-23 and Johannine Ecclesiology," *New Testament Studies* 52(3, 2006), 337-355은 'ἔστη' 동사를 요한복음 2:19-21 사건과 연결 지으려 한다. 그 본문에서 요한은 예수가 "이 성전을 헐라, 삼일 되는 날에 내가 그것을 다시 일으켜 세우리라."라고 말하고, 제자들은 예수의 부활 후에 '성전'이 자신의 몸을 가리킨다는 것을 깨닫게 되었다고 기록한다. 슈나이더스는 설득력 있게 요한복음 2:19-23에 드러난 요한의 교회론에 관해 논증한다.

에도 불구하고 그 죽음을 이긴 자가 제자들에게 선사하는 평화가 된다.

20절은 평화의 인사 후에 예수가 자신의 상처를 보여주자 제자들은 더 이상 유대인들을 두려워하기보다는 주님을 '보고'(ἰδόντες) '기뻐하는'(ἐχάρησαν) 장면을 보도한다. 이 장면 역시 예수가 고별연설에서 한 약속의 실현이다. 예수는 십자가를 통해 떠나간 자신을 세상은 다시 보지 못하지만, 제자들은 잠시 후에 자신을 '보게' 될 것이라고 약속했다. "조금 후에 세상은 나를 더 이상 보지(θεωρεῖ) 못한다. 그러나 너희들은 나를 볼 것이다(θεωρεῖτέ). 왜냐하면 나는 살아 있고, 너희도 살 것이기 때문이다"(14:19). 제자들이 예수를 다시 보게 될 수 있는 이유는 예수가 '살아 있기' 대문에, 다시 말해 부활했기 때문이다. 바로 이렇게 예수가 살아 있기 때문에 제자들은 더 이상 두려워하지 않고 기뻐하는데, 슬픔이나 두려움과 같은 부정적인 감정이 기쁨으로 바뀐다는 것 역시 예수가 고별연설에서 한 약속이었다. "진정으로 진정으로 너희에게 말한다. 너희는 울고 애통하겠지만, 세상은 기뻐하리라. 그리고 너는 고통을 당할 것이다. 그러나 너희의 고통이 변하여 기쁨이(χαρὰν) 될 것이다"(16:20), "너희들 역시 지금은 슬퍼한다. 그러나 나는 너희들을 다시 볼 것이고, 너희들의 가슴은 기뻐할 것이다. 그리고 누구도 너희로부터 너희의 기쁨을 가져가지 않을 것이다"(16:22).[22] 고별 연설에서 행한 이 예언 혹은 약속은 예수의 부활, 곧 살아 있는 예수의 다시 '옴'으로 제자들이 모인 바로 그 부활 현현 자리에서 실현된다.

20장 19-20절은 예수의 부활 현현을, 예수가 제자들의 공동체로 와서 그들 가운데 머물며 평화와 기쁨을 주는 예수의 도래로 해석한다. 이것은 공관복음과는 현저히 구별된 부활에 대한 요한의 실현된 종말론적 해석이라 할 수 있다. 요한복음에서 부활은 종말에 있을 것이라고 예언되었던 예수의 도래이고, 이 도래는 이미 성취되었다. 따라서 요한이 부활의 중요성을 감소시켰다는 주장의 두 번째 전제, 곧 요한복음에 나타난 부활의 주요 함의와

22) 16:20, 24 외에도 예수가 예언하고 제자들에게 약속한 기쁨에 관해서는 15:11, 16:24, 17:13 등을 참조하라.

기능이 예수의 승귀와 영광에 집중되어 있다는 전제는 성립하지 않는다고 판정할 수 있다. 요한은 예수의 승귀나 영광보다는 예수가 약속한 떠난 후에 다시 '옴'이 실현되는 사건으로 부활을 해석한다. 이는 요한이 부활의 중요성을 감소시킨 것이라기보다는, 부활을 다른 측면에서 해석하며 다른 각도에서 중요성을 부여한 것이다.

IV. 부활한 예수와 성령-보혜사의 현존

예수의 부활을 예수의 도래로 보는 이 논문의 논지를 두고 혹자는 다음과 같이 질문할 수 있다. 예수의 부활이 예수의 도래를 의미한다면 제자들에게 온 예수는 어떤 상태로 제자들과 관계를 맺는가? 요한복음에 소개된 몇 번의 현현이 전부인가? 만약 예수의 도래가 단지 몇 번의 현현을 가리키는 것이라면, 자신이 다시 왔을 때 일어날 예수의 약속들은 어떻게 되는가? 예수는 자신의 아버지 집에 제자들을 위해 거처를 예비하러 떠나고(14:2), 다시 왔을 때는 제자들을 영접하며 자신이 있는 곳에 함께 있게 하리라고(14:3), 나아가 자신의 아버지와 자신이 함께 하리라고(14:23) 약속하였다. 그러나 예수의 도래로 그런 일들은 일어나고 있는가?[23] 나아가 예수의 부활이 몇 번의 현현을 통한 도래라면 요한복음에서 부활의 중요성은 감소되어 있는 것이 아닌가? 이와는 달리 만약 예수의 도래가 단지 몇 번의 현현이 아니라 예수와 제자들의 지속적인 상호 거주의 관계를 가져온다면, 부활한 예수와 예수가 약속한 성령-보혜사의 역할 구분은 어떻게 되는가? 고별연설에서 예수는 하나님께 '다른 보혜사'를 구하겠다고 하였고(14:16-17), 자신이 떠나고 보혜사가 제자들에게 오는 것이 그들에게 보다 유익하다고 말했다(16:7).

23) Raymond E. Brown, *The Gospel according to John*, 3 vols. (New York: Doubleday & Company, Inc., 1966-70), 2:646은 예수의 부활이 이런 사건들을 시작하게는 했지만 부활만으로 이런 사건들이 모두 설명되지는 않는다고 주장한다.

예수는 보혜사와 자신을 다른 존재로 구분하는 듯 말하면서, 자신이 떠난 이후에 보혜사가 와서 자신이 부재하는 상황에서 역할을 수행하는 것처럼 말한다. 따라서 성령-보혜사에 대한 약속과 예수의 도래가 조화를 이루려면 14장 18절 등지에서 예수가 말한 다시 옴은 예수의 부활이 아니라 마지막 때의 재림을 가리키는 것이 아닌가? 예수가 마지막 때에 재림할 때까지 제자들과 함께 머무는 것은 성령-보혜사이고, 이것은 이른바 공관복음 전승에 나타난 미래적 종말론의 구도에 보다 잘 어울리는 것이 아닌가?

위에서 제기된 질문은 언뜻 설득력 있게 들릴 수 있다. 고별연설에서 예수는 하나님께 '다른 보혜사'(ἄλλον παράκλητον)를 구하겠다고 하였고(14:16-17), 자신이 떠나고 다른 보혜사가 제자들에게 오는 것이 그들에게 보다 유익하다고 말한다(16:7). 따라서 적지 않은 학자들은 제자들에게 다시 와서 아버지와 더불어 제자들과 함께 머물 것이라는 예수의 약속은 성령-보혜사의 도래로 실현된다고 주장한다.[24] 위에서 제기된 질문들은 부활한 예수와 성령-보혜사의 관계, 또 예수의 부활 및 도래와 성령-보혜사의 도래 사이의 관계를 살펴봄으로써 해결될 수 있다. 뿐만 아니라 이 질문에 대한 답변을 찾아가는 과정은 부활한 예수가 제자들의 공동체에 현존하는 방식에 대해서도 알려준다.

요한은 예수와 성령-보혜사의 관계를 공관복음의 그것과는 사뭇 다르게 보도한다. 공관복음과 비교할 때 요한의 성령-보혜사가 갖는 가장 두드러지고 중요한 특징은 예수와의 관계에 있다. 성령-보혜사는 철저하게 예수와의 관계 속에서 활동하며, 그의 정체성 역시 예수와 분리되어 생각할 수 없다.[25] 공관복음의 성령은 예수의 탄생 및 수세와 시험 장면부터 등장하여

---

24) 가령 R. E. Brown, *The Gospel according to John*, 2:643-644을 보라.

25) 이에 대한 가장 포괄적이고 자세한 논의는 Gary Burge, *The Anointed Community: The Holy Spirit in the Johannine Tradition* (Grand Rapids: Eerdmans, 1987)에 의해 수행되었다. 최근에 나온 가장 주목할 만한 요한의 성령에 대한 연구로는 Tricia Gates Brown, *Spirit in the Writings of John: Johannine Pneumatology in Social-scientific Perspective* (London: T & T Clark, 2003)이 있다. 브라운 역시

예수의 사역 배후에 놓인 힘의 근원으로 지목된다. 예수는 성령에 힘입어 가르치고 기적을 일으킨다. 반면 요한복음에서 성령-보혜사는 예수의 가르침이나 표적 배후의 힘으로 등장하지 않고, 다만 예수가 하나님의 아들임을 알리는 역할에만 집중한다.[26] 요한의 성령론은 기독론적 관점에서 조정된다.

또 다른 특징은 예수와 성령-보혜사 사이의 병행 품목들이 많다는 것이다. 둘 모두 아버지에 의해 파송 받아(예수 - 3:16; 5, 7, 9, 12장/ 성령-보혜사 - 14:6, 26) 제자들과 함께, 안에, 곁에 머문다(예수 - 3:22; 13:33; 14:20/ 성령-보혜사 - 14:16-17). 그러나 세상은 둘 모두를 받아들이지도 않고, 보지도 못하고, 알지도 못한다(예수 - 1:11; 5:53; 16:3; 8:19; 10:14; 14:19; 16:16-17/ 성령-보혜사 - 14:7, 17). 둘 모두 세상에 와서(예수 - 5:43; 16:28; 18:37/ 성령-보혜사 15:26; 16:7, 13), 자기 스스로가 아니라 들은 것을 말하는데, 예수는 아버지에게 들은 것을(7:17; 8:26-28; 14:10) 성령-보혜사는 예수에게 들은 것을 말하고(16:13) 세상에 증언한다(예수 - 5:31-47; 8:13-20/ 성령-보혜사 16:8). 둘 모두 자신을 보낸 자에게 영광을 돌리는데, 예수는 아버지에게(12:28; 17:1, 4) 성령-보혜사는 예수에게(16:14) 영광을 돌린다. 둘 모두 계시하고 가르치며(예수 - 4:24/ 성령-보혜사 - 16:13-15), 온전한 진리로 인도한다(예수 - 18:37/ 성령-보혜사 16:13). 성령-보혜사는 진리의 영이고(15:26; 14:17), 예수는 진리이다(14:6; 16:13). 그리고 둘 모두 보혜사이다(예수 - 14:16; 요일 2:1/ 성령-보혜사 - 14:16).[27]

위의 두 특징이 무엇을 의미하는가에 대해서는 크게 세 가지 방향의 해석이 있었다. 하나는 예수와 성령-보혜사가 한 인격(character)이라고 주장

성령-보혜사가 예수와의 관계 속에서 해명된다는 점에 동의한다.

26) 요한의 예수와 성령-보혜사의 관계를 공관복음과 비교한 것으로는 Joong Suk Suh, "The Spirit and the Johannine Community," 111-117을 보라.

27) 예수와 성령-보혜사 사이의 병행에 관해서는 Gary Burge, *The Anointed Community*, 141을 보라.

하면서 보혜사를 '예수의 영'(Jesus' Spirit)으로 간주하는 것이다.[28] 이 견해에 따르면 부활한 예수와 자신의 영인 성령-보혜사는 동일한 존재의 다른 현존 양태일 뿐이다. 두 번째 해석은 이른바 예수와 성령-보혜사 사이를 '기능론적 연합'의 사이로 보는 것이다.[29] 이 견해는 예수와 성령-보혜사가 분명 다른 두 존재이지만, 같은 기능을 수행하며 특히 성령-보혜사는 예수의 약속을 실현하는 기능을 담당하는 역할을 가진 존재로 제시된다고 주장한다. 마지막 하나는 예수가 아버지에게 돌아간 이후 예수가 지상적 사역을 계속할 수 없었기 때문에, 예수와는 다른 성령-보혜사가 지상에서 예수가 하던 일을 넘겨받았다는 것이다.[30] 이런 입장은 미래적 종말론의 틀을 요한이 유지한 채 예수와 성령-보혜사의 관계를 설정했다고 생각한다. 부활한 예수는 부재하고, 그 공간은 성령-보혜사의 활동으로 채워진다는 것이다. 그러나 이 세 견해 모두 신적 존재들 사이의 관계를 설정하는 요한의 논리에 천착하기보다는 자신의 논리를 강화하는 본문을 채택하는 데에 주력하였다. 요한은 하나님과 예수 사이의 관계 설정의 논리로 예수와 성령-보혜사 사이를 규정한다.

요한은 예수가 "하나님의 아들"이라고 소개하며 예수의 신적 기원과 그의 신적 모습을 강조한다(1:34; 3:18; 10:36; 11:3, 27; 17:2; 19:7; 20:31). 하나님의 아들로서 예수는 아버지의 것을 모두다 위임 받았다(17:10). 아들은 이를 통해 영광을 받고, 하나님의 일을 함으로써 아버지를 영광스럽게 한다. 나아가 요한은 예수가 하나님이라고 선언한다(1:14). 예수와 하나님은 상호거주 한다. 곧 하나님은 예수 안에, 예수는 하나님 안에 거한다(17:21). 이러한 상호거주의 의미를 10장 30절은 "나와 아버지는 하나이다."라는 예

28) John Wijngaards, *The Spirit in John* (Wilmington, DE: Michael Glazier, 1988), 70.

29) Eskil Franck, *Revelation Taught: The Paraclete in the Gospel of John* (Lund: C.W.K. Gleerup, 1985), 39-41.

30) Gary Burge, *The Anointed Community*, 141.

수 천명으로 설명한다. 결국 요한은 도마의 입을 빌어 예수가 하나님이라고 고백하도록 한다(20:28). 그러나 동시에 예수는 하나님이 자기보다 크다고도 말한다(14:28). 하나님은 예수를 보내고, 예수는 하나님에게 보냄을 받는다. 보냄을 받는 자가 보내는 자보다 크지 않다(3:16; 5, 7, 9, 12장). 예수는 자기의 뜻대로 말하거나 일하지 않고 하나님의 뜻대로 말하고, 그가 일하는 대로 일한다(7:17; 8:26–28; 14:10).

예수와 하나님의 하나 됨과 하나님이 예수보다 크다는 두 선언의 차이에도 불구하고 (예수가 하나님하고 동등하든 그렇지 않든 간에) 요한의 예수는 하나님에게로 가는 길이자, 하나님 자체를 보여준다는 데에는 일치한다. 예수를 보고 아는 사람은 곧 하나님을 보고 안 것이다(14:7, 9). 그리고 그것이 영생을 가져다준다(17:3). 이러한 논리가 예수와 성령–보혜사 사이에도 적용된다. 둘은 이미 위에서 지적한 대로 여러 면에서 같은 존재로 보일 정도로 같은 묘사가 적용된다. 그러나 동시에 두 존재는 구분된다. 매우 독특하게 요한은 (하나님이 아니라) 예수 자신이 성령–보혜사를 제자들에게 수여한다(16:7; 19:30; 20:22). 보냄을 받은 자는 보낸 자보다 크지 못하다(13:16). 성령–보혜사는 자신을 보낸 예수에게 들은 것을 말하고(16:13), (역시 하나님이 아니라) 예수에게(16:14) 영광을 돌린다. 이와 같이 하나님과 예수가 같은 존재로 보이지만 서로 구분이 되듯, 예수와 성령–보혜사는 같은 일을 하는 동일한 존재인 듯 보이는 동시에 구분된다. 이는 예수가 하나님에게로 가는 길이자 하나님 자체이듯, 성령–보혜사는 제자들에게 부활한 예수에게 가도록 돕고, 부활한 예수 자체로 느끼게 한다.[31] 예수가 보낸 '다른 보혜사'는[32] 살아 있는 예수의 현존으로 가는 길이자 부활한 예수 자체

31) 브라운은 후원자 체제의 관점에서 성령–보혜사가 제자들에게 예수를 만나게 하는 '브로커'라고 설명한다. 이러한 설명은 성령–보혜사의 주된 역할을 설명하는 데에는 적절하지만, 성령–보혜사가 예수의 현존을 매개하는 것을 묘사하는 데에는 부족하다. Tricia Gates Brown, *Spirit in the Writings of John*, 232–234.

32) 왜 요한이 '다른 보혜사'라는 명칭이 사용했는가에 관해서는 서중석, 『복음서 해석』 (서울: 대한기독교서회, 1991), 325–327을 참조.

라는 것이다.

예수는 부활을 통해 제자들에게 오고, 계속해서 온다. 이 계속된 도래는 성령-보혜사를 통해서 이루어진다. 예수의 계명을 지키고 그를 사랑하는 사람들에게 성령-보혜사는 부활한 예수, 곧 살아 있는 예수의 현존 자체이다. 예수는 '다른 보혜사'를 통해 제자들과 영원히(14:15) 함께 있다. 이로써 이 장(章)의 처음에 제기될 수 있는 의문에 대한 답변을 하였다. 예수의 부활은 몇 번에 걸친 현현만이 아니라 지속적으로 제자들과 함께, 그리고 그들 안에 있는 예수의 옴의 실현이었다. 그리고 그것은 '다른 보혜사'를 통해서 지속되는데, 다른 보혜사는 부활한 예수의 현존을 서로 사랑하는 계명을 준수하는 제자들에게 알게 하였다. 그리하여 요한공동체는 부활의 예수의 현존을 누리는 공동체로 구성원들에게 경험된다. 이렇게 부활한 예수를 경험하는 공동체 구성원들은 전통적으로 미래에 일어날 것이라고 간주되는 의인의 부활과 자신들이 어떤 관계가 놓이게 된 것인지를 묻게 될 수 있다.

V. 예수의 부활과 제자들의 부활

종말론을 전개하는 대다수의 1세기 유대교는 다음과 같은 종말의 시나리오를 공유하고 있었다. 메시아의 도래, 신실한 사람의 신원, 이스라엘의 회복, 거룩한 사람들과 (제2이사야를 따르면) 각 나라에서 선택된 사람들의 모임, 죽은 사람들의 부활, 최후의 심판을 통해 사악한 자에 대한 정죄 및 의로운 자들에게 수여되는 영생 등.[33] 복음의 전승을 이어받았다고 주장하는 바울(고전 15:1-3)과 공관복음 기자들은 예수가 메시아라는 고백 위에 통상

33) Larry R. Helyer, "The Necessity, Problems, and Promise of Second Temple Judaism for Discussions of New Testament Eschatology," *Journal of the Evangelical Theological Society* 47(4, 2004), 597-615. 그에 따르면 신약성서의 배경이 되는 제2성전기 유대교의 종말론을 주도적으로 만들어간 이들은 일부 바리새파였다.

적인 종말론의 전체적인 시나리오를 재구성한다. 메시아로서 예수는 이미 왔다. '이미' 온 하나님의 나라는 '아직' 온전한 완성을 이루지 못했지만, 두 시대 사이에서 종말은 본격적으로 일어나고 있다. 이스라엘은 새로운 언약 백성의 탄생(교회) 속에서 회복되어가며, 이 새 언약 공동체에 이스라엘 사람들과 이방 선교를 통해 이방인들이 참여한다. 물론 죽은 사람들의 부활, 최후의 심판, 의인에 대한 보상과 악인에 대한 처벌이 '아직' 일어나지는 않았지만 반드시 일어날 것이다. 이것은 예수의 부활과 예수가 죽은 사람들을 살리는 일 등을 통해 보증되었다.[34)]

예수를 사랑하고 그의 계명을 지키는 제자들에게 부활한 예수가 성령-보혜사를 통하여 도래하고, 또 영원히 현존한다면, 묵시문학적 종말론에 익숙한 요한복음의 일부 일차 청중들은 자연스럽게 예수의 도래로서의 부활이 제자들의 부활에 어떤 영향을 미치는지를 묻게 된다. 부활을 통해 예수의 도래가 이루어졌다면 위의 모든 일들은 어떻게 되는 것인가?[35)] 특별히 제자들의 부활은 어떻게 일어나는가? 이에 대한 대답은 요한복음 연구에서 오래된 주제인 이른바 실현된 종말론과 미래적 종말론의 문제와 직결된다.

요한복음의 부활에 관한 언급을 찾아보면 이 품목에 관해서도 이른바 미래적 종말론과 실현된 종말론을 지지하는 본문들이 긴장을 이룬다. '부활'(ἀνάστασις)이라는 단어는 요한복음에 총 4번 나온다(5:29[2번]; 11:24, 26). 그중 세 번은 미래에 있을 부활을 말한다. 5장 29절에서 미래에 있을 부활을 말하는 화자는 예수 자신이다. 그곳에서 예수는 무덤 속에 있는 사람들이 아들의 음성을 들을 때가 오고, 그때에는 선한 일을 한 사람들은 부활하여 생명을 얻고, 악한 일을 한 사람들은 부활하여 심판을 받는다고 선언한다. 요

34) R. Alan Culpepper, "Realized Eschatology in the Experience of the Johannine Eschatolgoy," in *Resurrection of Jesus in the Gospel of John*, 253-276.

35) 부활 외의 다른 주제들은 이 논문의 범위를 넘어선다. 심판을 통해 사악한 자에 대한 정죄 및 의로운 자들에게 수여되는 보상에 관한 논문으로는 서중석, "요한복음의 심판과 요한공동체의 상황", 「신약논단」 16(4, 2009), 1011-1049를 참조하라.

한복음에서 미래에 있을 부활을 말하는 또 다른 화자는 마르다이다. 마르다는 나사로가 다시 살아날 것이라는 예수의 말(11:23)에 대하여, "마지막 날 부활 때에"(ἐν τῇ ἀναστάσει ἐν τῇ ἐσχάτῃ ἡμέρᾳ) 나사로가 "다시 살아나리라는 것을" 안다고 답변한다(11:24). 현재에 누리는 '부활'을 의미하는 단 하나의 용례는 마르다의 '앎'에 대한 예수의 응답이다. 예수는 마르다 앞에 있는 예수 자신이 "부활이고 생명"(11:25)임을 선언한다.

부활을 뜻하는 '일으키다'(ἀνίστημι)의 용례도 시제의 긴장을 갖고 있기는 마찬가지다. 예수는 하나님이 자기에게 준 사람들을 '마지막 날에' '일으킨다'고 6장에서 4번에 걸쳐 말한다(6:39, 40, 44, 54). 그곳에서는 모두 '마지막 날'과 '일으킨다'가 짝지어 반복된다. 마르다 역시 '마지막 날'에 '일으킴'을 안다(11:24). 현재적 의미를 갖는다고 간주할 수 있는 '일으킴'은 단지 나사로(11:23)와 예수의 경우만(20:9)이다.

'부활'과 '일으키다'의 용례 다수는 부활, 특별히 신자들의 부활은 미래에 있을 것으로 말한다. 그러나 그것에 대응하는 현재적 부활에 대한 예수의 매우 강력한 선언(11:25)이 있다. 또 그 선언에서는 '부활'과 '생명'이 등치되는데, 요한복음은 예수를 믿는 이들이 생명 혹은 영생을 현재 소유하고 있음을 알린다(3:36; 4:14; 5:24; 6:47, 53; 17:3 등). 따라서 요한복음은 제자들에게 일어날 미래의 부활을 말하는 동시에 그들이 현재에 누리는 부활을 말한다.

미래적 종말론과 현재적 종말론을 해결하려는 시도는 지금까지 크게 두 가지 방향에서 진행되었다. 첫 번째 방향은 요한복음에서 미래적 종말론이나 실현된 종말론 중 하나가 지배적인 것으로 평가하고, 다른 종말론을 보여주는 본문을 그 틀에서 해석하려는 노력이다. 이러한 해석의 대부분은 실현된 종말론을 요한복음의 주된 종말론으로 채택하고 이 전망에서 미래적 종말론적 요소들을 설명하려 한다.[36] 그러나 이러한 경향의 연구는 자신의

36) 이에 대한 소개로는 Jörg Frey, *Die Johanneische Eschatologie, vol. 3: Die Eschatologische Verkündigung in den Johanneischen Texten* (WUNT 117;

견해를 유지하기 위해 자신의 의견과 다른 본문의 중요성을 삭감한다는 비판을 피하기 어렵다.

다른 해결 방안은 편집비평적 전망을 갖는 것이다.[37] 편집비평가들 사이에 완전히 일치된 견해가 있다고 할 수는 없어도, 요한의 종말론에 관한 대략의 윤곽은 제시될 수 있다. 이들에 따르면 요한은 신자들이 지금 여기서 누리는 생명을 부활로 해석한다. 이것은 초기 예수 추종자들의 묵시문학적 유산을 급진적으로 재해석한 것인데, 미래 종말론적 희망을 삭감하려는 이러한 해석은 복음서 편집의 마지막 단계에 가서 완화된다. 마지막 단계에서 요한은 예수의 육의 부활과 신자들이 미래에 부활할 것이라는 주장을 자신의 복음서에 담게 된다.[38] 마지막 편집에서 미래적 종말론이 들어가게 된 이유에 관하여 여러 추정들이 있지만, 그것들은 다른 기독교 공동체와의 신학적이고 비판적인 대화를 상정한다. 가령 라일리(Gregory Riley)는 도마복음과 도마행전에 반영된 초기 기독교 공동체와 요한공동체 사이의 비판적 토론을 상정한다.[39] 도마복음은 부활을 미래적 실재라기보다는 개인의 영적 변화로 간주했고, 요한은 마지막 편집 단계에서 도마복음 공동체와의 신학적 분리의 필요성에 직면하여 미래의 육체적 부활이 절실해졌다는 것이다. 그러나 편집비평의 난점은 주도면밀한 편집가가 왜 다수의 실현된 종말론

Tübingen: Mohr Siebeck, 2000). 그러나 신약의 전체적인 종말론을 '이미'와 '아직'이라는 틀에서 해석하면서 요한복음의 본문 역시 그러한 틀에서 해석하려는 시도도 있다. N. T. Wright, *The Resurrection of the Son of God* (Minneapolis: Fortress Press, 2003).

37) Hans Christian Kammler, *Christologie und Eschatologie: John 5,17-30 als Schlüsseltext Johanneischer Theologie* (WUNT 126; Tübingen: Mohr Seibeck, 2005).

38) Harold W. Attridge, "From Discord Rises Meaning: Resurrection Motifs in the Fourth Gospel," in *Resurrection of Jesus in the Gospel of John*, eds. Craig R. Koester and Reimund Bieringer (WUNT 222; Tübingen: Mohr Siebeck, 2008), 3.

39) Gregory Riley, *Resurrection Reconsidered: Thomas and John in Controversy* (Minneapolis: Fortress, 1995).

본문을 그대로 놓아두었는지를 제대로 설명하지 못하는 데에 있다.

마지막 날의 부활과 현재의 부활 본문의 공존은 요한공동체 내의 갈등하며 공존했던 그룹들을 상정함으로써 이해할 수 있다. 요한공동체 내의 한 그룹은 전통적인 유대교의 묵시문학의 틀에서 예수의 부활과 도래, 그리고 최후의 심판을 주장하는 그룹이다. 이 그룹을 '묵시문학적 종말론 그룹'이라고 명명할 수 있다. 이들은 예수의 부활을 종말의 본격적인 시작으로 보고, 미래에 있을 예수의 재림을 기다리며, 예수가 주도하는 최후의 심판에서 의인들이 보상을 받는 반면 악인들은 처벌된다는 믿음을 가지고 있었던 것으로 보인다. 다른 한 편에는 '비묵시문학적 종말론 그룹'을 추정할 수 있다. 이들은 전통적인 묵시문학적 종말론과는 다른 견해, 곧 실현된 종말론을 주장했던 그룹으로 공관복음과는 확연히 다른 종말에 대한 요한복음의 견해는 바로 이 그룹의 주장이 반영된 것으로 추측할 수 있다. 이들은 예수의 부활이 일어났고, 그것이 바로 예수의 도래라고 생각하였다. 이들은 심판에 대해서도 전통적인 견해와는 다른 입장을 가졌다. 이들은 마지막 심판의 날에 벌어질 대심판을 상정하지 않는다. 대신 그들은 '이미' 심판이 일어났고, 빛과 생명을 거부한 사람이 스스로 심판을 자초한 것으로 설명한다.[40]

'묵시문학적 종말론 그룹'과 '비묵시문학적 종말론 그룹'은 서로 갈등하면서 공존했던 것으로 보인다. 물론 요한복음의 주된 종말론 색채는 '비묵시문학적 종말론 그룹'에서 나온 실현된 종말론이었고, 이것은 그 그룹이 공동체 내에 주도권을 확보한 것으로 추정하게 한다. 이러한 추정에 대하여 "비묵시문학적 그룹은 어떤 이유에서 실현된 종말론을 주장하였는가?"라는 질문이 발생할 수 있다.

이 질문에 대해서는 전통적인 답변이 있다. 통상 실현된 종말론은 예수의 파루시아의 지연에 대한 신학적 응답으로 간주되었다.[41] 그러나 실현된

40) 요한공동체 내의 '묵시문학적 종말론 그룹'과 '비묵시문학적 종말론 그룹'을 심판의 측면에서 설명한 논문으로 서중석, "요한복음의 심판과 요한공동체의 상황", 1011-1049가 있다.

종말론은 지연된 파루시아에 대한 답변이라기보다는 비묵시문학적 종말론 그룹의 종교적 경험을 반영하는 것으로 보는 편이 타당하다. 말을 바꾸면, 실현된 종말론은 지체되는 재림 약속을 신학적으로 궁색하게 변증하려는 창작의 산물이 아니라 비묵시문학적 종말론 그룹이 현재 경험하고 있는 현상에 대한 신학적 해명이다. 그들의 질문은 "왜 예수의 재림이 지체되는가?"가 아니었다. 도리어 그들이 신학적으로 답해야 할 것은, 전통적인 묵시문학적 종말론이 묘사하는 세계가 볼 수 있는 인자의 재림과 전 세계에 대한 심판이 없는데도, 또 의인들의 가시적인 몸의 형태의 부활과 악인에 대한 처벌이 없는데도, 나아가 이스라엘의 회복이 없는데도 불구하고, 왜 자신들은 하나님, 예수, 성령-보혜사의 현존을 경험하며, 진리와 영생의 기쁨을 체험하고, 예배와 성만찬을 통해 죄 용서를 확신하며, 예수의 평화를 누리며, 예수의 계명을 통해 하나님 및 서로 간의 하나 됨과 사랑을 지속적으로 경험하고 있는가였다.[42] 실현된 종말론은 묵시문학적인 종말론이 말하는 종말의 사건이 없이도 종말의 복과 기쁨과 평화를 체험하는 비묵시문학적 종말론 그룹의 신학적 자기 해명이었다. 이것은 두 번째 질문을 낳는다. 그렇다면 그 그룹이 자신의 견해와는 다른 묵시문학적 종말론 그룹의 주장을 일정 부분 수용하고 공존을 모색한 이유는 무엇인가?

두 번째 질문에 대해서는 여러 답변이 가능하다. 그러나 그중에서 가장 강력한 것은 요한공동체에서 주도적인 위치에 있었던 비묵시문학적 종말론

---

41) 대표적으로 R. E. Brown, *The Gospel according to John*, 2 vols. (New York: Doubleday & Company, Inc., 1966-1970), 1:Lxxxxv-vi을 보라. 또 J. P. Martin, "History and Eschatology in the Lazarus Narrative: John 11:1-44," *Scottish Journal of Theology* 17(1964), 332-343은 역시 파루시아의 지연뿐만 아니라 예수의 재림 전에 죽은 크리스천의 운명이라는 문제에 대한 신학적 해답이었다고 논증한다.

42) 오래전에도 유사한 통찰이 있었다. David E. Aune, *The Cultic Setting of Realized Eschatology in Early Christianity* (Leiden: Brill, 1972), 223에 따르면 실현된 종말론은 "요한공동체의 제의적 예배와 삶에 가장 적합"하였다.

그룹이 공동체의 갈등과 분열을 막고 공동체의 보존을 원했기 때문으로 추정할 수 있다. 요한의 예수는 영생과 같은 실현된 종말론적 복이 예수의 계명인 서로 사랑을 공동체 차원에서 실행할 때에야 실현되는 것이라고 선언한다. 실현된 종말론을 갖고 있던 그들에게 공동체 속에서의 삶은 곧 영생의 삶이나 다름없었다. 그들은 종말의 복을 누리고 살며, 심지어 육체적인 죽음도 그러한 영생의 삶에서 단절되는 것이 아니라 믿었다. 요한복음은 예수의 죽음이 많은 이들에게 생명을 주는 것이듯, 공동체의 구성원으로 공동체 속에서 공동체를 위해 죽는 것을 마치 '밀알'이 떨어져서 '많은 열매'를 맺는 것으로 해석한다(12:24-26). "요한공동체의 구성원들은 자신의 목숨을 내어놓아 '많은 열매' 곧 요한공동체의 보전과 확장에 기여하고 이를 통해 영원한 생명을 획득하는 길을 택하라고 격려 받는다."[43] 이러한 논리는 오늘날과 같은 개인주의적 사고방식에서는 낯선 것이지만 1세기 지중해 세계의 문화인류학적 연구 성과에 미루어 볼 때 설득력을 갖는다. 문화인류학은 당시에 집단 지향적 인격체들은 자신이 속한 그룹을 위해 희생하고, 이러한 희생을 통해 그 그룹 안에서 생명을 얻는다는 사고방식에 익숙했음을 발견했다.[44] 요한공동체 구성원들은 희생적 죽음을 통한 공동체의 보존과 확장을 하나님으로부터 오는 명예와 영생을 획득하는 길로 이해했다. 따라서 비묵시문학적 종말론 그룹은 공동체의 하나 됨 및 보존과 확장을 위해 묵시문학적 종말론 그룹의 견해를 복음서에 일정 부분 반영되도록 하였다. 비묵시문학

43) 서중석, "요한의 예수와 영생공동체", 『복음서의 예수와 공동체의 형태』(서울: 이레서원, 2007), 261. 교회사에서는 개인의 불멸을 가르치던 이들도 있었다. 순교자 져스틴(Justin the Martyr)은 사마리아인 마술사 메난더(Menander)가 "자신을 따르는 사람들은 결코 죽지 않으리라고 확신을 주었다."(*Apol.* 1.26.4)고 보도한다. 이레네우스(Irenaeus)는 메난더가 "그에게서 세례를 받아 부활을 얻었고, 더 이상 죽지 않으며, 늙지도 않고, 불멸이 되었다."며 제자들을 가르쳤다고 전한다(*Haer.* 1.23.5). William D. Mounce, *Pastoral Epistles*, Word Biblical Commentary 46 (Nashville: Thomas Nelson, 2000), 539-540.

44) 서중석, "요한의 예수와 영생공동체", 261.

적 종말론 그룹에게 부활과 생명은 하나이고(11:25), 하나님과 예수, 그리고 성령-보혜사가 머무는 공동체 내에서 살아감으로써 현재 그것들을 누리고 살 수 있다. 그러나 그들은 묵시문학적 종말론 그룹의 의견을 완전히 무시하지 않음으로써 그 그룹의 이탈을 막고자 하였다. 이러한 노력의 흔적은 5장 28절을 중심으로 한 전후 문맥에서 두드러진다.

5장 19-27절은 비묵시문학적 종말론 그룹의 의견이 반영되어 있다. 그 단락에서 아들은 아버지가 하는 모든 일을 그대로 한다(19절). 아버지가 죽은 사람들을 일으키듯 아들도 자신이 원하는 사람들을 살린다(21절). 아버지는 심지어 심판의 권세마저 '모두' 아들에게 맡긴다(22절). 이렇게 하는 이유는 모든 사람이 아버지를 공경하듯 아들도 공경하게 하려는 것이다(23절). 요한의 예수는 '진정으로 진정으로'('Ἀμὴν ἀμὴν) 자신의 말을 듣고 자신을 보낸 아버지를 믿는 사람은 현재에 이미 영원한 생명을 가지고 있고(ἔχει), 죽음에서 생명으로 옮겨갔다(μεταβέβηκεν, 24절)고 선언한다. 죽은 사람이 아들의 음성을 들을 때도 바로 지금이다(νῦν ἐστιν, 25절). 아들은 생명을 자기 속에 가지고 있기 때문이다. 그러나 바로 이어지는 5장 28-29절은 묵시문학적 종말론 그룹의 전통적인 종말론이 소개된다. 그곳에서 요한의 예수는 무덤 속에 있는 사람들이 예수의 음성을 미래에 들을(ἀκούσουσιν) 때가 온다고 가르친다. 그때의 부활은 전통적인 마지막 심판의 상과 일치한다. 선한 일을 한 사람들은 부활하여 생명을 얻을 것이고, 악한 일을 한 사람들도 부활하여 미래에 심판을 받게 된다.

5장 19-27절과 5장 28-29절은 부인할 수 없는 긴장 관계에 있다. 그런데 요한은 두 단락 사이를 "이것에 놀라지 말라."(5:28a, μὴ θαυμάζετε τοῦτο)[45] 라는 독특한 문장으로 연결한다. 여기서 '이것'은 무엇을 가리키고, 예수는 어떤 이유로 제자들은 '이것'에 놀랄지도 모른다고 생각하면서 놀라지 말라

45) 이 문장은 부정의 답변을 의도하는 의문문, 곧 "이것이 너희를 놀라게 하는가?"로도 읽을 수 있다. 그러나 의문문이건 평서문이건 '이것'이 무엇이고, 예수가 '이것'에 제자들이 놀랄 수도 있다는 것을 가정한 데에는 차이가 없다.

고 당부하는 것인가? 마이컬스(J. Ramsey Michaels)는 28a절의 '이것'이 24-27절을 가리키고, 제자들이 놀랄 만한 내용은 '아들이 하나님이 하는 모든 일에 참여한다는 것'이라고 주석한다.[46] 그에 따르면 5장 19절부터 지배적인 주제일 뿐 아니라 당시 일차 청중들에게 놀라운 것은 예수가 자신이 하나님(5:18)이라고 주장하는 데에 있다.[47]

그러나 '이것'은 28절 이하를 가리키는 것으로 보는 편이 전후 문맥의 흐름에 더 잘 어울린다. 27b절은 이미 이유를 나타내는 문장으로(ὅτι υἱὸς ἀνθρώπου ἐστίν) 끝난다. 따라서 이후에는 새로운 주제가 시작되는 것으로 보는 것이 자연스럽고, 또 '이것에 놀라지 말라'는 명령문 다음에 그 이유를 설명하는 'ὅτι' 구문이 등장하는 것도 '이것'이 이후의 전개될 내용과 관련되어 있음을 알게 한다.[48] 그렇다면 제자들이 놀랄 만한 일(ὑμεῖς θαυμάζετε)은 무엇인가? 그것은 아버지가 아들에게 '이보다 더 큰 일들'을 보여주시는 것과 관련이 되어 있다. 그렇다면 더 큰 일들이란 무엇인가? 이어지는 21-22절에 그 대답이 있다. 21절에는 아버지가 죽은 사람들을 일으키어 생명을 주듯 아들도 그렇게 한다고 보도한다. 그것은 놀랄 만한 일이 아니다. 아버지가 하는 일을 아들도 하기 때문이다. 그러나 22절에는 놀랄 만한 일이 있다. 아버지는 아무도 심판하지 않는다. 그러나 아들은 모든 심판하는 일을 아버지로부터 넘겨받아, 아버지가 하지 않는 일을 한다. 아버지가 하지 않는 그 일을 아들이 하는 것, 그것은 제자들이 놀랄 만한 일이다. 이러한 주장은 '이것에 놀라지 말라'며 요한이 제시하는 이유가 담긴 28b-29절에서 다시 한 번 확인된다.

선한 일을 한 사람들은 부활하여 생명을 얻고, 악한 일을 한 사람들은

46) J. Ramsey Michaels, *The Gospel of John* (Grand Rapids, Mich.: Eerdmans, 2010), 320.

47) 앞의 책, 321.

48) Barclay M. Newman and Eugene A. Nida, *A Handbook on The Gospel of John* (New York: United Bible Societies, 1980), 160.

부활하여 심판을 받는데 그와 같은 사람들은 현재 이 땅에 머무는 사람들이 아니라 '무덤 속에 있는 사람들'이고, 그들은 현재가 아니라 미래에 예수의 음성을 들을 때가 온다. 실현된 종말론이 담긴 5장 19-27절까지에 동감하던 비묵시문학적 그룹에게, 현재가 아니라 전통적인 종말론에서 상정하는 예수가 심판자가 되는 '마지막 날'이 온다는 선언은 놀랄 만한 것이 된다. '이것에 놀라지 말라.'는 예수의 당부는 묵시문학적 종말론 그룹의 주장을 대할 때에 비묵시문학적 종말론 그룹이 취해야 할 태도를 암시한다. 그들은 자신과 다른 생각을 가진 이들의 주장을 완전히 배격하려 해서는 안 된다는 것이다. 이와 같이 요한은 묵시문학적 종말론 그룹의 주장을 일부 반영하지만, 복음서 여러 곳에서 그들의 주장을 시정하려고 한다. 반면 비묵시문학적 종말론 그룹에 속한 요한은 자신이 속한 그룹이 다른 그룹을 수용할 자세를 가지라고 권고한다.

VI. 결어

요한복음의 부활 본문은 십자가 및 고난, 예수의 도래, 성령-보혜사의 현존, 제자들의 부활과 같은 여러 주제와 매우 긴밀하게 엮여 다른 신약성서 문헌과는 사뭇 다른 특징을 드러낸다. 십자가는 수치와 모욕으로, 반면 부활은 승귀 혹은 영광으로 간주되는 다른 복음서 및 바울 서신의 십자가와 부활 이해와는 달리 요한의 예수는 그의 사역 내내 신적 영광과 위엄을 보여주고, 십자가에서도 자신의 영광을 밝히 드러낸다. 요한이 지상에서 겪는 십자가의 고난에서 예수의 승귀와 영광이 드러났다고 말하는 것은 요한공동체가 겪고 있는 사회적 고립 혹은 고난을 구성원들에게 정당화하려는 것이었다. 세상이 주는 고통은 수치나 모욕이 아니라 도리어 영광이 드러나는 현장이다. 심지어 요한은 죽음을 통해서도 하나님께 영광을 돌릴 수 있다고 말하는데, 이는 요한복음을 순교 문학으로 평가하게 한다. 이것은 세상으로부터 소외된 소종파적 공동체인 요한공동체가 당하는 핍박과 고난을 설명하고, 자신들의 존재에 사회학적 · 신학적 정당성을 부여해 준다. 또한 이러한 설명은 자신들이 하늘로부터 난 하나님의 자녀라고 믿는데도 불구하고, 이 땅에서 수치를 당하고 있는 자신들의 처지에서 오는 인지 부조화를 해소하는 방법이기도 하였다. 수치와 모욕 속에서 현재를 살아가지만 그들은 고난과 고통의 삶 속에서 신적 영광을 알아차리라고 격려된다.

요한은 예수의 부활을 통해 예수의 승귀 및 영광을 보여주려는 다른 복음서 및 바울 서신과는 달리 예수의 부활이 갖는 다른 의의를 청중들에게 제시한다. 예수의 부활은 예수가 약속한 예수의 도래, 곧 다시 온다는 약속의 실현이다. 부활을 예수의 도래와 연결하려는 요한의 시도는, 예수의 재림 지연에 대한 응답이라기보다는 요한공동체가 현재 경험하고 있는 종말의 복에 대한 신학적 설명이었다. 그들은 이미 체험되는 하나님 및 예수와의 하나 됨, 종말론적 기쁨과 평화, 생명력, 죄용서 등을 해명하기 위해 묵시문학적 종말론과는 다른 실현된 종말론을 탄생시켰다. 이러한 신학적 담론은 공동체 구성원들에게 종말의 복이 실현된 공동체를 떠나지 말라는 권고로 이해될 수 있었다. 하나님과 예수가 거하는 요한공동체를 떠나서 생명을 얻을 수 없다는 것이다. 이와 같이 실현된 종말론은 공동체의 보존과 강화, 나아가 확장을 위해 일종의 사회학적 기능을 수행한다. 요한에 따르면 예수는 부활함으로써 도래했을 뿐 아니라 성령-보혜사라는 다른 보혜사를 통하여 계속해서 공동체 내에 현존한다. 성령-보혜사는 예수에게 가는 길이자, 예수-보혜사의 지속적인 현현을 경험하게 한다. 요한은 부활한 예수가 성령-보혜사의 형태로 임한다는 주장을 통해 극단적인 성령주의자를 제어하고자 한다.

요한복음에는 생명과 부활을 이미 누리고 있다는 실현된 종말론이 지배적이지만 다른 한 곳에는 미래적 종말론을 지원하는 본문들도 있다. 요한공동체는 실현된 종말론을 가지고 있었던 비묵시문학적 종말론 그룹이 주도했던 공동체였지만, 그 그룹은 자신들이 주도권을 쥐고 있던 요한공동체를 보존하며 분열을 막기 위해 공관복음 전승에 충실했던 묵시문학적 종말론 그룹의 견해를 부분적으로 반영하지 않을 수 없었다. 미래적 종말론을 주장하는 묵시문학적 종말론 그룹은 부활이 '마지막 날'에 일어나는 것으로 주장했다. 비묵시문학적 종말론 그룹은 그들과의 공존을 위해 그들을 한 편으로는 교정하면서, 그들의 의견을 부분적으로 복음서에 반영한다. 한 편으로 비묵시문학적 종말론 그룹은 예수가 자신을 부활이요 생명이라고 선언했다고 말하면서, 부활과 생명이 하나이고, 그것을 공동체가 현재 누리고 있다고 주장한다. 이를 통해 묵시문학적 종말론 그룹의 미래에 있을 부활 및 종말에 관한 생각을 교정하려 한다. 다른 한 편으로 비묵시문학적 종말론 그룹은 묵시문학적 종말론 그룹과 일정 부분 타협을 시도한다. 비묵시문학적 종말론 그룹은 영생 혹은 생명을 지금 공동체 내에서 누리고 있다는 것은 절대로 포기하지 않지만, 묵시문학적 종말론 그룹의 '마지막 날에' 있을 부활 주장을 부분적으로 복음서에 반영한다. 따라서 생명은 현재에 이미 누리고 있는 한편, 부활은 마지막 날에 있을 것이라는 본문이 요한복음 곳곳에 포진하게 된다. 비묵시문학적 종말론 그룹에 속해 있던 요한 기자는 마지막 날에 부활이 있을 것이라는 전통적인 종말론에 비묵시문학적 종말론 그룹이 '놀라지 말 것'을 당부하기도 하였다.

제9장

요한공동체의 사상적 형태

I. 서언

II. 소종파적 성령공동체

III. '영과 진리로' 예배하는 공동체

IV. '서로 사랑'을 지향하는 공동체

V. 결어

제9장*

요한공동체의 사상적 형태

I. 서언

요한복음에 반영된 요한공동체는 비교적 일관된 형태를 띠고 있다. 이 장(章)의 목적은 요한복음의 주요 성령 본문과 예배 관련 본문 및 공동체를 위한 '서로 사랑' 관련 본문들의 특성을 살펴보고, 그를 통해 요한공동체의 형태를 규명하고, 바로 그러한 형태를 지니게 된 원인을 요한공동체의 정황과의 관련 속에서 추적하려는 것이다. 이를 위해 이 논문은 세 범주를 사용한다. 첫째, 소종파적 성령 공동체, 둘째, '영과 진리로' 예배하는 공동체, 셋째, '서로 사랑'을 지향하는 공동체가 그것이다. 각 범주는 독립적이라기보다는 서로 긴밀하게 연결되어 있다.

---

* 제9장은 나의 논문, "요한공동체의 형태", 「신학논단」 62(2010), 109-130을 재정리한 것이다.

II. 소종파적 성령공동체

요한복음에서 성령은 예수와의 관계에서 예수가 하나님의 아들임을 알려주는 역할에 집중한다. 이와 유사하게 성령은 '제자들', 곧 예수를 믿는 이들의 정체성을 확인해 준다. 이것은 요한복음의 성령 언급 순서를 통해서도 드러난다. '성령'은 세례자 요한이 예수의 정체를 알리는 곳에서 처음으로 등장하고(1:32-33), 제자들의 정체성을 규정해 주는 예수와 니고데모와의 대화에서 두 번째로 언급된다(3:5-6). 이 대화에서 요한은 성령이 임한 자신들을 '성령공동체'로 전제한다.

요한은 니고데모를 바리새인이자 유대인의 지도자로 소개한다(3:1). 밤에 찾아 온 니고데모는 예수를 하나님으로부터 온 랍비로 고백하면서 대화를 시도하고, 예수는 그에게 '거듭/위로부터(ἄνωθεν) 나는' 사람들만이 하나님 나라에 들어갈 수 있다고 대답한다. 그 대답의 의미를 찾지 못하는 니고데모에게 예수는 '거듭/위로부터 난다'는 것은 '물과 성령으로 나는' 것이라고 설명한다. 이에 덧붙여 예수는 육으로 난 것과 영으로 난 것 사이에는 근원적 차이가 있다고 선언한다(3:5-6). 예수와 니고데모의 대화는 개인의 대화로 시작했지만 '우리'와 '너희'의 대화로 변한다. 예수는 '우리'는 아는 것을 말하고 증언하지만 '너희'가 그것을 받아들이지 않는다고 비판한다(3:11-12). 이는 예수와 니고데모가 개별자가 아니라 '우리'와 '너희'라는 각기 다른 두 공동체의 대표적 인물들임을 암시한다.[1)]

물론 이러한 읽기에 대한 반론도 있다. 헤게르란트(T. Hägerland)는 고대 서양 문학을 살핀 후 두 차원의 드라마라는 가설이 성립되기 어렵다고 주장한다.[2)] 그러나 이러한 가설은 모든 고대 문헌이 한결같이 하나의 통일

1) 서중석, 『복음서 해석』(서울: 대한기독교서회, 1991), 238.

2) T. Hägerland, "John's Gospel: A Two-Level Drama?" *Journal for the Study of the New Testament* 25(3, 2003), 309-322.

된 형식을 갖추고 있다고 전제하는 소위 부당전제의 오류에서 벗어나기 어렵다. 이와는 다른 방향에서 레이놀즈(B. E. Reynolds)는 여기서 예수가 사용하는 '우리'는 예수 자신과 '성령'을 가리키는 '우리'라고 역설한다.[3)] 그러나 요한복음에서 예수가 자신을 성령과 '우리'로 묶은 예는 찾기 어렵다. 오히려 요한복음에서 성령의 역할은 예수에게 종속된다.

요한이 전하는 예수의 옛 이야기 속에는 요한(요한공동체)의 현재 모습이 직접, 간접으로 반영될 수밖에 없다. 예수가 말한 '우리'는 저자 요한이 속한 공동체, 곧 요한공동체로 상정할 수 있다. 그러나 니고데모로 암시되는 '너희'가 누구인지에 관해서는 격론이 있다. 링가드(C. G. Lingad)는 니고데모가 유대교를 대표한다고 주장하지만[4)] 굴더(M. Goulder)는 니고데모가 유대교적 크리스천 그룹을 반영하는 인물이라고 논증한다.[5)] 마틴(J. L. Martyn)[6)]이나 렌스버거(D. Rensberger)[7)] 등은 니고데모가 '비공개 크리스천' 그룹을 대변한다고 설득한다.[8)] 베슬러(J. M. Bassler)는 니고데모의 모호성에 주목하고, 이 모호성은 요한복음의 독자들이 그가 누구인지를 결정하

---

3) B. E. Reynolds, "The Testimony of Jesus and the Spirit: The 'We' of John 3:11 in Its Literary Context," *Neotestamentica* 41(1, 2007), 157-172.

4) C. G. Lingad, *The Problems of Jewish Christians in the Johannine Community* (Rome: Editrice Pontificia Università Gregoriana, 2001) 중 제3장 "Nicodemus, a representative of Judaism, comes to Jesus"를 보라. 이 견해는 일찍이 불트만이 제시하였다. R. Bultmann, *The Gospel of John: A Commentary* (Philadelphia: Westminster Press, 1971), 133.

5) M. Goulder, "Nicodemus," *Scottish Journal of Theology* 44(1991), 153-168.

6) J. L. Martyn, *History and Theology in the Fourth Gospel* (Nashville: Abingdon, 1979), 87.

7) D. Rensberger, *Johannine Faith and Liberating Community* (Philadelphia: Westminster Press, 1988), 57.

8) 슈나켄부르크(R. Schnackenburg)는 처음 등장하는 니고데모를 '비공개 크리스천'으로 간주하지만 예수의 죽음 사건이 그에게 신앙을 갖도록 만들었다고 주장한다. R. Schnackenburg, *The Gospel According to st. John*, 3 vols. (New York: The Crossroad, 1982-87), 1:363; 3:296f.

도록 한다고 말한다.[9)]

여러 학자들의 다양한 추론에도 불구하고 공통점이 있다면, 니고데모가 '우리' 밖에 있는 '너희'라는 점이다. 니고데모가 경계선 상에 있는 인물이라 해도 그는 요한이 '우리'라고 하는, 곧 요한공동체의 이상적(理想的) 구성원은 되지 못한다.[10)] 요한은 성령으로 태어난 사람들 '우리'와 '너희' 사이에 어떤 중간 지대도 설정하지 않은 채 날카로운 경계선을 긋는다. 요한에 따르면 '너희'와 달리 '우리'는 땅과 하늘에 관한 지식을 '알고', 그것을 '증언'하며, '영생을 소유'한다. 반면 '너희'는 땅의 일에 관한 '우리'의 증언을 믿지 않는다. 따라서 '너희'는 영생을 갖지 못하고 도리어 진노 가운데에 있다(3:11-15. 참조 3:31-36). 이와 같이 성령이 영생을 향유하는 요한공동체의 안과 밖을 구분하는 데에 결정적인 역할을 담당하며, 요한공동체는 성령을 받은 이들의 모임으로 자처한다.[11)]

유대인의 지도자이자 바리새인으로 예수에 대해 호감을 가진 채 예수에게 나아오는 니고데모 및 그가 대변하는 그룹은 적대적 환경에 처한 요한공동체가 활로를 찾으려 할 때 연대하거나 교류하기에 적당한 대상 중 하나였을 것이다. 그러나 요한공동체는 예수에게 나아오는 그들에게 선교적 태도를 취하기는커녕 도리어 그들의 무지와 오해를 드러내며, 경계를 분명히

9) J. M. Bassler, "Mixed Signals: Nicodemus in the Fourth Gospel," *Journal of Biblical Literature* 108(4, 1989), 635-646. 콘웨이(C. M. Conway)는 요한복음의 이원론적 구조에 따라 인물들을 믿는 자와 불신자로 나누는 도식에 반대한다. 대신 요한이 어떻게 모호성을 띤 인물을 통해 이야기를 전달하는가를 연구한다. C. M. Conway, "Speaking through Ambiguity: Minor Characters in the Fourth Gospel," *Biblical Interpretation* 10(3, 2002), 324-341.

10) 요한공동체 내에 '니고데모와 같은 이들'이 실제적으로 존재했고, 그들을 훈계하려고 니고데모 이야기를 기록했다고 하더라도 요한이 그를 자격을 갖춘 구성원으로 간주하지 않는다는 점은 변하지 않는다.

11) 요한공동체가 성령을 받은 공동체라고 자처했다는 논지를 폭 넓게 유지한 글로는 G. M. Burge, *The Anointed Community: The Holy Spirit in the Johannine Tradition* (Grand Rapids: Eerdmans, 1987)이 있다.

한다.[12] 이는 이른바 소종파적 성격을 보여주는 대표적인 사례이다. 소종파적 태도는 통상적인 사회 질서와 체제로부터 스스로를 고립시키고, 주변 환경 및 세력을 악으로 규정하여 적대적인 태도를 취하고, 자신들만이 특정하고 영속적인 가치를 전유한다고 주장한다. 더 나아가, 내부인들의 결속력을 강화하고, 이를 통해 자신들의 특정한 상징체계를 유지하고 발전시켜 나간다. 이러한 요한공동체의 소종파적 특성은 이미 여러 학자들에 의해 논의되었다.[13] 요한복음을 로마 제국의 배경에서 읽어야 한다는 카터(W. Carter)는 요한복음에 대한 영적인 해석과 소종파적 해석을 모두 거부한다.[14] 그러나 카터는 소종파적 해석과 로마 제국에 대한 저항에 초점을 든 해석이 서로 상충하지 않는다는 점에는 의도적으로 눈을 감는다. 카터의 주장과는 달리 도리어 요한공동체를 소종파적 특성을 띠는 것으로 보는 편이 로마 제국의 주변부에서 그것에 대응하고 저항했던 요한공동체 이해에 도움을 준다.

요한공동체의 소종파적 특성은 요한복음의 성령 본문에 뚜렷이 반영되어 있다. 요한이 이해했던 '성령공동체'는 무엇보다 세상과 날카롭게 구분되고, 나아가 세상에 맞서는 공동체였다. 성령은 요한복음 특유의 이원론 구도

---

12) 하콜라(R. Hakola)는 자신의 최근의 연구에서 니고데모에 대한 부정적인 묘사(3장)와 긍정적인 묘사(7장, 19장)가 상충되지 않는다고 전제하고, 니고데모는 자신이 처한 실제적인 불안한 사회적 환경에서 자신의 상징적 세계관을 포기하지 않은 채, 모호함과 불확실성을 의도적으로 드러낸 대표적인 인물로 규정한다. R. Hakola, "The Superimposition of Symbolic Time and Real Time in the Gospel of John: The Symbolic of Light as Time Marker," *New Testament Studies* 55(4, 2009), 483-455.

13) 대표적으로 웨인 믹스의 연구가 있다. W. A. Meeks, "The Man from Heaven in Johannine Sectarians," *Journal of Biblical Literature* 91(1972), 44-72. K. S. Fuglseth, *Johannine Sectarianism in Perspective: A Sociological, Historical, and Comparative Analysis of Temple and Social Relationships in the Gospel of John, Philo, and Qumran* (Leiden; Boston: Brill, 2005)는 기본적으로 요한공동체의 소종파적 특성에 주목하면서 보다 정교한 분석을 위해 '컬트'라는 용어의 사용을 제안한다.

14) W.Carter, *John and Empire: Initial Exploration* (New York: T & T Clark, 2008), 3-18.

아래에서 서술된다. 육으로 난 것은 육이고, 영으로 난 것은 영이다(3:6). 생명을 주는 것은 영이고 육은 아무런 유익이 없다(6:63a). 영생의 공동체, 곧 '우리'에 참여하기 위해서는 성령을 받는 길 외에는 다른 길이 없다. 성령은 바람과 같지만, 성령을 보내는 하나님 특히 예수에 대한 진실한 믿음(πιστεύσαντες εἰς)[15]이 성령으로 태어나는 것과 철저히 관련된다(7:37-39). 예수가 길과 진리와 생명이기 때문이다(14:6). 성령을 받는 전제로서 예수에 대한 진실한 믿음은 통상적인 사회가 제공하는 질서와 체제에서 급격히 벗어남을 의미한다. 곧 성령은 로마 지배 체제와 유대교 지도층으로부터 배척받아 십자가에 달린 인물에 대한 믿음을 전제로 임한다. 요한복음의 성령은 '우리'와 '너희'를 이원론적으로 구분할 뿐 아니라 '너희'를 고발하고 정죄함으로써 '우리'를 견고히 하고, 정당화한다. 이는 성령을 선교와 연관시킨 누가-행전을 배경으로 놓고 보면 더욱 확실해진다.

누가-행전에서 땅 끝을 향한 선교는 성령의 임재로부터 시작해서 성령의 힘을 통해 유지되고 발전한다.[16] 그러나 요한공동체의 선교 대상으로서의 '세상'은 자신을 향한 사랑과 구원의 초청에 무관심하거나 배척하고, 나아가 적대한다.[17] 예수에 대한 배척 배후에 악에 대한 세상의 사랑이 있다고

---

15) 정창욱은 요한복음의 '믿는다' 동사를 살펴서 여격 명사와 함께 사용되는 'πιστεύω'와 전치사 'εἰς' 및 목적격 명사와 함께 쓰이는 'πιστεύω' 사이에 유의미한 차이를 감지한다. 후자는 진정한 신앙을 표현해 주며 갈등이 존재하지 않는 맥락에서, 반면 전자는 적대적 논쟁 속에서 진정한 신앙이 무색해지는 맥락에서 사용된다. 정창욱, "요한복음에 사용된 '믿다' 동사 용법의 독특성 - 요한복음 주해를 위한 함의", 『신약논단』 16(1, 2009), 67-104.

16) M. Turner, "The Work of the Holy Spirit in Luke-Acts," *Word & World* 23(2, 2003), 146-153.

17) 매로우(S. B. Marrow)는 '코스모스' 용례의 발전 과정을 추적하고 요한복음의 용례를 살펴, 그것의 부정적, 긍정적, 중립적 의미를 분류하고 정리한다. S. B. Marrow, "Kosmos in John," *Catholic Biblical Quarterly* 64(1, 2002), 90-102. 그에 따르면 요한복음의 '세상' 본문들, 특히 세상에 대한 심판 본문들은 공동체 내부 구성원들을 향한 것이다.

고발한(3:19-20; 7:7; 15:18-19; 17:14) 요한은, 요한공동체에 대한 세상의 적대 행위는 세상이 성령을 보지도 알지도 못하고, 따라서 그를 받을 능력도 없기 때문에(14:17) 발생했다고 진단한다. '성령공동체'는 세상으로부터 이해받지 못한다.

성령이 함께 하는 '우리'와 성령을 배척하는 '너희' 사이에는 성령과 선교를 연결 짓는 누가-행전 식의 구도가 불가능하다. 도리어 요한복음의 성령은 세상을 선교하는 대신 세상을 정죄한다(16:8-11). 브라운(T. G. Brown)은 '보혜사'의 어의(語義)를 추적하면서 그것이 법정적 맥락에서 '위로자' 혹은 '변호자'를 의미한다고 논증한다.[18] 보혜사-성령은 오로지 '우리'의 위로자와 변호자이다. 세상을 향해서는 도리어 고발자이자 정죄자이다. 이것은 16장 8절의 "그는 죄와 의와 심판에 관하여 세상을 책망할 것"(ἐλέγξει τὸν κόσμον περὶ ἁμαρτίας καὶ περὶ δικαιοσύνης καὶ περὶ κρίσεως)이라고 표현에서 잘 드러난다.

16장 8절의 'ἐλέγχω'를 둘러싸고 문장의 의미를 찾기 위한 복잡한 논의가 있었으나 기존의 논의를 대략 두 가지 방향으로 정리할 수 있다. 한 편의 학자들은 이 구절이 보혜사-성령이 제자들에게 세상의 잘못을 증명해준다고 해석한다.[19] 다른 편에서는 그 구절이 보혜사-성령이 세상에게 그것의 잘못을 깨닫게 한다고 이해한다.[20] 후자의 해석은 보혜사-성령이 세상을 향한 제자들의 증언과 선포를 통해 세상의 잘못을 깨닫게 하게 하는 역할을

18) T. G. Brown, *Spirit in the Writings of John: Johannine Pneumatology in Social-scientific Perspective* (London; New York: T & T Clark International, 2003), 170-186.

19) R. E. Brown, *The Gospel according to John*, 2 vols. (New York: Doubleday & Company, Inc., 1966-1970), 2:711-712; F. J. Moloney, *The Gospel of John* (Collegeville: Liturgical Press, 1998), 84-85.

20) C. K. Barrett, *The Gospel according to St. John: An Introduction with Commentary and Notes on the Greek text* (London: SPCK, 1978), 487; Wes Howard-Brook, *Becoming Children of God: John's Gospel and Radical Discipleship* (Maryknoll, N.Y.: Orbis Books, 1994), 346.

수행한다고 논증하려 한다. 그러나 후자의 견해는 요한복음의 세상에 대한 태도 및 보혜사-성령과 세상의 관계를 적절하게 고려하지 못한 것이다.

요한복음 어느 곳에서도 보혜사-성령이 세상을 향해 보냄을 받았다고 기록되지 않는다. 보혜사-성령은 세상을 상대하지 않는다. 세상 역시 보지도 알지도 못하는 보혜사-성령의 질책을 수용하지 않을 것이다. 요한의 예수는 오직 제자들과 영원히 함께 하는 보혜사-성령을 보낸다(14:16). 보혜사-성령은 제자들과 함께, 그리고 제자들 안에 머문다(παρ' ὑμῖν μένει καὶ ἐν ὑμῖν ἔσται, 14:17). 성령은 제자들을 향해 예수를 증언할 뿐, 세상을 향해 예수를 증언하도록 제자들을 독려하지 않는다.[21] 보혜사-성령이 세상과 관련하여 수행하는 가장 중요한, 그리고 유일한 역할은 죄와 의와 심판에 관하여 세상의 잘못된 생각을 제자들에게 드러내는 것이다. 제자들은 보혜사-성령의 고발을 듣는 청중이 되어 세상을 정죄하는 데에 동참하도록 권고된다. 보혜사-성령의 세상에 대한 정죄는 공동체 구성원들에게 외부 세계의 악에 대한 경계심을 높이고, 자신이 속한 집단에 대한 자부심을 강화한다.

소종파적 성령공동체라는 정체성에 관한 한 요한공동체의 두 주요 그룹, 곧 요한 저자가 속한 애제자 계승자들 그룹과 그들과 경쟁하는 다른 그룹은 의견의 일치를 보이고 있다. 두 그룹은 모두 하나님은 영이시라는 생각에 동의한다. 그러나 예배하는 자세에 관해서는 두 그룹의 입장이 달리 드러난다.

---

21) 알로이시(J. Aloisi)는 보혜사-성령의 정죄 단락은 신자와 불신자 모두를 진실한 회개로 이끌게 하기 위한 목적을 가진 것이었다고 주장한다. 그러나 이러한 주장은 요한복음의 '우리'와 '너희' 사이의 날카로운 분리와 적대에 대한 안이한 인식에서 비롯된 것이다. J. Aloisi, "The Paraclete's Ministry of Conviction: Another Look at John 16:8-11," *Journal of the Evangelical Theological Society* 47(1, 2004), 55-69.

III. '영과 진리로' 예배하는 공동체

성령은 세상을 향한 정죄뿐 아니라 요한공동체 내부의 신앙과 가치, 그리고 결속과 질서를 유지하고 발전시키는 역할을 담당한다. 성령이 공동체의 주요한 곳에 함께 한다는 신념은 '제의'에 대한 이해에서도 확연히 드러난다. 이른바 종교공동체에서 제의는 그 공동체의 세계관을 함축적으로 표현한다.[22] 따라서 성령공동체로 자처하는 요한공동체의 제의 곧 '예배'에서 성령에 관한 언급은 필연적이다. 사마리아 여인과의 만남에서 예수가 영과 진리로 하나님께 예배드려야 한다고 말한 것(4:23-24)은 제의와 성령을 연관시키는 대표적인 예이다. 요한공동체 내에서 요한 그룹과 그 주요 경쟁그룹은 예배는 성령 안에서 드려야 한다는 점에서는 의견을 같이 한다.

요한복음에는 '예배'를 의미하는 'προσκυνέιν'이 총 11번 나오는데 그 가운데 9번(4:20, 21, 22, 23, 24)이 예수와 사마리아 여인의 대화에 등장한다. 이 대화에서 예수는 하나님이 찾는 예배자는 영과 진리로 드리는 예배자라고 가르친다. 켈리와 몰로니(A. J. Kelly & F. J. Moloney)는 예배에 관한 이 가르침이 "이전의 모든 예배 양식, 진정한 것이든 결함이 있던 것이든 간에 모두 상대화"[23]한다고 설명한다. 그러나 '다섯 남편이 있었고, 지금 같이 사는 남자도 자신의 남편이 아닌 사마리아 여인'과 그가 대변하는 그룹에게[24]

22) 기독교적 제의에 관한 간략한 연구를 보려면 게르트 타이센, 『기독교의 탄생 - 예수운동에서 종교로』, 박찬웅 · 민경식 옮김 (서울: 대한기독교서회, 2009[Gerd Theissen, *Die Religion der ersten Christen: eine Theorie des Urchristentums*, Gütersloh: Chr. Kaiser/Gütersloher Verlagshaus, 2000]), 29-39, 339-378.

23) A. J. Kelly & F. J. Moloney, *Experiencing God in the Gospel of John* (New York: Paulist Press, 2003), 101.

24) 예수와 사마리아 여인 사이의 대화는 예수와 니고데모의 대화와 마찬가지로 처음에는 둘 사이의 대화이다가 나중에는 '우리'와 '너희'의 대화가 된다(4:21-22). 그러나 니고데모와 사마리아 여인이 대변하는 '너희'는 요한공동체와의 관계에서 각각 다른 위치에 놓여 있다. 이에 관해서는 후술한다.

진정한 예배를 가르치는 이 장면이 다양한 소그룹들로 구성된 요한공동체 구성원에게 암시하는 바는 보다 과격하고 근본적이다. 하나님이 찾는 진정한 예배자들은 유대교나 다른 종교가 설정한 이상적 예배자와는 완전히 다르다. 요한공동체의 이상적 예배자는 유대교의 율법이나 윤리,[25] 성별이나 인종, 또 각 구성원이 속해 있었던 과거의 전통이나 종교적 가르침과 완전히 무관하다.

저자 요한의 예배에 대한 이상은 근원적으로 새로운 예배의 설정이다. 이 설정은 사마리아 여인이 대변하는 그룹을 넘어 요한공동체의 모든 소그룹들을 설득의 대상으로 상정한다. 저자 요한의 예배에 대한 이상(理想)이 기존의 각종 구분들을 폐지하고 넘어선다는 점에서 그것은 소위 '보편적'이라고 불릴 수도 있을 것이다.[26] 물론 유대교가 '유대인 남자의 예루살렘 예배'를 가장 적절한 예배로 한정한 것, 다시 말해 귀속적 지위인 인종과 성별을 이상적 예배자의 조건으로, 특정한 지역을 성소로 설정한 것을 배경으로 놓고 보면 귀속적 지위나 고정된 지리에 완전히 무관심한 요한의 예배가 일견 '보편적'으로 보일만한 여지가 없는 것은 아니다. 그러나 요한은 기존의 구획된 질서를 철폐하는 대신 진정한 예배는 오직 '영과 진리로'(ἐν πνεύματι καὶ ἀληθείᾳ)를 통해서만 가능하다고 제한한다. 요한복음에 따르면 이는 인간적인 것으로부터 오는 귀속 지위도, 또 인간의 노력으로 달성할 수 있는 성취 지위도 아니다. 그것은 하나님으로부터 오는 것이다. 여기서 요한은 재

25) 불트만은 남편을 데려오라는 예수의 말에는 도덕적 정죄가 있다고 말한다. R. Bultmann, *The Gospel of John*, 188. 반면 콘웨이는 구약 율법에는 여인에게 이혼 청구권이 없었기 때문에 여인에 대한 요한복음의 일차 독자들이 사마리아 여인에 대해 도덕적 판단을 했을 가능성이 낮다고 주장한다. C. M. Conway, *Men and Women in the Fourth Gospel: Gender and Johannine Characterization* (Atlanta: Society of Biblical Literature, 1999), 116–119. 둘 중 어느 것을 택하더라도 같이 했던 남자가 다섯 명인 여인이 유대교에서 흔쾌히 환영받았으리라 추정하기는 어렵다.

26) T. Okure, "Jesus and the Samaritan Woman(Jn. 4:1–42) in Africa," *Theological Studies* 70(2, 2009), 401–418.

차 '보편적'이기보다는 소종파적 특수성을 드러낸다.

'영과 진리로'(ἐν πνεύματι καὶ ἀληθείᾳ)를 두고 몇 가지 해석이 존재한다. 애쉬톤(J. Ashton)은 'ἐν πνεύματι καὶ ἀληθείᾳ'가 어떤 제의나 상징을 요구하지 않는 영적인 예배 형식, 곧 성소가 필요 없는 영적인 예배 형식을 가리키는 어구라고 주장한다. 곧 예배의 장소가 '영과 진리'로 변경되었다는 것이다.[27] 그러나 성전과 영적인 예배는 대칭 개념이 아니다. 대체되는 것은 보이는 성전과 보이지 않는 예배가 아니라, 과거 성전의 예배와 현재 요한공동체의 예배이다.

'영과 진리로' 행하는 예배를 집중적으로 연구한 세타일(B. Thettayil)은 요한이 예루살렘과 그리심 양쪽 모두의 대안이 되는 예배의 한 장소로 예수 자신을 추천한다고 주장한다.[28] 과거 성전이 예수(새 성전)로 대체된다는 그의 주장에는 무리가 없다. 예수는 "이 성전을 헐라 내가 삼일 동안에 일으키리라."(2:19)라고 말했고, 요한은 "예수는 성전된 자기 육체를 가리켜 말씀한 것"(2:21)이라고 해석했기 때문이다. 그러나 세타일은 요한교회와 예수 사이에 너무 분명한 선을 그어 놓았다. 오히려 요한은 예수를 새 성전으로 대체하면서 동시에 과거의 성전의 이미지를 지금의 요한공동체로 이전시킴으로써 이스라엘의 유산을 변화시킨다.[29] 곧 과거의 성전은 예수뿐 아니라 요한공동체로도 대체된다.

T. G. 브라운은 '영과 진리로'가 육으로부터 난 사람들의 성전 예배와 대조되는 요한공동체의 예배, 다시 말해 '위로부터 난' '하나님의 자녀'의 지위를 지닌 이들의 예배를 가리키기 위해 사용되었다고 해석한다. 요한복음에 따르면 신적 탄생을 거친 이들이야말로 '진실로' 예배드릴 수 있고, 그들

---

27) J. Ashton, *The Interpretation of John*, 2nd ed. (Oxford: Oxford University Press, 2007), 448.

28) B. Thettayil, *In Spirit and Truth: An Exegetical Study of John* 4:19-26 *and a Theological Investigation of the Replacement Theme in the Fourth Gospel* (Leuven-Dudley, MA: Peeters, 2007), 123.

29) M. L. Coloe, "Temple Imagery in John," *Interpretation* 63(4, 2009), 368-381.

이 '진정한 예배자들'이다.[30] T. G. 브라운의 전체적인 전망은 설득력이 있다. 요한은 자신들의 예배를 '육에 속한 사람들'의 '육'의 방식으로 이루어지는 예배와 선명하게 구분되는 성령으로 태어난 이들의 진정한 예배로 내세우고자 했을 것이다. 이와 같이 요한의 성령은 공동체의 핵심적인 활동인 '예배'를 참되게 하는 결정적 역할을 수행하는 존재로 등장한다.[31] 하나님은 성령을 소유한 자들에 의해서만 아버지로서 예배를 받을 수 있다. 성령은 믿는 자들을 지상의 수준, 곧 육의 수준을 넘어서서 하나님을 적합하게 예배할 수 있게 한다.

문제는 요한 저자가 왜 단지 '영'이 아니라, '영과 진리로' 예배해야 한다고 강조했는가에 있다. 이 점은 세타일이나 T. G. 브라운도 밝혀 내지 못했다. 한편, R. E. 브라운(R. E. Brown)은 '영과 진리로'는 '진리의 영으로'와 동의어라고 주장한다.[32] 그러나 이는 설득력이 부족하다. 만일 그 둘이 동의어라면 요한은 간결하게 '진리의 영으로'라고 표현했을 것이다. 더구나 '진리의 영'은 보혜사에 대한 또 다른 전용 명칭(14:17; 15:26; 16:13)이기 때문에, 요한에게 있어서 '영과 진리'는 '진리의 영'과는 다른 의미로 사용된다. 한발 양보해서 설령, 그 둘이 동의어라 해도 R. E. 브라운은 왜 요한이 '영'이라 하지 않고, '진리'라는 단어를 부가했는지는 설명하지 못하고 있다. 이는 요한 공동체의 내부 경쟁의 정황과 관련시켜 이해할 때 적합한 답이 나온다. 요한 공동체 내에서 요한 저자 그룹과 그의 경쟁 그룹은 모두 영 또는 성령을 강조했다. 그러나 요한 저자 그룹의 경쟁 그룹은 영을 지나치게 강조하여, 예수 없는 성령을 주장하기에 이르렀다. 요한은 그들이 주장하는 '영' 만이 아니라, '영과 진리'를 내세워 경쟁 그룹을 제어하려 했다.

예수와 그의 말을 거부하는 것은 하나님과 그의 목적을 거부하는 것이고, 따라서 영생에 참여하는 것을 포기하는 셈이 된다(12:44-50). 예수만이

---

30) T. G. Brown, *Spirit in the Writings of John*, 137.

31) 앞의 책, 280-281.

32) R. E. Brown, *The Gospel according to John*, 1:180.

하나님에 대한 접근을 제공할 수 있다는 주제는 요한복음 14장 6절에 명료하게 제시되어 있다. "나는 길이요, 진리요, 생명이다. 나로 말미암지 않고는 아버지께로 올 자가 없다." 아버지를 보여 달라는 빌립의 요구에 요한이 본 예수는 자신과 아버지의 하나됨을 선언함으로써 응수한다(14:8-11). 이를 통해 요한은 예수 없이 성령에만 의존하려는 경쟁그룹의 주장을 효과적으로 반박한다. 예수가 답이라는 것이다. 예수가 유일한 매개라는 것이다. 예수를 통하지 않고 성령에만 의존한다는 것은 빗나간 행태라는 것이다.

하나님이 보혜사-성령을 보내주는 것도 예수의 요청에 의한 것이다(14:16). 보혜사-성령의 역할은 예수가 말한 것을 생각나게 하는 일이다(14:16). 곧 보혜사-성령은 예수가 한 것 이상을 하지 않는다. 그는 자의로 말하지 않고 오직 듣는 것을 말한다(16:13). 그 보혜사-성령은 예수의 영광을 나타낼 뿐 아니라, 예수의 것을 가지고 믿는 자에게 알리는 역할을 담당한다(16:4). 곧 보혜사 성령은 예수에게 의존되어 있다.[33)]

요한의 예수는 포도나무로, 그를 믿는 자는 가지로 상징된다(15:1, 5). 가지가 포도나무에 붙어 있지 아니하면 스스로 열매를 맺을 수 없다는 것이다(15:4). 믿는 자들은 무엇이든 "내(예수의) 이름으로" 구해야 한다(14:13-14). 이것 역시 내 이름 없이 행해지고 있는 경쟁 그룹의 행태를 비판한 것이다. 요한이 본 예수는 자신을 떠나서는 믿는 자들이 아무것도 할 수 없음을 명료히 밝힌다(15:5).

이러한 생각은 '영과 진리로' 예배해야 한다는 주장과 그 맥락을 같이한다. 요한의 '영과 진리로'는 경쟁그룹의 '영으로'라는 표어를 반박하기 위해 도입되었다. '영과 진리로'에서 영은 "인간의 영이 아니라 하나님의 영이

33) 네이레이(J. H. Neyrey)는 후원자-브로커-수혜자 관계에 있어서 요한의 예수는 브로커로, 보혜사는 부-브로커로 명명한다. J. H. Neyrey, "Worship in the Fourth Gospel: A Cultural Interpretation of John 14-17 Part II," *Biblical Theology Bulletin* 36(4, 2006), 155-163.

다."[34] 요한에게 있어서 하나님은 영이다(4:24). 더구나 '영과 진리로'에서 '로'로 번역되는 ἐν은 '안에서'이다. 따라서 요한이 '영과 진리로' 예배해야 한다고 언급한 것은 '하나님의 영과 예수 안에서' 예배해야 한다는 것을 뜻한 것이다.

IV. '서로 사랑'을 지향하는 공동체

요한이 본 예수는 '서로 사랑'을 강조한다. "새 계명을 너희에게 준다. 서로 사랑하라(ἀγαπᾶτε ἀλλήλους). 내가 너희를 사랑한 것 같이 너희도 서로 사랑하라"(13:34). 예수는 그 계명의 뜻을 15장 12절에서 재차 밝힌다. "내 계명은 곧 내가 너희를 사랑한 것 같이 너희도 서로 사랑하라 하는 이것이다." 예수를 사랑한다면 바로 그의 새 계명을 지키리라는 것이다(14:15). 어떤 점에서 예수의 계명은 새로운가? 구약에도 "이웃을 네 자신과 같이 사랑하라."(레 19:18)는 말이 있으나, 그것을 새로운 것으로 규정하지는 않는다. 심지어 마가나 마태도 하나님 사랑 계명 바로 다음을 차지하는 계명으로 이웃 사랑을 열거는 하지만(막 12:28-31; 마 22:34-40), 이 둘보다 더 큰 계명이 없다거나(마가) 이 둘이 율법서와 예언서의 강령(마태)이라고 언급할 뿐, 이것을 새 계명이라고는 하지 않는다. 누가의 경우, 선한 사마리아 사람의 비유(눅 10:29-37)에서 볼 수 있듯이 사랑의 대상인 '이웃'을 언급할 때, 그 범위가 매우 넓은 것으로 설정되는 특징을 보일 뿐, 그것이 새 계명으로 명명되지는 않는다.

R. E. 브라운은 사랑의 계명의 새로움이 최후의 만찬에서의 언약의 주제와 연결되어 있다고 전제하고, 요한복음 13장 34절의 '새 계명'을 누가복음 22장 20절의 '새 언약'의 기본 조항으로 간주한다. 브라운에 따르면, 두 표

34) R. E. Brown, *The Gospel according to John*, 1:180.

현은 예수와 그의 추종자들 안에서 예레미야의 '새 언약'(렘 31:31-34/전적으로 새 언약이라기보다는 갱신된 언약)의 꿈이 실현되었다는 초기 그리스도인들의 이해를 반영한다는 것이다.[35] 그러나 이는 빗나간 해석이다. 누가의 해당 단락이나, 누가가 그 근거로 삼고 있다는 예레미야의 해당 단락에도 새 언약의 내용에 '서로 사랑'은 물론 심지어 '사랑'에 대한 언급조차 빠져 있기 때문이다. 곧 '서로 사랑'을 새 계명으로 명명한 것은 요한복음만의 독특성을 드러낸다. '서로 사랑' 자체가 '새로운' 계명이다. 더구나 요한이 본 예수의 '서로 사랑'은 그 범위가 매우 한정되어 있다.[36] 이 점은 마태나 누가의 예수가 원수까지도 포함된 이웃사랑을 강조하는 것(마 5:44; 눅 6:27, 35)과 비교해 볼 때 더욱 확연히 드러난다.

요한에서는 오직 하나님만이 세상을 사랑한다(3:16-17; 4:42; 6:33). 그의 아들 예수조차도 믿지 않는 자의 세상을 사랑하지 않는다. 예수는 그 자신이 세상을 사랑하기 위해서가 아니라, 세상을 위한 하나님의 사랑의 한 표현으로 파견된다(3:16). 하나님이 세상을 사랑하여 세상을 구원하기 위하여 예수를 보냈으나, 이 점이 예수도 세상을 사랑해야 한다는 것을 전제하지는 않는다. 믿지 않는 자는 이미 심판을 받은 것이다(3:18). 세상은 예수를 알지 못하고(1:10), 예수는 자신을 세상에 나타내지 않는다(14:22). 심지어 요한의 예수는 세리나 죄인과 식사조차 하지 않는다. 예수가 아버지의 이름을 나타낸 것은 세상 중에서 예수에게 아버지가 준 사람뿐이다(17:6). 예수뿐 아니라, 그를 믿는 자들도 세상에 속하지 않는다(17:16). 더구나 요한의 예수는 세상을 위해 간구하지 않는다. 오직 그를 믿는 자들만을 위해 간구한다(17:9). 예수는 세상 중에 있는 그 어느 누구도 사랑하라고 하지 않는다. 예수와 그를 믿는 자들은 세상과 서로 낯설어 한다(16:33).

물론 로빈슨(J. A. T. Robinson)처럼, 요한복음이 말하는 사랑이 배타적

35) R. E. Brown, *The Gospel according to John*, 2:614.

36) E. Haenchen, *A Commentary on the Gospel of John*, 2 vols. (Philadelphia: Fortress Press, 1984), 2:118.

인 것은 아니라고 주장하는 학자도 있다. 로빈슨에 따르면, 예수는 연설의 대상에 따라 어느 곳에서는 보다 넓은 사랑을, 다른 곳에서는 제자들 간의 사랑을 강조한 것일 뿐, 둘 중 어느 하나만이 역사적인 것이라고 할 수 없다는 것이다. 곧, "예수는 둘 다 가르쳤을 개연성이 매우 높다."[37] 더 나아가, 그는 이렇게 주장한다. 요한의 예수의 가르침과 공관의 예수의 가르침, "그 둘은 상호 보완적이다."[38] 여기서 로빈슨은 공관과 요한, 어느 쪽이 더 역사적인가에 집중하고 있고, 결국 둘 다 역사적이라고 결론짓는다. 그러나 그 두 가지 다른 예수상은 그 상들을 산출해낸 각기 다른 공동체들의 정황과 그들의 동경에 따라 달리 드러난 것으로 보는 것이 보다 자연스럽다. 말을 바꾸면 그 둘은 상호보완적일 필요가 없다. 우리의 관심은 요한이 본 예수의 '서로 사랑' 명령이 역사적인가 아닌가의 여부를 결정지으려는 것이 아니라, 요한의 예수가 '서로 사랑'을 명할 때, 그 범위와 그 이유를 추적하려는 데 있다.

로빈슨은 "하나님을 사랑하는 자는 또한 그 형제를 사랑해야 한다."(요일 4:21)는 구절에는 하나님 사랑과 이웃 사랑이 강조되어 있다고 주장하고,[39] "그가 우리를 위해 목숨을 버렸으니… 형제들을 위해 목숨을 버리는 것이 마땅하다."(요일 3:16)는 구절에서 '형제'는 단순히 "인류"를 뜻한다고 주장하면서[40] 사랑의 범위를 무리하게 확장한다. 그러나 이러한 로빈슨의 주장에는 몇 가지 취약점이 드러난다. 우선, 로빈슨은 요한복음과 요한1서를 같은 평면에 놓고 처리하나, 요한1서에는 요한공동체가 아니라, 그 후속 공동체의 모습이 반영되어 있다. 더구나 로빈슨은 요한1서의 '형제'를 의도적으로 '이웃'으로 대체한다. 그러나 요한1서에서조차 강조되고 있는 것은 형제애일 뿐, '이웃'은 단 한 차례도 사용되지 않는다. 요한복음의 경우 '이

37) J. A. T. Robinson, *The Priority of John* (London: SCM Press LTD, 1985), 336.
38) 앞의 책, 338.
39) 앞의 책, 332.
40) 앞의 책, 332.

웃'이라는 단어는 단 한 번 사용되나(4:5), 사랑의 대상으로서 제시되는 경우는 역시 단 한 차례도 없다. 요한복음의 저자나 요한1서의 저자는 그 단어의 사용을 의도적으로 피한다.

로빈슨의 주장과는 달리, 요한복음에서 믿는 자들은 믿지 않는 세상을 사랑하지 말도록 권고 받는다. 세상 것들을 사랑하는 것은 예수를 사랑하지 않는 셈이 된다. 믿는 자들이 세상으로부터 미움을 받는 것은 그들이 세상에 속하지 아니 했기 때문이고, 예수가 그들을 세상에서 택했기 때문이다(15:19). 세상이 그들을 미워하면 그들보다 먼저 예수를 미워한 것으로 간주될 정도(15:18)로 예수와 믿는 자들은 예수와 아버지가 하나인 것처럼(10:30) 하나가 된다. 믿는 자들은 더 이상 예수의 종이 아니라, 친구가 된다(15:14-15). 제자들의 발을 씻어준 예수는 "너희도 서로 발을 씻어 주라."고 권고한다(13:14). 프리델(V. Friedell)은 이 단락을 중심으로 요한공동체를 "친구들의 공동체"로 명명하기도 했다.[41] 요한의 예수에 따르면, 믿는 자들은 오직 믿는 자들끼리만 서로 사랑하는 것으로 충분하다. 말을 바꾸면, 요한의 사랑의 범위에서 세상은 철저히 배제된다. 세상은 죄로 가득 차 있을 뿐 아니라, 하나님과 그의 아들과, 하나님의 자녀들에 대해 알지 못한다. 세상은 사탄에 의해 지배되는 것으로 묘사된다.

세상이 예수를 미워하는 이유는 예수가 "세상의 일들을 악하다고 증언하기 때문이다"(7:7). 그러나 하나님은 세상을 사랑했고, 예수를 세상의 악한 특성에도 불구하고 세상을 위해 죽게 했다. 이 점은 세상에 대한 긍정적 견해를 보여주기 위한 것이 아니라, 하나님의 사랑의 장엄함을 드러내기 위함이다. 요한공동체는 자신이 활동하고 있는 바로 그 사회적 환경과 대결한다. 요한은 세상을 훼손하면서 동시에 택함의 신학을 전개한다. "영접하는 자, 곧 그 이름을 믿는 자에게는 하나님의 자녀가 되는 권세"가 주어진다

41) V. Friedell, "A Community of Friends. John 13:1-17," *Brethren Life & Thought* 53(3, 2008), 23-32.

(1:12). 그들은 "하나님께로부터 난 자들이다(1:13)."[42] 택함의 신학에서는 위(하늘)로부터와 아래(땅)로부터, 영과 육, 진리와 거짓의 대결이 극명하게 전개된다. 하늘, 영, 진리는 하나님의 자녀들을, 땅, 육, 거짓은 세상을 묘사하기 위한 언어로 사용된다. 이러한 언어의 반복적인 사용은 세상으로부터 분리된 요한의 정체성을 강화시켜 나간다.[43] 물론 이러한 읽기에 대한 반론도 있다. 샌더스(J. T. Sanders)는 원시 기독교를 소종파적으로 이해하는 데 반기를 들면서, 그 이유를 원시 기독교가 아직 유대교로부터 독립하지 않았기 때문이라고 주장한다.[44] 그러나 이러한 주장은 설득력이 약하다. 원시 기독교가 비록 유대교로부터 단절이나 추방되지 않았다 해도 이미 예수 시대부터 원시 기독교는 전형적인 소종파적 형태를 띠고 있었기 때문이다. 샌더스는 대부분의 소종파는 하나의 기구 '내'에서 작은 개혁운동으로부터 시작한다는 점을 놓치고 있다. 요한공동체도 유대교 '내'에서 그것과 다소 다른 생각을 가진 소그룹의 작은 움직임에서 태동되어, 결국은 유대교로부터 추방되는 데까지 이르는 전형적인 소종파적 특징을 보여준다.[45]

그렇다면 요한이 본 예수는 왜 믿는 자들끼리의 '서로 사랑'을 그토록 강조했는가? 이것은 요한공동체의 '서로 사랑' 부족을 경계하기 위한 것이

42) 멘켄(M. J. J. Menken)은 ἐκ θεοῦ ἐγεννήθησαν'의 영어 번역 중 'to be born of God' 보다는 하나님의 남성 역할에 귀속되는 'to be begotten by God'이 더 적절하다고 주장한다. M. J. J. Menken, "'Born of God' or 'Begotten by God'? A Translation Problem in the Johannine Writings," *Novum Testamentum* 51(4, 2009), 352-368. 그러나 그 경우, 'ἐκ'가 명료하게 드러나지 않는 결함이 생긴다.

43) T. S. Dakka, "Irony and Sectarianism in the Gospel of John," in *New readings in John: Literary and Theological Perspectives: Essays from the Scandinavian Conference on the Fourth Gospel in Aarhus* 1997, eds. J. Nissen and S. Pedersen (Sheffield: Sheffied Academic Press, 1999), 83-107.

44) J. T. Sanders, *Schismatics, Sextarians, Dissidens, Deviants: The First One Hundred Years of Jewish-Christian Relation* (Valley Forge, PA.: Trinity Press International, 1993), 114-125.

45) 요한공동체의 태동에 관한 최근의 연구로는 R. A. Culpepper, "The Quest for the Church in the Gospel of John," *Interpretation* 63(4, 2009), 369-381을 참고하라.

다. '서로 사랑'이 충분히 실현되고 있는 정황이었다면 이런 종류의 권고는 어색한 것이다. 예수는 자신의 "사랑 안에 거하라."(15:9) 명한다. 그의 명함의 목적은 '서로 사랑'하게 하기 위함이다(15:17). '서로 사랑'의 부족은 공동체의 균열을 초래한다. 예수가 명하는 대로 행하면 그의 '친구'(φίλος)가 되는 특권이 주어진다(15:14). 로빈슨은 예수가 자신의 제자를 '나의 친구'로 부른 것은 요한의 배타성을 보여주는 특별한 표지는 아니라고 하면서 그 주장의 근거로 누가복음 12장 4절을 제시한다.[46] 그러나 이러한 로빈슨의 주장은 빗나간 것이다. 누가와 요한의 해당 구절은 그 배경과 조건부여 여부의 항목이 다르기 때문이다. 누가의 청중은 수만 명의 무리들이고, '나의 친구'는 그들에게 친근감을 표시하기 위한 통상적인 어법이다. 더구나 거기에는 '나의 친구'가 되기 위한 아무런 조건도 없다. 반면 요한의 청중은 제자들이고, 거기에는 '나의 친구'가 되기 위한 명백한 조건이 있기 때문이다. 곧 그의 친구가 되려면 그가 명하는 대로 '행해야' 한다. 누가의 경우, 청중들은 이미 그의 친구가 된 것이고, 요한의 경우, 제자들은, 조건을 충족한다면, 미래에 친구가 될 것이다. 누가의 '친구'는 친밀도의 수준이 매우 낮은 종류의 것이고, 요한의 경우는 그 수준이 매우 높은 종류의 것이다.

요한의 예수는 조건을 붙이기는 했으나, 제자들에게 '나의 친구'가 될 수 있다고 말한다. 이는 보다 긴급한 상황에서의 특권 부여라 할 수 있다. 상황이 긴급할수록 제공되는 혜택의 수준이 높아진다. 그렇다면 요한공동체 내의 긴급한 상황은 무엇인가? 그것은 그 공동체 내에서 '서로 사랑'이 미미한 수준으로 행해지고 있었거나, 아예 행해지지 않고 있었다는 점이다. 왜 '서로 사랑'이 약화되었거나 멈추었는가? 그 이유는 그 공동체 내에 근본적인 신학적 충돌이 있었기 때문이다. 그 충돌의 내용은 이미 위의 제3장에서 밝혔다. 곧 성령과 예수를 동시에 강조하는 저자 요한 그룹과 예수 없이 성령에만 의존하는 경쟁 그룹의 대결이 그것이다.

46) J. A. T. Robinson, *The Priority of John*, 335.

예수는 "너희가 서로 사랑하면 그것으로 모든 사람이 너희가 내 제자인 줄 알 것"(13:35)이라고 말한다. 예수는 자신이 아버지의 계명을 지켜 그의 사랑 안에 거하는 것 같이 믿는 자들도 자신의 계명('서로 사랑')을 지키면 자신의 사랑 안에 거하리라고 약속한다(15:10). 그러나 경쟁 그룹에게 이러한 종류의 말은 매력적인 것이 아니다. 요한의 경쟁 그룹은 예수 없는 성령에 집착했기 때문이다. 따라서 요한은 예수와 하나님과의 밀접한 연결 고리를 만든다. 예수와 아버지는 하나이다(10:30). 예수를 본 자는 이미 하나님을 보았다(14:9). 아버지는 예수 안에, 예수는 아버지 안에 거한다(14:11). 더 나아가, 요한의 예수는 자신을 사랑하는 자라야 하나님께 사랑을 받을 것이라고 단언한다(14:21). 이는 예수를 거치지 않고도 하나님의 사랑을 받을 수 있다고 주장하는 경쟁 그룹을 겨냥한 것이다. 예수가 믿는 자들을 사랑한 것은 아버지가 예수를 사랑한 것을 모델로 삼고 있다는 것이다(15:9). 요한이 본 예수는 자신과 아버지의 연결을 이런 방식으로도 전개한다. "너희가 듣는 말은 내 말이 아니요 나를 보내신 아버지의 말씀이다"(14:24).[47)]

그러나 요한 저자 그룹의 이러한 힘겨운 노력에도 불구하고 '서로 사랑'의 희망과 동경은 착실히 실현되지 못했다. 예수를 인정하지 않는 그룹은 결국 요한공동체를 탈퇴한다(요일 2:19). 후에 요한1서는 이들의 생각을 이렇게 요약한다. "아들(예수)을 부인하는 자에게는 또한 아버지가 없으되, 아들을 시인하는 자에게는 아버지도 있다"(요일 2:23).

47) 군드리(R. H. Gundry)는 공관복음에서 하늘이 열리고 예수를 자신의 사랑하는 자로 밝힌 아버지의 음성이 요한에 와서는 아버지가 사랑하는 성육신 된 말씀인 예수의 음성으로 변한다고 주장한다. 곧, 예수는 하나님의 말씀들을 말한다. R. H. Gundry, *Jesus the Word According to John the Sectarian* (Grand Rapids, Michigan: William B. Eerdmans Publishing Company, 2002), 49-50.

V. 결어

요한복음에 반영된 요한공동체는 성령공동체의 형태를 띠고 있다. 요한복음의 성령은 이전의 모든 '육적' 조건으로부터 완전히 무관한 공동체, 곧 '성령공동체'를 탄생하게 한다. 요한의 '성령공동체'는 '육'의 세상과 철저히 스스로를 분리하고, 나아가 그것에 적대적으로 맞선다. 그 성령공동체는 전형적인 소종파적 특성을 드러낸다. 요한공동체는 이전의 종교, 인종, 성(性), 지리, 사회 질서와 체제 등 이른바 '육'과의 완전한 분리를 기획한다. 그 소종파적 성령공동체는 성령의 도움으로 자신들에게 적대적인 세상을 정죄한다. 성령은 요한공동체에게 외부와의 경계를 명확하게 하고, 또한 제의라는 핵심적 활동에 관여하여 공동체의 가치와 확신을 유지한다.

요한공동체 내에는 두 주요 그룹이 공존했다. 두 주요 그룹 모두 성령의 역할을 중시했고, 요한공동체를 성령공동체로서 이해했다. 그러나 요한 저자가 속한 그룹, 곧 애제자의 계승자들 그룹은 예수 없이 '영'만을 주장하는 경쟁 그룹의 주장을 반박한다. 요한 저자 그룹은 예수를 유일한 권위와 매개로 간주한다. 요한 그룹은 '영'만이 아니라, '영과 진리로' 행하는 예배를 강조하여 경쟁그룹을 제어한다. 요한 저자 그룹은 '영과 진리' 안에서 참 예배를 경험하고, 그러한 새로운 형태의 예배를 반복함으로써 자신들의 상징세계를 강화하고 설득해 나간다.

요한 그룹과 그 경쟁 그룹의 근본적인 신학의 차이는 두 그룹의 분열을 예감하게 한다. 결국 '서로 사랑'의 권고가 긴급하게 또한 반복적으로 제시된다. 요한은 예수와 아버지를 긴밀하게 관련시킴으로써 예수 없이 아버지 또는 아버지의 영(성령)에 집착한 경쟁 그룹을 설득한다. 예수와 아버지는 하나일 뿐만 아니라, 예수의 말은 예수를 보낸 아버지의 말이라고 강변한다. 그러나 '서로 사랑'은 요한 그룹의 일방적인 외침이 되었다. 경쟁그룹은 결국 분리되어 나가게 된다(요일 2:19). 소종파적 사상을 기조로 삼고 유대교

‘내’에서 출발했던 요한공동체는, 결국 그 공동체 ‘내’에서 요한 그룹보다 더 급진적인 소종파 그룹의 태동과 그 그룹의 탈퇴를 겪게 된다. 이는 요한공동체의 역사에 하나의 아이러니라 할 수 있다.

제10장

요한복음에 대한 사회심리학적 해석

I. 서언

II. 인지적부조화 이론

III. 인지적부조화의 상황-출교

IV. 인지적부조화의 저감 시도-모세의 제자냐 예수의 제자냐

V. 인지적부조화의 저감효과 유지-지원그룹의 확보

VI. 결어

제10장*

요한복음에 대한 사회심리학적 해석

I. 서언

사회학, 특히 거시사회학은 인간 개인의 행위나 생각이 사회의 구조에 의해 영향 받는다는 전제에서 출발한다. 반면, 심리학은 개인의 행위나 생각이 개인의 내적 요인에 의해 결정된다는 전제에서 출발한다. 사회심리학은 "개인 내적인 심리과정과 사회적 환경의 영향을 동시에 인정하고 미시적 요인과 거시적 요인을 동시에 고려한다."[1] 사회는 인간의 상호작용에 의해 구성된다. 그 사회에 참여하여 상호작용의 유형을 만들어내는 것은 개인들의 행위나 생각이나 심리이다. 그렇게 형성된 사회는 다시 개인의 행위나 생각이나 심리에 영향을 끼친다. 사회가 개인의 행위나 생각이나 심리에 끼치는 영향은 무엇인가? 그 영향의 효과는 일시적인가 영속적인가? 반면, 개인이 그 영향을 증가시키거나 감소시키는 요인들은 무엇인가? 영향을 받은 개인은 자신에게 영향을 준 다른 사람들에게 어떤 영향을 돌려줄 수 있는가? 이

* 제10장은 나의 논문 "요한복음에 대한 사회심리학적 해석", 「신약논단」 19(2012), 105-139에 게재된 내용을 현저하게 확장한 것이다.

1) 이동원 · 박옥희, 『사회심리학』 (서울, 학지사, 2000), 14.

장(章)의 목적은 요한복음의 특징을 사회심리학적 전망으로 규명하려는 것이다. 이를 위해 인지적부조화의 이론을 적용한다. 이러한 틀 속에 요한복음의 주요 사상을 재배열하여 그 복음서를 새롭게 구성한다.

II. 인지적부조화 이론

사회심리학의 이론 중 하나인 '인지적부조화'(cognitive dissonance) 이론은 스탠포드대학교 심리학과 교수 페스팅거(Leon Festinger)에 의해 제시되었다. 그 이론은 인간은 심리적으로 자신의 인지의 일관성을 추구한다는 전제에서 출발한다. 문제는 인간이 심리적으로 일치하지 않는 두 가지 인지를 가지고 있을 때 생긴다. 가령, 한국인 가정의 자녀와 다문화 가정의 자녀가 전혀 차이가 없다고 생각하는 한국인이 자신의 자녀가 다문화 가정의 자녀와 결혼하는 것만은 반대하고 싶다고 생각한다면 부조화가 일어난다. 심리적으로 일치하지 않는 두 가지 인지가 긴장상태를 유발한다. 여기서 '인지'란 "환경이나 자기 자신, 자신의 행동에 관한 모든 지식, 견해, 또는 신념을 뜻하고",[2] '부조화'란 두 개의 요소 사이에 존재하는 관계로, 모순이란 말을 논리적으로 함축성이 적은 말로 대체한 것을 뜻한다.[3]

페스팅거의 기본 가설은 이렇다. 부조화의 존재는, 심리적으로 불편하기 때문에, 이 부조화를 감소하여 조화를 얻도록 동기를 부여하게 된다. 부조화가 생기면 사람은 이를 감소하려고 시도할 뿐 아니라, 부조화를 증가시킬 상황이나 정보를 피하려 한다.[4] 이러한 기본 가설 위에 주요한 세부 이론

2) L. Festinger, "A Theory of Cognitive Dissonance," in *Extending Psychological Frontiers: Selected Works of Leon Festinger*, eds. S. Schachter and M. Gazzaniga (New York: Russell Sage Foundation, 1989), 206.

3) 앞의 논문, 205, 210.

4) 앞의 논문, 205-206.

들이 세워진다. 그중 우리의 작업을 위해서는 다음의 몇 가지가 중요하다.

1. 부조화의 크기는 두 요소의 중요성 또는 가치의 크기에 따라 결정된다.[5] 가령, 점심으로 한식과 중식 사이에서 선택의 고민을 하는 경우, 부조화의 크기는 매우 작다. 그 영향도 일시적이다. 그러나 두 요소가 삼성의 갤럭시폰과 애플의 아이폰이라면 그 크기는 커진다. 더 나아가, 대형차와 소형차 사이에서 심각하게 구입의 고민을 하는 경우라면 부조화의 크기는 이전의 예들과는 비교가 되지 않는다. 부조화의 존재는 부조화를 감소 혹은 제거하는 압력을 일으킨다. 부조화를 감소하려는 압력의 강도는 부조화의 크기와 함수 관계에 있다. 부조화를 저감시키는 방법에는 행동의 변화, 인지의 변화, 회피, 또는 새로운 정보에 대한 접촉이 포함된다.[6]

2. 각각 긍정과 부정의 양면을 갖는 두 선택 안 중 하나를 택해야 하는 경우, 부조화가 심해진다. 두 대안 중 하나를 선택한 후에도, 선택하지 않은 다른 대안의 상대적 매력이 여전히 크게 부각된다면 부조화의 크기가 커진다. 이때 부조화의 상황에 있는 사람은 매력적인 선택 하나를 거절하는 데서 오는 불편한 마음을 애써 감소시킬 방법을 강구하게 된다. 이 경우, 부조화의 감소를 위한 가장 현저한 시도는 선택한 대안의 상대적 매력을 증대시키고, 선택하지 않은 대안의 상대적 매력을 감소시키는 작업이다.[7] 가령, 대형차와 소형차 사이에서 구입을 고민하다 결국 하나를 구입한 다음에는 다른 하나에 대한 구입 전의 긍정적이었던 태도를 부정적인 것으로 바꾸게 된다. 대형차를 산 경우, 차는 커야 충돌 시에도 비교적 충격을 덜 받을 수 있다는 안전성에 집중하게 된다. 더 나아가 차를 산 것이라기보다는 신분을 산 것이나 다름없다고 생각하고, 소형차는 이런 것들을 충족시켜 주지 못한다고 말하기 쉽다. 반면, 소형차를 산 경우, 가격 대비 성능이 우수하다거나, 친환경적이라든가, 관리 유지비가 상대적으로 적게 들어간다는 생각에 집착하고,

5) 앞의 논문, 214-216.

6) 앞의 논문, 216-225.

7) 앞의 논문, 226-238.

대형차는 허위의식의 표출이고, 그 차를 구입하기 어려운 계층의 따가운 눈총을 받게 될 것이라는 이유를 생각해낸다.

3. 저감된 부조화의 효과를 유지하기 위해서는 지지 그룹의 확보가 필요하다. 자신이 선택한 의견에 대해 다른 그룹의 지지를 얻게 되면, 부조화는 실질적으로 감소되며, 제거되기까지 한다. 부조화의 저감 효과는 우선, 자신이 설득하려는 것을 이미 믿고 있는 사람들로부터 지원을 얻거나, 혹은 자신이 설득하려는 것을 믿으리라 예상되는 다른 그룹을 설득함으로써 지속된다. 다시 말하면, 전자는 사회적인 지원을 받는 가장 분명한 상황이다. 상대가 이미 같은 견해를 갖고 있기 때문이다. 후자의 경우에는 성공적인 설득의 규모가 클수록 새로운 전향자들은 부조화를 감소시키는 데 크게 기여하게 될 것이다.[8] 이것은 새로운 인지적 조화를 추가함으로써 부조화를 저감하는 방법과 같다. 자신의 신념 체계가 진실이라는 것을 설득하여 전향자를 획득하는 일이 부조화 저감 유지의 관건이다. 가령, 소형차를 구입한 경우, 자신이 소속된 그룹의 동료들 대부분이 대형차를 샀다면, 마음이 편하지 않다. 이런 경우, 부조화를 해소시키기 위해 주변에 소형차를 이미 산 사람들의 예를 찾으려 하거나, 이제 곧 차를 구입하려는 사람에게 소형차를 사도록 설득 작업을 전개하게 된다. 소형차를 구입했더니 경제적일 뿐 아니라, 안전성도 대형차에 뒤지지 않기 때문에 매우 만족스럽더라고 주변에 권유한다. 자신이 선택한 안을 이미 택한 사람, 또는 장차 택할 사람이 많으면 많을수록 심리적 안정감이 찾아온다.

페스팅거의 이론은 지금까지 수십 년에 걸쳐 강력한 파급효과를 가져왔다. "아직 시간적으로 검증되지 않은 현대적 이론들이나, 모호함 속으로 사라져 버린 옛 이론들과는 달리, 인지적부조화 이론은 지속적이고, 다양하

8) L. Festinger and E. Aronson, "The Arousal and Deduction of Dissonance in Social Contexts," in *Extending Psychological Frontiers: Selected Works of Leon Festinger*, 251-261.

고, 여전히 열린 역사를 갖고 있다."[9] 인지적부조화의 이론을 적용한 실험적 연구들은 최근까지 이어지고 있다. 가령, 자선 기부금의 증가,[10] 또는 인종적 편견의 감소,[11] 체중감소를 유도하는 심리치료의 개입,[12] 소비자의 행태[13] 등의 주제들에 관한 대표적인 연구들이 인지적부조화 이론의 기본을 충실하게 적용한 사례들이다. 물론 '인지적부조화' 이론을 다소 수정하려는 연구들도 있다.[14] 가령, '자아-일관성' 이론이나 '자기-긍정' 이론 등이 있다. 전자는 부조화의 상황은 그것이 자기-개념과 하나의 행동 사이의 불일치를 유발하기 때문이라고 설명한다.[15] 후자는 부조화의 효과는 인지적 불일치나 자기-불일치의 결과가 아니라 한 개인의 도덕적인 통일성을 의협하는 방식

---

9) Paul R. Nail and Kurt A. Boniecki, "Inconsistency in Cognition: Cognitive Dissonance," in *Theories in Social Psychology*, ed. by Derek Chadee (West Sussex, UK: Wiley-Blackwell, 2011), 44.

10) D. J. Howard, "The Influence of Verbal Responses to Common Greetings on Compliance Behavior: The Foot-in-the-mouth Effect," *Journal of Applied Social Psychology* 20(1990), 1185-1196.

11) L. S. Son Hing, W. Li, and M. P. Zanna, "Inducing Hypocrisy to Reduce Prejudicial Responses among Aversive Racists," *Journal of Experimental Social Psychology* 38(2002), 71-78.

12) D. Axsom and J. Cooper, "Cognitive Dissonance and Psychotherapy: The Role of Effect Justification in Inducing Weight Loss," in *The Interface of Social and Clinical Psychology: Key Readings*, eds. R. M. Kowalsky and M. R. Leary (New York: Psychology Press, 2004).

13) R. B. Cialdini, *Influence: Science and Practice*, 5th ed. (Boston, MA: Pearson, 2009).

14) 인지적 현상에 대한 다른 설명들을 위해서는 E. Harmon-Jones and J. Mills, eds., "An Introduction to Cognitive Dissonance Theory and an Overview of Current Perspectives on the Theory," in *Cognitive Dissonance: Progress on a Pivotal Theory in Social Psychology* (Washington, DC: American Psychological Association, 1999), 특히 10-19.

15) A. Aronson, *The Social Animal*, 9th ed. (New York: Worth Publishers, 2004), 143-199, 특히 169-170.

으로 행동하는 것의 결과라고 주장한다.[16] 그러나 이러한 이론들은 페스팅거의 이론만 갖고도 설명이 가능한 변형에 불과하다. 인지적부조화의 이론을 적용하여 성공한 연구들은 그 이론이 다른 경쟁 이론들을 능가한다는 것을 보여주고 있다. 결국, 페스팅거의 이론은 여전히 "부조화 현상에 대한 주도적이고, 가장 보편적으로 적합한 설명"[17]이라 할 수 있다. 요한복음해석에는 이 인지적부조화의 이론이 유용하다.

III. 인지적부조화의 상황-출교

과거의 어떤 사건을 해석하는 사람은 현재의 시각으로 그 과거를 조명한다. 따라서 "모든 역사는 현대사"라는 역사학자 크로체(B. Croce)의 간결한 언명은 정곡을 찌른 것이다. 과거의 역사적 사건은 순수한 형태로 전달되지 않는다. 그 사건은 현재 역사가의 관심에 따라 선택되고 배치되고 범주화되고 의미가 주어진다. 따라서 과거의 이야기는 현재를 반영한다. 곧, 과거의 이야기는 현재의 이야기이다. 요한의 예수 이야기에서 "저자의 주요 관심은 과거 예수에게 일어났던 것이 무엇이냐 하는 것이 아니라, 현재 요한의 신자들이다."[18]

요한복음 저자(들)가 자신의 복음을 전하려는 일차적인 대상은 예수를 믿는 사람들이다. 요한 저자가 자신의 복음서를 쓸 때, 그 믿는 자들은 이미 유대인들의 회당으로부터 출교당한 후였다. 출교를 뜻하는 "ἀποσυνάγωγος" 라는 형용사가 세 번 등장하는 9장 22절, 12장 42절, 16장 2절이 출교의 경험

16) C. M. Steele, "The Psychology of Self-affirmation: Sustaining the Integrity of the Self," in *Advances in Experimental Social Psychology*, ed. L. Berkowitz, vol. 21 (San Diago, CA: Academic Press, 1988).

17) Paul R. Nail and Kurt A. Boniecki, "Inconsistency in Cognition," 67.

18) R. E. Brown, *An Introduction to the Gospel of John*, ed. F. J. Moloney (New York: Doubleday, 2003), 314.

을 반영한다. 요한공동체의 기원이 이 출교에 있었다는 소위 출교설은 마틴(J. L. Martyn)과 브라운(R. E. Brown)에 의해 창출되었다.[19] 그 후, 요한공동체의 역사에 관한 한 두 학자의 이론은 세부적인 수정을 동반하며 광범위한 영향을 끼쳤다. 최근에 카터(W. Carter)가 여기에 대해 반기를 들었으나, 이 항목에 관한 한 큰 지원을 받지는 못하고 있다. 카터는 요한복음의 그 해당 구절들은 출교당한 사건을 반영하는 것이 아니라, 로마제국에 대한 회당의 지나친 순응의 분위기를 거부하고, 회당의 예수-신자와 회당의 남은 사람들 사이의 긴장을 조성하기 위한 것이라고 주장한다.[20]

요한복음의 세 출교 구절들이 출교를 반영하지 않는다는 카터의 주장의 문제점을 간략하게 살펴보자. 우선 카터는 9장의 날 때부터 맹인된 사람을 치유하는 이야기에서 "누구든지 예수를 그리스도로 시인하는 자는 출교하기로 결의했다."는 22절이 효력이 있으려면 그를 쫓아낸 34절 이전에 그가 예수를 그리스도로 고백했어야 하나, 그는 38절에 와서야 고백하는데, 그것도 그리스도가 아니라 "주님"이었다고 지적하면서, 34절에서 그를 쫓아낸 것은 회당 모임으로부터의 출교라기보다는 유대인들이 자신들의 면전에서 내보냈다는 정도의 의미라고 해석한다.[21] 22절과 34절은 무관하다는 카터의 주석 자체에는 무리가 없다. 그러나 문제는 22절 자체가 출교의 경험을 반영하고 있는지의 여부는 여전히 문제로 남아 있다. 그 둘이 관계가 없다는 것이 22절 자체의 의미를 확정짓는 것은 아니기 때문이다.

카터는 16장 2절의 경우, "사람들이 너희를 출교할 것이다."에서 언급되는 출교는 미래에 있을 일로 제시된다면서, 시제 자체가 미래이며, 그런 일

19) J. L. Martyn, *The Gospel of John in Christian History* (New York: Paulist Press, 1979); R. E. Brown, *The Community of the Beloved Disciple: The Life, Loves, and Hates of an Individual Church in New Testament Times* (New York: Paulist Press, 1979).

20) Warren Carter, *John and Empire: Initial Explorations* (New York: T & T Clark International, 2008), 26.

21) 앞의 책, 24-25.

이 이미 일어났다는 언급은 없다고 주장한다.[22] 그러나 미래시제이기 때문에 과거의 일이 아니라는 추측은 시제를 지나치게 문자적으로 해석한 것이다. 그렇다면 12장 42절에서 출교와 관련하여 "드러나게 말하지 못해왔다"(οὐχ ὡμολόγουν)는 미완료 동사, 곧 과거로부터 반복된 동작을 나타내는 미완료 과거를 사용한 이유는 무엇인가? 카터는 이 점을 설명하지 못하고 있다. 더구나 요한은 때때로 과거시제와 미래시제를 교차하여 사용한다. 가령, 요한은 13장 32절에서 하나님이 예수에게 영광을 주리라(δοξάσει)고 미래 시제로 말한다. 32절을 카터식으로 하자면 미래 시제이므로 예수는 영광을 받지 않았다고 해야 한다. 그러나 그 직전 구절인 31절은 인자가 이미 "영광을 받았다."(ἐδοξάσθη)고 단순과거 시제로 말한다.

마지막 출교 구절인 12장 42절을 보자. "그러나 관리 중에도 그를 믿는 자가 많되 바리새인들 때문에 드러나게 말하지 못해왔는데, 이는 출교를 당하지 않기 위함이라." 카터는 이 구절을 독립시켜 다루지는 않는다. 매우 구체적으로 과거에 계속된 사건들을 반영하는 분위기가 자신의 논지를 방해하기 때문은 아닐까? 카터는 이 구절을 다른 두 출교 구절들과 함께 묶은 채, 세 출교 구절들이 과거의 사건을 반영하기보다는 오히려 현재 관행과의 분리를 촉구한다고 주장한다.[23] 그러나 12장 42절에서, 출교를 당하지 않으려 했다는 것은 이미 출교가 있었다는 것을 경험한 것임을 전제해야 이해가 가능하다. 이 구절은 출교가 흔히 시행되어 왔던 과거의 정황을 보여준다. 더 나아가 만일 카터의 가설대로라면 요한복음은 로마제국에 대한 "간접적인" 대립을 기획한 문서가 되는데 그것으로는, 블롬버그(Craig L. Blomberg)의 지적대로, 유대교와의 "직접적인" 대립을 규명한 전통적인 주장을 넘어서기 어렵다.[24]

---

22) 앞의 책, 8.

23) 앞의 책, 8-11.

24) Craig L. Blomberg, "Book Review of W. Carter's *John and Empire: Initial Explorations*," *Bulletin for Biblical Research* 21(2011), 281-283, 특히 282.

카터는 요한복음에 대한 종교적 접근을 거부하면서, 종교적 접근은 "종교는 정치적, 경제적, 문화적 상황들과는 독립되고, 고립될 수 있는 하나의 분리된 실재"[25)]라는 관념을 채택한다고 주장한다. 그러나 이러한 주장은 부당전제의 오류에 속한다. 극단적인 종교 일변도의 접근을 제외하면, 소위 종교적 접근으로 알려진 저서가 요한복음의 정치, 경제, 문화적 상황을 철저히 외면하는 경우란 매우 드물다. 가령, 브라운의 종교적 접근을 '상황을 무시한' 접근으로 판정할 수 있는가? 요한복음 저자를 포함하여 한 저자의 저작 의도는 복합적이다. 요한은 다양한 입장과 여러 의도를 갖고 자신의 복음서를 썼을 것이다. 요한복음을 정치적인 시각에서 보는 작업은 가능할 뿐 아니라, 바람직하다고까지 할 수 있다. 그러나 소위 종교적 전망으로 해석하는 기존의 모든 작업들을 일괄하여 평가절하하고, 정치적으로만 해석해야 한다는 것은 지나치게 독단적이다.[26)] 더구나 기원후 1세기 유대사회를 포함한 로마제국은 종교와 정치가 엄격히 분리되어 있지 않았다. 심지어 "그 복음서(요한복음)는 회당의 순응을 교란시키는 예수에 관한 주장을 제시하고, 그것을 통해, 예수-신자들을 회당으로부터 분리하려 할 뿐 아니라, 예수-신자들과 (로마)제국 사이에 보다 더 대립적인 관계를 조성하려고 시도한다."[27)]는 카터의 결론은, 비록 그 결론에 이르는 방법이 정치적 접근이었다 해도, 그가 거부한 종교적 접근과 큰 차이가 없다.

한편, 유대인들에 의한 회당으로부터의 출교 이론을 거부하는 최근의 학자로는 라인하르츠(A. Reinhartz)가 있다.[28)] 그녀가 그 출교 이론을 거부하는 이유는 그것이 반-유대인적인 시각을 드러낸다고 전제하고 있기 때문

25) Warren Carter, *John and Empire*, 21.

26) 카터의 "그 같은 읽기는 신학적 노력이 담긴 그 복음서를 헛되게 한다." Mary L. Coloe, "John and Empire: Initial Explorations," *Biblical Interpretation* 18(2010), 272-274, 인용은 274.

27) Warren Carter, *John and Empire*, 45.

28) A. Reinhartz, *Befriending of the Beloved Disciple: A Jewish Reading of the Gospel of John* (New York: Continuum, 2001).

이다. 따라서 그녀는 유대인들에 대한 요한의 긍정적인 묘사를 눈여겨본다. 가령, 그녀가 제시하는 11장에는 나사로의 죽음으로 상심한 마르다와 마리아를 "위문하러 와서"(11:19), "위로하던"(11:31) 유대인들이 마리아가 우는 것을 보고 함께 우는(11:33) 장면이 소개되어 있고, 12장에는 나사로 때문에 많은 유대인들이 예수를 믿었다는 것이 소개된다(12:11). 라인하르츠는 이러한 분위기와 출교는 서로 통합되기 어렵기 때문에 출교 이론은 유지되기 어렵다고 주장한다.[29] 그러나 이것은 극히 예외적인 것으로 압도적인 것들을 제압하려는 시도라 할 수 있다. 어떤 분위기가 지배적이냐가 중요하다. 더구나 유대인들의 회당에서 출교되었다는 것이 그 후 어떠한 유대인들과도 인간적인 관계를 철저히 끊었다는 것을 뜻할 필요는 없다. 11장의 그 사건들은 일부 유대인들과의 일상에서의 관계는 지속되었다는 것을 보여줄 뿐, 그 때문에 회당 출교 이론이 설득력이 부족하다는 것이야말로 무리한 설정이다. 12장의 경우, 유대인들이 예수를 믿었다는 것은 더욱 문제가 되지 않는다. 예수를 믿은 요한 그룹의 대부분도 처음에는 유대인들이었기 때문이다.

회당으로부터의 출교 이론이나, 출교가 아닌 회당 내에서의 긴장조성 이론 중 어느 것을 전제해도 이 부조화 이론의 적용에는 큰 무리가 없다. 그러나 이 논문은 요한복음이 출교 후의 상황에 더 어울린다는 쪽을 지지한다. 물론 마틴과 브라운이 내세운 출교 가설의 세부적인 근거 중 일부(가령, '이단 저주령'-*Birkat ha-Minim*)는 논란의 여지가 많다 해도 요한복음이 출교 후의 경험을 반영한다는 기본적인 주장은 강력한 기반을 지닌다. 요한이 출교를 뜻하는 "ἀποσυνάγωγος"라는 형용사 대신 '쫓아내다'(ἐκβάλλω)라는 다른 단어를 사용해도 무관한 곳에서 세 번에 걸쳐 그 형용사를 의도적으로 사용한 것은 요한 그룹이 출교당한 경험을 반영한다고 보는 것이 더 자연스럽다. 더구나 요한이 "너는 그(예수)의 제자이나 우리는 모세의 제자

---

29) 앞의 책, 51.

이다."(9:28)라는 구절을 도입한 것은 그 두 그룹이 한 회당에서 함께 공존하고 있다는 가설을 불가능하게 한다. 그 구절은 오히려 회당으로부터 출교당한 후를 반영한다. 요한의 율법관을 보면 이러한 사정이 보다 분명해진다. 율법은 예수를 믿는 자들이 유대인들과 함께 공유하는 규범이 아니다. 요한은 율법을 "그들의" 율법(15:25), 또는 "너희들의" 율법(8:17)으로 처리한다. 또한, 도처에 산재되어 있는 "유대인들"에 대한 신랄한 비판도 출교의 경험을 반영한다. 요한공동체의 태동은 유대교 회당으로부터의 출교와 관련되어 있다. 출교는 요한이 자신의 신학을 전개하는 데 중요한 축이 된다. 요한공동체의 역사를 상세히 구성하는 작업은 이 논문의 범위를 벗어나는 일이다. 다만, 여기서 우리의 논의를 위해서는 요한공동체는 그 태동기에 유대교 회당 내의 한 그룹의 형태로 있었다는 것을 지적하는 것으로 충분하다.

요한 그룹이 유대교 회당 내에 있었을 때에는 그 그룹에게 모세와 예수는 둘 다 매력적인 인물(항목)이었다. 또한 그 둘을 다 존중해도 인지적부조화에서 오는 불편함이 없었다. 그러나 예수냐 모세냐를 선택받도록 강요받자, 요한그룹에게 그 둘은 부조화의 두 요소가 된다. 예수가 아니라 모세만을 인정한 유대인들에 의해, 모세가 아니라 예수를 선택한 요한그룹은 회당으로부터 추방당한다(9:22). 이제 요한그룹은 유대교 회당 내의 한 그룹이 아니라 그것과는 독립된 요한공동체로서의 정체성을 갖게 된다. 요한공동체 멤버들이 회당으로부터 '추방'당했기 때문에 그들은 이제 유대교인들이 아니었고, 그들 스스로도 "더 이상 자신들을 유대교인들로 간주하지 않았다."[30] 추방당한 후 모든 것이 급격하게 달라진다.

30) R. E. Brown, *The Community of the Beloved Disciple*, 41.

Ⅳ. 인지적부조화의 저감 시도-모세의 제자냐 예수의 제자냐

요한공동체가 겪은 부조화의 크기는 예수와 모세라는 두 요소의 중요성 때문에 매우 컸다. 요한은 그 부조화를 감소 혹은 제거하려는 압력을 받는다. 이에 따라 요한은 '모세와 대립되는 예수상'을 보다 철저하게 조형해 나간다. 예수와 모세라는 부조화의 두 요소로 연유된 불편함을 제거하기 위해 예수만을 선택하고, 모세를 포기한다. "너는 그(예수)의 제자이나 우리는 모세의 제자이다"(9:28). 예수와 모세는 양립할 수 없다. "율법은 모세를 통하여 주어진 것이요 은혜와 진리는 예수 그리스도를 통하여 생긴 것이라" (1:17). 요한은 모세라는 선택하지 않은 항목의 의의를 감소시켜 나가고, 예수라는 선택한 항목의 의의를 증가시켜 나간다. 곧, 모세는 평가 절하되고, 예수는 현저히 부각된다. 보다 더 세분하면, 모세에 대한 이전의 긍정적 측면은 축소 내지 제거하고, 그에 대한 부정적 측면은 더욱 확대한다. 반면 예수에 대한 긍정적 측면은 적극적으로 부각시키고, 그에 대한 부정적 측면(십자가형의 수치)은 새로운 해석을 통해 변형시킨다.

1. 모세의 긍정적 측면의 평가절하

먼저 요한이 선택하지 않은 안, 곧 모세에 관한 그의 평가절하 시도부터 살펴보자. 모세는 하나님으로부터 율법을 받은 사람이자(1:17), 광야에서 이스라엘 백성에게 떡을 준 사람으로 간주되어 왔다. 그러나 이러한 긍정적인 묘사는 요한에 의해 수정되거나 거부된다. 요한공동체가 선택한 대안과 부조화를 일으키기 때문이다. 요한은 그 부조화를 저감하기 위해 유대인들의 자부심의 근원인 바로 그 모세조차도 예수에 대해 "기록한다."(5:46)고 말한다. 예수를 거부하는 것은 모세가 기록한 것을 거부하는 셈이 된다. 예수가 아니라 모세가 유대인들을 고발하는 자가 된다(5:45). 그 현재 시제는

"모세가 그들에 대한 한 정해진 고발자, 곧 현재적인 고발자"[31]임을 뜻한다. 유대인들은 모세의 글도 믿지 못하는 자들로 규정되고, 따라서 예수도 믿지 못하는 자로 판정된다(5:47). 모세가 준 율법은 더 이상 요한공동체가 준수해야할 규범이 아니다. 율법은 "그들의 율법"(15:25)으로 간주된다. 율법은 엄격한 의미에서는 모세 오경이나, 여기서는 성경 일반을 말한다. 여기에 인용된 것이 시편 35편 19절이기 때문이다. 유대인들은 스스로 율법의 고수자들로 여겼으나, 실상은 율법이 담지하고 있는 예수를 거부함으로써 "율법의 저주를 초래했다."[32] 예수는 바리새인들에게 율법을 "너희들의" 율법으로 명명한다(8:17). "갈라디아서와는 대조적으로 율법은 요한에게 있어서 더 이상 문제꺼리가 아니다."[33] 요한은 명절은 "유대인의" 명절로 못 박는다(5:1; 6:4; 7:2). 예수는 유대인들이 하나님이라 "칭하는" 그분이 바로 자신의 아버지라고 밝힌다(8:54). 유대인들은 그 하나님을 알지 못했다(8:55) 함으로써 그들에게 결정타를 가한다.

요한은 예수가 중요한 율법 중 하나인 "안식일 법을 범하는"(5:18) 것으로 묘사한다. 요한은 베데스다 연못에서 앉은뱅이를 치유하는 표적(5:1-18)을 통해 안식일 법에 대한 유대인들의 관념을 수정한다. 곧, 안식일 법을 위반하는 것은 하나님의 법칙을 깨뜨리는 것이라는 통념에 일침을 가한다. 요한의 예수는 자신의 일이 곧 하나님의 일임을 천명함으로써 안식일 법에 대한 자신의 위반이 정당함을 입증한다. "내 아버지께서 이제까지 일하시니 나도 일한다"(5:17). 물론 요한은 유대인들이 절기를 지키는 것 자체를 공격하지는 않는다. 예수는 유대인들의 유월절이 가까워질 때, 예루살렘으로 올라가고(2:13), 유월절에는 예루살렘에서 보낸다(2:23). 초막절(7:2, 8, 11)이

---

31) L. Morris, *The Gospel According to John*, rev. ed. (Grand Rapids, Michigan: W. B. Eerdmans Publishig Company, 1995), 295.

32) 앞의 책, 605.

33) R. Schnackenburg, *The Gospel according to St. John*, 3 vols. (New York: Crossroad, 1982-1987), 2:205.

나 수전절(19:22)도 당연히 유지되는 것으로 전제한다. 일반 백성의 일상이 그대로 수용된다. 그러나 예수는 그 절기 중에 유대인들과 격렬하게 논쟁한다. 요한의 예수는 광야의 만나에 대한 유대인들의 전통적인 생각을 거부한다. 하늘로부터 떡을 준 것은 모세가 아니다(6:32). 예수는 할례의 기원에 대한 유대인들의 관념도 거부한다. 할례는 모세에게서 난 것이 아니라, "조상들"에게서 난 것이다(7:22).

모세뿐 아니라, 모세를 자신들의 대안으로 선택한 '유대인들'(Ἰουδαῖοι) 또는 유대인들이 속한 '세상'에 대한 비판과 그 비판을 주도하는 예수를 함께 제시하는 요한의 기획도 같은 맥락에서 이해할 수 있다. 예수는 유대인들에게 "너희는 아래에서 났고 나는 위에서 났으며, 너희는 이 세상에 속하였고, 나는 이 세상에 속하지 아니했다."(8:23)고 말한다. 애쉬톤(John Ashton)은 이런 종류의 대립을 "수직적 대립"으로 명명한다.[34] '유대인들'은 요한복음에서 뚜렷한 그룹을 형성하고 있는데, 약간의 예외(3:1; 7:50-52 등)를 제외하면 대부분이 예수의 적으로 등장한다. 아래에서 난 유대인들은 위에서 난 예수를 "어디에서 왔는지 알지 못한다"(9:28-29). 유대인들은 "하나님께로부터" 온 분으로 고백하는 사람을 쫓아냈고(9:33-34), 예수를 죽이려고 모의했으며(11:53), "십자가에 못 박게 하라."(19:15)고 소리쳤다. 요한이 본 예수는 70여 회 이상 언급되는 '유대인들' 대부분을 신랄하게 비판한다. 심지어 예수는 바로 그 유대인들의 신앙의 공급처인 성전을 정화한다(2:13-17). 요한의 해석에 따르면, 예수는 그 자신이 성전이다(2:21). 모세와는 달리, 예수는 이스라엘을 상징하는 "참 포도나무"(15:1)이다.

요한은 '세상'(κόσμος)도 주로 예수에게 적대적인 것으로 그린다. '세상'은 '유대인들'보다 더 넓은 개념이다. '세상'은 예수와 양립할 수 없다. 서막에서 세상은 어둠으로 묘사된다(1:5, 10). 세상은 예수와 그의 추종자들을 미워한다(15:18-19; 16:20-21). 요한은 세상의 죄관, 의관, 심판관(觀)을 심

34) John Ashton, *Understanding the Fourth Gospel*, 4th ed. (Oxford: Oxford University Press, 2007), 196.

판할 것이고(16:8), 세상의 임금은 이미 심판을 받았다고 선언한다(16:11; 12:31). 초기 전승에 속하는 "하나님이 세상을 이처럼 사랑했다."(3:16)는 식의 세상에 대한 이전의 긍정적인 분위기는 추방 후에 예수를 믿지 아니하는 자는 "벌써 심판을 받은 것"이라는 분위기로 바뀐다(3:18). "내가 온 것은 세상을 심판하려 함이 아니요 세상을 구원하려 함이라."(3:17; 12:47)라는 예수의 하강의 목적은 "내가 심판하러 이 세상에 왔으니 보지 못하는 자들은 보게 하고 보는 자들은 맹인이 되게 하려 함이라."(9:39)고 차갑게 변경된다. 더 나아가, 예수는 3장 16절과는 대조적으로 세상을 사랑한다든지 또는 사랑하라든지 하는 종류의 말을 하지 않는다. 이러한 변경은 인지적부조화를 저감하려는 작업의 일환이다.

2. 모세의 부정적 측면의 확대

이와 함께 요한은 모세에 대한 부정적 이미지, 곧 모세는 신적 존재가 아니라는 점을 적극적으로 드러낸다. 요한공동체가 선택한 대안이 옳았다는 점을 각인하기 위한 것이다. 요한의 예수는 "모세가 광야에서 뱀을 든 것 같이 인자도 들려야 한다."(3:14)고 말한다. 이 말은 모세와 대등한 예수의 역할을 강조하기 위한 것이 아니다. 모세의 경우에는 뱀이 들렸으나, 예수는 그 자신이 들린다. 예수가 모세를 능가한다는 점은 바로 그 전 구절에 의해 분명한 형태로 밝혀진다. "하늘에서 내려온 인자 외에는 하늘에 올라간 자가 없다"(3:13). 곧 모세는 하늘에 올라간 자가 아니다. 왜냐하면 그는 하늘에서 내려온 자가 아니기 때문이다. 여기서 모리스(L. Morris)는 "예수는 그의 지상에서의 굴욕에도 불구하고가 아니라, 그러한 굴욕 때문에" 영광을 얻는다고 주장한다.[35] 그러나 이러한 주장은 빗나간 것이다. 예수가 영광을 얻는 것은 "굴욕 때문에"가 아니라, 아버지에 의해 정해진 "때"에 따른 것이

35) L. Morris, *The Gospel According to John*, 200.

다. 굴욕을 더 많이 당하면 더 큰 영광을 얻는가? 아니다. 12장 23절에서 예수가 "인자가 영광을 얻을 때가 왔다."고 말하는데, 이는 굴욕의 순간이 아니라, 오히려 명예로운 순간이다. 십자가형 자체가 요한에게는 이미 굴욕적인 사건이 아니다. 모세와는 달리, 예수는 하늘에서 내려와 세상에 왔고, 다시 하늘로 올라갈 분이다(16:28; 17:13). 요한은 예수와 모세의 질적 차별성을 강조하기 위하여 3장 14절을 제시한다. 모세는 하늘과 상관이 없는 사람이다.

요한복음 1장 17절 역시 모세와 예수의 대립을 노출한다. "율법은 모세를 통해서 주어졌고, 은혜와 진리는 예수 그리스도를 통해서 왔다." 율법은 은혜와 진리에 대조된다. 요한은 그동안 은혜와 진리가 모세를 통해서 왔다는 생각을 교정해 준다. 모세를 통해서 주어진 것은 은혜와 진리가 아니라, 율법이라는 것이다. 곧 율법이 모세를 통해서 "주어졌다"는 것은 모세가 율법을 준 것이 아니라, 하나님이 주셨다는 것을 전제한다. 반면, 은혜와 진리가 예수를 통해서 "왔다"는 것은 예수 자신이 그 기원이라는 것이다. 예수는 곧 진리이다(14:6). 요한은 "주어졌다"는 것과 "왔다"는 대조를 통해, 모세를 훨씬 능가하는 예수의 모습을 제시한다. 더구나 예수는 성육신 할 때 이미 "은혜와 진리"가 충만했다(1:14). 예수의 자원은 무한하다. 그의 충만이 모든 복의 원천인 이유는 우리 "모두"가 다 받기 때문이다(1:16).[36)]

모세가 누구인가? 출애굽기에 따르면 모세는 하나님이 "대면하여" 알고 있던 자였고, 모세 이후에는 "모세와 같은 선지자가 일어나지 못했다"(신 34:10). 모세는 신과 같은 존재로 간주되기도 했으나, 거기에는 제한이 가해진다. 하나님은 모세를 어디까지나 "바로에게"만 신같이 되게 하셨다(출 7:1). 구약 어디에도 모세를 하나님의 아들 또는 하나님으로 묘사하는 곳은 없다. 하나님이 모세를 대면하여 알았다는 표현이나 모세가 하나님을 보았다는 표현(출 24:9-11)도 이것이 지상에서 모세가 육신의 눈으로 하나님을

36) 앞의 책, 97, 99.

보았다는 뜻은 아니다. 이 점은 출애굽기 33장 20절에 의해 확인된다. "또 이르시되 네(모세)가 내 얼굴을 보지 못하리니, 나를 보고 살 자가 없음이라." 반면, 요한은 "아무도 하나님을 본 사람이 없다 아버지의 품속에 있는 독생하신 하나님이 나타내셨다."(1:18)고 증언한다. 마치 1장 1절에서 말씀이 하나님이었던 것처럼 여기서는 아들이 하나님이 된다. 예수는 요한복음 도처에서 하나님의 아들일 뿐 아니라, 하나님으로 묘사된다(20:28). 요한은 서막(1:1-18)을 통해서도 모세와 예수 사이의 엄청난 질적 격차를 지적한다. 모세는 더 이상 예수의 경쟁자가 아니다.

3. 예수의 긍정적 측면 확대

이제 요한이 선택한 대안, 곧 예수에 대한 요한의 부각 시도를 살펴보자. 요한은 예수라는 선택된 요소의 강점을 보다 현저히 부각시킨다. 요한은 예수를 "하나님의 아들"로 선언한다. 요한복음의 기록 목적 자체가 "예수는 하나님의 아들 그리스도임을 믿게 하려 함이고, 또 너희로 믿고 그 이름을 힘입어 생명을 얻게 하려는 것"(20:23)으로 요약될 정도이다. 모세와는 달리, 예수는 다른 사람에 의해서(1:34, 49; 11:27; 20:31), 또는 예수 자신에 의해서(5:25; 10:36; 11:4) "하나님의 아들"로 선포된다. 하나님은 예수의 말을 이미 들었고(11:41), 항상 듣는다(11:42). 예수의 교훈은 예수를 보낸 분의 교훈이다(7:16). 예수가 하나님께 말씀을 드리는 이유는 하나님이 자신을 보낸 것을 그들이 믿게 하려는 데 그 목적이 있다는 것이다(11:42). 예수는 날 때부터 맹인된 사람을 치유한다(9장). 그런데 그 치유는 모세는 감히 흉내도 내지 못할 "창세 이후에"(9:32) 처음으로 있었던 엄청난 일이었다. 유대인들이 예수를 죽이려는 이유도 예수가 "하나님을 자기의 친아버지라 하였기"(5:18) 때문이다.

요한이 본 예수는 유대인에게 "아브라함이 있기 전부터 내가 있다."(8:58)고 선언한다. 여기서 동사로는 '있었다'가 아니라 '있다'가 사용된다.

이 구절에서 '내가 있다'(ἐγώ εἰμί)는 것은 예수의 선재를 드러낼 뿐 아니라 예수의 신성을 드러낸다. 만일, '내가 있었다'로 했다면 오직 예수가 아브라함보다 먼저 살았던 인물이라는 점만이 부각되었을 것이다. 그러나 예수는 아브라함 이전에도 있고, 지금도 있다는 것이다. 예수의 존재 양식은 시간적인 연속성에 구애를 받지 않는다는 것이다. 이것만 보면 예수는 하나님과 동등하다. 그러나 여기서 예수는 여전히 하나님의 아들이다. 이 선언은 아버지가 예수에게 영광을 돌려주기 때문에 가능해지기 때문이다(8:34). 요한이 본 예수는 자신을 믿는 자에게는 "그 배에서 생수의 강이 흘러나오리라."(7:38)고도 한다. 목마른 자는 다 자신에게로 와서 마시라는 것이다(7:37). 그러나 요한은 이 장면에서 예수가 아직 영광을 받지 못했다고 제한을 가한다(7:38). 요한은 예수를 인간의 최후의 적, 죽음까지도 통제하는 분으로 부각한다. 예수는 죽은 지 이미 나흘이 되어, 냄새까지 나는(11:39) 나사로를 살린다(11:43-44). 그러나 죽은 자를 살리는 이 엄청난 장면에서도 요한은 나사로를 살림이 아들의 단독 행위라기보다는 아버지와의 공동 작업임을 분명히 한다(11:41-42). 예수는 "부활이요 생명"(11:25)이며, 그를 믿는 자에게는 영생이 약속된다(11:26). 예수는 "길이요, 진리요, 생명"이다(14:6). 그러나 여전히 예수는 자신이 아버지에게로 가는 통로임을 밝힌다(14:6b).

결국 지상에서 예수는 "아버지는 나보다 크다."(14:28)고 고백한다. 요한은 천상의 예수와 지상의 예수를 구분하기 위해 그 선언을 도입한다. 예수는 하늘로부터 지상으로 하강하면서 신성을 "부분적으로" 상실한다. 예수는 하나님에 의해 세상에 보내진다. 곧 "하나님이 아들을 세상에 보냈다."(3:17)는 것이다. 그런데 요한에 따르면 "보냄을 받은 자는 보낸 자보다 크지 않다."(13:16)는 것이다. 곧 예수가 하나님에 의해 '육'의 수준으로 보냄을 받는 바로 그 순간 그의 하나님과의 '동격'은 상실된다. 요한에 따르면, 예수의 지상에서의 삶은 신성으로만 채워진 것이 아니기 때문에 그는 '하나님'이 아니라 '하나님의 아들'로 불린다. 예수의 지상의 삶은 그가 지상으로 하강하기 이전에 가졌던 하나님과의 동격 상태로의 회복을 위한 고투로 이해된다. 예수가 완전한 신성만의 상태로 회복될 때 그는 다시 하나님이 된다. 예수와 하나님이 동격이 되려면 그는 지상에서 다시 하늘로 상승해야 한다(20:17). 따라서 지상의 예수는 완전한 신성 상태로의 회복을 갈망한다. 예수의 고별기도가 담겨 있는 요한복음 17장은 바로 예수가 "창세 전에 아버지와 함께 가졌던 영광"(17:5)의 회복을 탄원하는 대표적인 장이다. 아버지와 아들이 서로 영화롭게 하면(17:1) 예수와 하나님과의 '동격' 회복이 성취된다.

요한은 부활을 예수가 하나님의 영역으로 들어가기 시작한 것으로 해석한다. 그러나 부활한 예수가 막달라 마리아(20:11-18), 제자들(20:19-23), 도마(20:24-29)에게 나타나는 소위 현현 기간에도 예수는 아직 하나님의 아들이다. 부활한 예수는 도마에게는 "네 손을 내밀어 내 옆구리에 넣어 보라."(20:27)고 했고, 제자들과 조반까지 함께 먹었기(21:15) 때문이다. 곧 부활한 예수는 아직 육신으로 활동하고 있었다는 것이다. 더구나 부활한 예수는 스스로 막달라 마리아에게 "내가 아직 아버지께로 올라가지 아니했다."(20:17)고 분명히 밝힌다. 그는 이제 제자들을 위해 처소를 예비하러 간다(14:2).

그러나 요한은 예수가 때때로 지상에서도 '하나님의 아들'일 뿐 아니라 '하나님'이라고 선포함으로써 자신이 선택한 안의 의의를 보다 더 극대화한다. 요한은 예수를 하늘로부터 내려왔다가 다시 하늘로 되돌아가는 분으로 묘사한다. "내가 아버지께로 나와서 세상에 왔고 다시 세상을 떠나 아버지께로 간다"(16:28), "나는 세상의 빛이다. 나를 따르는 자는 어둠에 다니지 아니하고 생명의 빛을 얻으리라"(8:12). 이런 구절에는 하나님으로서의 예수의 모습이 부각된다. 요한에 따르면 유대인들도, 예수가 자신을 하나님과 동등으로 삼았다고 인지하고 있었다는 것이다(5:18). 아버지 공경과 아들 공경은 같다(5:23). 아버지 속에 생명이 있듯이 아들 속에도 생명이 있다(5:26). 따라서 요한은 보다 자신의 특징을 드러내는 주장, 곧, 예수가 하나님과 동등하다는 주장을 과감하게 해나간다.[37] 요한은 서막에서 예수는 말씀(로고스)이고 이 말씀은 곧 하나님이라 선포하고(1:1), 결론에서 예수는 도마에 의해 "나의 주님, 나의 하나님"이라 선포된다(20:28). 곧 예수와 하나님은 동격이다. "나의 주님, 나의 하나님"이라는 형식은 "예수의 일과 인격의 요약이자 역작"[38]이다. "나를 본 자는 아버지를 보았다."(14:9)는 선언이나 "나는 아버지 안에 있고 아버지는 내 안에 있다."(14:10)는 선언도 예수와 하나님과의 동격 상태를 지원한다. 요한은 이러한 상태를 지지하는 가장 분명한 선언의 형태를 이렇게 소개한다. "나와 아버지는 하나이다"(10:30).

요컨대, 요한은 예수를 지상에서는 주로 '하나님의 아들'로, 천상에서는 '하나님'으로 제시한다. 그러나 예수는 지상에서도 천상에 대한 기억과 동경을 끊임없이 표출한다. 모세는 이미 옛날의 매력적인 모세가 아니다. 모세는 예수와 비교 대상이 되지도 못할 정도로 그 의의가 감소되고 있는 반면 예수는 모세가 넘볼 수 없는 신적 존재로 그 의의가 현저히 부각된다.

4. 예수의 부정적 측면(십자가의 수치)의 변경

이제 요한에게 남은 문제는 자신이 선택한 요소, 곧 예수라는 안이 갖고 있는 부정적인 측면을 어떻게 이해시킬 것이냐 하는 점이다. 통상 그리스도 곧 메시아가 십자가형에 처해졌다는 것은 납득하기 어려운 수치로 간주되었기 때문이다. 요한은 예수의 십자가형을 그의 하늘로의 "들림"으로 해석한다(3:13). 그는 이 들림을 두 가지 측면에서 새롭게 해석함으로써 통상 수치로 간주되는 십자가형이라는 곤경에서 벗어난다. 이는 공관복음에서는 볼 수 없는 요한만의 독특한 해법이다. 이러한 해법은 부조화를 저감하려는 요한의 작업의 일환으로 볼 수 있다.

---

37) Jerome H. Neyrey, *An Ideology of Revolt: John's Christology in Social-science Perspective* (Philadelphia: Fortress Press, 1988), 36.

38) Marianne Meye Thompson, *The God of the Gospel of John* (Grand Rapids, Michigan: William B. Eerdmans Pub. Company, 2001), 55.

첫째, 요한은 십자가형이 로마가 예수에게 가하는 가장 강력한 처벌이나, 그 처벌은 예수의 일의 진행을 막지 못했다는 것을 강조한다. 요한은 예수의 재판과정이나 처형과정 또는 십자가상의 마지막 장면에서 예수가 사태를 주도하는 것으로 보도한다. 요한은 기드론 골짜기 건너편에 있는 동산에서 예수가 체포되기 전, 땅에 넘어진 것은 예수가 아니라 오히려 병정들이었던 것으로 보도한다(18:6). 빌라도에 의해 재판받을 때에도 예수는 당당한 모습으로 임한다. "예수는 언제나 상황을 주도한다."[39] 독자들은 재판을 받는 것은 예수가 아니라, 오히려 빌라도인 것 같은 인상을 받게 된다(18:28 이하). 빌라도가 예수에게 "내게는 너를 놓아줄 권세도 있고, 십자가형에 처할 권세도 있다는 것을 모르느냐?" 하고 묻는다(19:10). 이때 예수는 "위에서 주시지 않았더라면 나를 해칠 권한이 네게 전혀 없었을 것"(19:11)이라고 응수한다. 예수는 "내가 왕이다."(18:37)라고 말한다. 빌라도는 그 말대로 "유대인의 왕"이라는 패를 예수의 십자가 위에 붙여주고(19:19), 그 팻말 내용에 대한 "유대인의 대제사장들"의 수정 요구를 묵살한다(19:21-22). "이로써 빌라도는 예수의 왕권, 곧 그 명예로운 칭호가 담긴 팻말에 대한 증인이 된다."[40]

요한은 로마의 군인들이 예수의 속옷을 놓고 제비뽑기를 하자고 의논한 것이나(19:24), 예수의 다리를 꺾지 않은 것(19:33), 또는 창으로 옆구리를 찌른 것(19:34)을 "성경을 응하게 하려 함"이라고 밝힌다(19:24, 36, 37). 물론 예수가 "목마르다"(19:28) 한 것도 성경을 응하게 하기 위함이다. 그러나 자신들이 한 일들과 성경과의 관계를 전혀 모른 군인들과는 달리, 예수는 "모든 일이 이미 이루어진 것을 알고" 의도적으로 성경에 맞춘다. 예수는 이미 자신이 세상을 떠나 아버지께로 돌아갈 때가 된 줄 알고 있다(13:1).

요한은 십자가에 달린 예수의 마지막 말을 이렇게 소개한다. "다 이루

39) R. E. Brown, *An Introduction to the Gospel of John*, 314.
40) R. Schnackenburg, *The Gospel according to St. John*, 3:271.

었다"(19:30). 마가복음이나 마태복음에서 큰 소리를 지르고 운명한 예수의 마지막 장면과는 매우 다르다(막 15:37; 마 27:50). 요한은 마지막 순간에도 예수가 절대적인 권위의 모습으로 말하게 함으로써 통상적인 십자가형의 의미를 역전시킨다. 여기서 "예수가 '다'(모든 것) 이루었다는 것은 구약 예언을 완수함으로써 자신의 일을 완수했다는 것을 뜻한다. 요한은 여기서 로마제국의 어떤 권력도 예수의 이 완수를 막을 수 없다는 것을 보여준다. 로마의 나라와 예수의 나라는 전혀 다른 두 실재이다. 로마의 나라는 예수의 나라에 간섭할 수도 없다. 예수의 나라는 "이 세상에 속한 것이 아니기" 때문이다(18:36). 예수가 주는 평화 역시 세상이 주는 평화와 다르다(14:27). 요한은 예수의 추종자들이 세상에 있을 때는 환난 당할 것을 전제하나, 결국 예수는 세상을 이긴 분으로 부각시킨다(16:33). 예수의 부활은 죄 없는 자를 십자가형에 처한 로마 제국의 권력을 무력화시킨다.

카터는 로마가 예수의 십자가형을 해석하는 배경 정도가 아니라 그 전체 이야기의 주연 배우라고 주장한다. 카터에 따르면, 요한복음은 로마 제국과 갈등을 일으킨 예수의 도전을 그려냄으로써, 로마 세계와 편안한 관계를 유지해온 관행을 교란시키면서 대안적인 세계를 제시한다. 요한에게 이 작업이 어려웠던 것은 그동안 로마제국에 대한 적응 관행의 수준이 매우 높았기 때문이라는 것이다.[41] 이와는 다른 전망으로, 타춰(Tom Thatcher)는 최근의 논문에서, 제루바벨(Yael Zerubavel)의 "집단기억제의"와 사회학자 푸코(Michel Foucault)의 "반대기억"이라는 개념을 준용하여 요한복음에 나타난 예수와 로마제국의 관계를 훌륭히 설명하고 있다.[42] "집단기억제의"는 집단으로 기억하고 있는 주요한 사건의 이야기를 재생산하고, 그룹멤버들에게 도덕적 메시지를 공급한다. "반대기억"은 역사를 완전히 다른 시간의

41) Warren Carter, *John and Empire*, 14.

42) Tom Thatcher, "'I Have Conquered the World': The Death of Jesus and the End of Empire in the Gospel of John," in *Empire in the New Testament*, eds. Stanley E. Porter and C. L. Westfall (Eugene, Or.: Pickwick Publications, 2011), 140–163.

형태로 변경시킨다.[43] 타취에 따르면, 요한이 예수의 십자가형을 반복해서 이야기하는 것은 로마제국의 가치를 거부하고 그것에 대한 대안적인 세계를 제시하기 위한 것이다. "공개적인 역사적 사건들은 로마의 정복을 재현하는 반면, 요한의 집단기억에서는 … 그(그리스도)의 나라가 모든 지상의 제국을 초월한다."[44] 요한이 대안적 세계를 제시한다는 결론에 있어서 그 두 학자의 주장은 유사하나, 그 결론에 이르는 과정은 매우 다르다. 십자가형 이야기에서 요한의 신학을 거의 제거해버린 카터와는 달리, 타취는 요한의 신학의 독특성을 명료히 드러냈다. 그러나 타취도 요한이 왜 하필이면 그러한 신학을 전개했는가 하는 물음에는 침묵하고 있다. 이러한 물음에 인지적 부조화의 이론은 하나의 돌파구를 마련해 줄 수 있다.

둘째, 요한은 예수의 "들림" 곧 십자가형에 의한 죽음을 통상적으로 간주되는 수치가 아니라, 영광을 얻는 사건, 또는 영광에 들어가는 사건으로 해석함으로써 자신이 선택한 대안의 부정적인 측면을 변형시킨다. 요한은 예수가 헬라인 몇 사람의 예수 면담 청원을 중개한 빌립과 안드레의 말을 듣고 "인자가 영광을 얻을 때가 왔다."(12:23)고 말한 것으로 보도한다. 여기서 "때"는 십자가형과 관련된 시간을 뜻한다. 12장 27절에서 요한의 예수는 이렇게 간구한다. "지금 내 마음이 괴로우니 무슨 말을 하리요 아버지여 나를 구원하여 이때를 면하게 하여 주옵소서. 그러나 내가 이를 위하여 이 때에 왔나이다"(12:27). 이것은 개역개정판인데, 여기서 '면하게 하여 주옵소서'는 문제가 심각하게 노출되는 번역이다. 이러한 번역에서 예수의 이미지는 고통의 순간을 피하려는 분, 혹은 유혹에 넘어가는 분으로 비추어진다. 그러나 이 본문은 '면하게 하여 주옵소서' 하는 탄원문이 아니라, '면하게 하여 주옵소서 하오리이까?' 하는 의문문이다. 곧, 요한이 본 예수는 십자가형을 앞두고 이 힘겨운 상황에 대해 하나의 물음을 던지고, 그 물음에 대해 당

43) 앞의 논문, 144-151.
44) 앞의 논문, 162.

당하게 답한다. 그 물음 직후에 나오는 '그러나'(ἀλλὰ)가 그 물음에 대한 부정의 내용을 이끈다. "예수는 오히려 그때가 제공할, 그의 아버지가 영광스럽게 될 그 기회를 기뻐한다."[45] 아버지의 이름을 영광스럽게 해달라는 예수의 탄원에 아버지는 "내가 이미 영광스럽게 하였고 또다시 영광스럽게 하리라."(12:28)고 한다.

유다의 떠남은 십자가형에 이르게 하는 시발점이 된다. 요한이 본 예수는 유다가 떠난 후에 영광을 받았고 하나님도 예수를 통해 영광을 받았다고 선언한다(13:31). 하나님은 그의 권위가 예수를 통해 인정받았기 때문에 영광을 받았다. "이런 일이 일어났을 때, 예수는 땅에서 자신의 과업을 매듭졌고, 그 이유로 하나님은 그(예수)로 하여금 그의 신적 모습으로 다시 재진입하도록 허락함으로써 그를 영광스럽게 한다."[46] 하나님이 예수를 영화롭게 하는 것은 예수의 처형 이후, 그에 대한 변호라 할 수 있는데, 그 변호는 예수가 성육신 이전에 가졌던 위치의 재설정으로 구성된다. 이렇게 영화롭게 된 상태에서 예수는 신적 모습을 재획득한다. 예수가 영화롭게 된 것은 예수가 자신의 일을 완수한 것에 대한 하나님의 응답이다.[47] 예수가 자신의 "들림"을 말하는 것은 자신이 "어떠한 죽음으로 죽을 것을" 드러내기 위함이다(12:32-33).

프린스턴신학교의 파시니오스(G. L. Parsenios)는 요한복음과 그리스 비극을 비교하면서 요한이 비극을 어떻게 변형시키는지를 밝힌다.[48] 그는 소포클레스(Sophocles)의 트라키니에(*Trachiniae*)에서 헤라클레스

---

45) R. E. Brown, *The Gospel according to John*, 2 vols. (New York: Doubleday & Company, Inc., 1966-1970), 1:470.

46) J. T. Nielsen, "The Narrative Structures of Glory and Glorification in the Fourth Gospel," *New Testament Studies* 56(2010), 343-366, 인용은 364.

47) 앞의 논문, 362.

48) George L. Parsenios, "'No Longer in the World' (John 17:11): The Transformation of the Tragic in the Fourth Gospel," *Harvard Theological Review* 98(1, 2005), 1-21.

(Heracles)가 비극적인 죽음을 앞두고 사용한 "마지막"(τέλος)과 예수가 13장 1절에서 사용한 같은 단어를 비교하고, 소포클레스(Sophocles)의 안티고네(*Antigone*)에서 안티고네가 사용한 "더 이상 아닌"(οὐκέτι)과 요한복음 13-17장에 8번 나오는 같은 단어가 어떻게 사용되었는지를 살핀 후, 그리스 비극의 주인공도 마치 요한의 예수처럼 당당하게 죽음을 향해 나간다고 정리한다.[49] 그러나 파시니오스는, 요한복음이 그 그리스의 비극적 모델들을 굴복시켰다고 주장하면서, 그 이유를 이렇게 말한다. "그 비극적 배역들은 죽음에 이르는 서서히 죽어가는 과정을 감내하고 있는 반면, 요한이 본 예수는 점진적으로 자신의 영화로움으로 들어간다. … 심지어 그가 그의 제자들에게 말하고 있을 때에도, 예수는 더 이상 세상에 있지 아니하기 때문이다."[50] 파시니오스는 그 외에도 많은 양의 다른 그리스 비극들을 발굴하여 비교분석했다. 물론 그의 연구 중 어떤 것(가령, τέλος 관련 비교)은 실제로 비교가 어려울 정도로 그 단어의 사용 빈도수가 낮다. 그러나 우리의 현재 논지를 위해서는 그가 비극을 영광으로 변형시키는 요한의 작업을 설득력 있게 규명했다는 것을 적시하는 것으로 충분하다.

요한은 예수의 십자가형이, 예수가 아버지께로 가는(16:28) 방편으로, 수치가 아니라 오히려 영광에 이르는 길로 해석한다. 공관복음과는 달리, 요한은 예수의 십자가와 부활의 시간적 순서를 바꾸어 놓기도 한다. 가령, 요한이 본 예수는 십자가에 처형되기 전에 이미 부활한 자로 소개된다(11:24). 예수는 고별연설을 시작하면서 이미 자신이 "영광을 받았다."(13:31)고 한다. 예수는 자신이 빌라도에게 재판을 받기도 전에 "내가 세상을 이겼다."(16:33)고 선언한다. 예수를 믿는 자는 이미 죽었어도 살 것이고, 살아서 믿는 자는 영원히 죽지 아니할 것이다(11:25-26). 아브라함이 있기 전에도 예수는 있다(9:58). 여기에 역사적 시간의 순서는 붕괴된다. 예수는 시간을 초월하여 자유롭게 이동한다.

---

49) 앞의 논문, 9-10.

50) 앞의 논문, 21.

한편, 요한은 예수가 공간도 초월하여 하늘과 땅을 자유롭게 이동하는 분으로 그린다. 예수는 지상에 있으면서 하늘의 아버지께로 "가고 있다"(17:11). 아버지에게서 나와 세상에 온 예수는 아직 세상에 있으면서 세상을 떠나 아버지께로 "가고 있다"(16:28). 예수는 지상에서 제자들에게 연설하면서 자신이 "지금" 아버지께로 "가고 있다"(17:13). 예수는 부활 이전 아직 세상에 있을 때에도 "더 이상 세상에 있지 않다."(17:11)고 하는가 하면, 부활 이후에도 세상에 아직 있다. 예수는 부활한 이후에도 자신이 "아직 아버지께로 올라가지 않았다."(20:17)고 말한다. 여기서는 예수의 권능 부족이 아니라, 예수의 주도권이 강조된다. 부활한 예수는 문들이 닫혔는데도 들어온다(20:19). 예수는 지금 잡은 생선을 가져오라고 말하기도 한다(21:10). 곧, 예수는 부활 후에도 부활 이전의 일상으로 이동하기도 한다.

요한에게 있어 수치와 영광은 한 동전의 양면이다. 요한은 역사적 사건들의 시간적 연속성을 무력화시키고 공간적 이동의 제약을 뛰어넘는 이러한 독특한 방법을 통해 자신이 선택한 대안이 지니고 있는 것으로 여겨졌던 예수의 부정적인 모습을 오히려 긍정적인 모습으로 역전시킨다. 이로써 요한의 인지적부조화에서 오는 심리적 불편함은 상당 수준 저감된다.

V. 인지적부조화의 저감효과 유지－지원그룹의 확보

이러한 인지적부조화로 인한 불편함의 제거 내지는 감소가 성공적이기 위해서는 지원그룹의 확보가 관건이다. 자신이 선택한 대안을 이미 택한 사람을 많이 발견할수록, 또는 자신이 선택한 대안에 동조할 사람을 많이 확보할수록 인지적부조화를 저감한 데서 오는 조화의 효과는 더 오래 유지된다.

요한이 자신이 선택한 안을 지원해 줄 그룹으로 제시하는 그룹은 예수를 믿는 자들이다. 요한공동체의 믿는 자들은 그들의 말을 통해 다른 믿는 자들도 하나로 모으려 한다. 예수는 고별기도의 정점에서 이렇게 탄원한다.

"내가 비옵는 것은 이 사람들만 위함이 아니요 또 그들의 말로 말미암아 나를 믿는 사람들도 위함이니… 그들도 다 하나가 되어 우리 안에 있게 하사 세상으로 아버지께서 나를 보내신 것을 믿게 하옵소서"(17:20-21). 믿는 자들과 다른 믿는 자들이 연합하는 이유는 세상이 예수를 믿게 하기 위함이다. 17장 24절에서 예수는 자신의 영광을 추종자들이 보게 해달라고 탄원한다. "그 이미지는 예수가 그의 추종자들을 방문하기 위하여 돌아오는 것이 아니라, 그의 추종자들이 그에게 연합하기 위해 오는 것이다."[51] 요한은 바리새인의 목소리를 빌려 이렇게 말한다. "온 세상이 그(예수)를 따라갔다"(12:19). 요한은 자신이 선택한 대안과 유사한 대안을 택한 사람들을 확보하기 위해 다른 "믿는 자들"을 주요한 대상으로 전면에 내세운다. 10장 16절도 지원그룹의 발견 내지는 확보라는 맥락에서 이해할 수 있다. "또 이 우리에 들지 아니한 다른 양들을 내가 가지고 있다. 그들도 내가 인도하여야 한다. 그들은 내 음성을 들을 것이고, 한 무리가 되어 한 목자에게 있을 것이다."

더 나아가, 요한은 예수와 맞선 유대인들과는 달리, "예수를 믿은 유대인들"을 제시함으로써 그들도 부조화의 저감 효과를 지속하는 방법 중 하나로 고려한다. 12장 11절에는 믿는 유대인들이 소개된다. "나사로 때문에 많은 유대인이 가서(ὑπῆγον) 예수를 믿었다(ἐπίστευον)." 여기서 "가서" "믿었다"로 번역된 동사들은 모두 미완료 과거인데, 그 동작들이 계속되었다는 것을 뜻한다. 요한은 긍정적인 이미지의 유대인들이 많이 있었다고 설명한다. 마음이 따뜻한 유대인들은 나사로의 죽음으로 상심한 마리아가 울자 함께 울기까지 한다(11:33). 물론 요한은 예수를 믿은 유대인들에 대해서 조심스럽게 접근한다. 예수를 믿은 유대인들은 두 부류로 나누어진다. 하나는 예수를 믿은 유대인에 대해 다른 평이 없는 위의 예들이고, 다른 하나는 그들에 대해 비판하는 경우이다. 후자의 경우, 예수는 자신을 믿은 유대인(8:31)

51) Paul A. Holloway, "Left Behind: Jesus' Consolation of His Disciples in John 13:31-17:26," *Zeitschrift für die Neutestamentliche Wissenschaft und die Kunde der älteren Kirche* 96(1-2, 2005), 1-34, 인용은 32.

에게 혹독한 말을 던지기도 한다(8:44). 이들은 낮에는 유대인, 밤에는 크리스천이었기 때문이다.

요한이 인종적 구분 없이 믿는 자를 자신의 지원그룹으로 내세운 것은 보다 많은 사람들을 확보하기 위한 것이고, 그것을 통해 부조화의 저감 상태를 효과적으로 지속시키기 위한 것이다. 따라서 예수를 믿는 자 또는 믿는 일의 중요성이 매우 빈번히 언급된다. 요한이 본 예수는 직접 자신을 믿으라고도 하고(14:1), 아직 빛이 세상에 있을 동안에 빛을 믿으라고도 하는데(12:36), 이 경우 빛은 바로 예수 자신이다(9:5). 세례 요한은 빛에 대하여 증언하고 자기를 통해 모든 사람이 예수를 믿게 하려고 왔다(1:7)고 소개된다. 예수는 자신의 말을 믿으라고도 하고(4:21), 혹 자신을 믿지 않더라도 자신의 일은 믿으라고도 한다(10:38). 예수는 자신이 아버지 안에 거하고 아버지가 자신 안에 거함을 믿으라고도 하고(14:11), 도마에게는 믿음 없는 자가 되지 말고 믿는 자가 되라(20:27)고 하면서 보지 못하고 믿는 자는 복되다고 한다(21:19).

요한의 해석에 따르면, 예수의 지상에서의 활동의 목적도 세상으로 아버지가 자신을 보낸 것을 믿게 하려는 것이고(17:22), 아버지가 예수를 보낸 것을 무리가 믿게 하려는 것이다(11:42). 예수의 말씀을 받은 자는 아버지가 그를 보낸 것을 이미 믿었다(17:8). "제자들"이 예수를 믿고(2:11), "많은 사마리아인"이 믿었고(4:39), "온 집안"이 다 믿고(4:53), "많은 사람"이 믿고(10:42), 심지어 "많은 유대인"이 믿는다(12:11). 예수의 예지 능력도 사람을 믿게 하기 위한 것이다(11:15; 13:19; 14:29). 제자들은 예수가 죽은 자 가운데서 살아난 후에야 그가 말한 것을 기억하고 그가 한 말을 믿었다(2:22).

요한은 또한 믿는 자에게는 여러 혜택이 주어진다는 것을 강조한다. 예수의 이름을 믿는 자들에게는 "하나님의 자녀"가 되는 권세가 주어진다(1:12). 예수를 믿는 자는 누구나 멸망하지 않고 "영생을 얻고"(3:15, 16; 5:24), "사망에서 생명으로 옮겼다"(5:24). 예수를 믿는 자는 심판을 받지 아니한다(3:18). 예수를 보고 믿는 자마다 "마지막 날에" 그(예수)가 그를 "다시 살릴 것이다”(6:40). 요한복음의 기록 목적 자체가 “예수께서 하나님의 아들 그리스도이심을 믿게 하려 함이고 또 너희로 믿고 그 이름을 힘입어 생명을 얻게 하려는 것”(20:31)으로 선포될 정도이다. 이토록 믿음, 믿는 자, 믿는 일이 강조되고 반복되는 이유에 대한 대답은 신학 일변도의 전망으로는 해결되지 않는다. 요한 기자가 자신의 저감된 부조화의 효과를 지속시키기 위한 것이라는 전망이 그 적절한 대답의 하나가 될 것이다.

VI. 결어

회당으로부터의 출교 경험은 요한에게 있어서 지울 수 없는 트라우마(trauma)였다. 요한은 이 출교 경험을 자신의 신학사상을 전개하는 축으로 삼고 있다. 모세와 예수라는 두 안 중 예수를 선택함으로써 출교당한 후, 요한은 인지적부조화로 인한 불편함을 겪게 된다. 요한은 자신의 예수 선택의 정당성을 모세에 대한 예수의 현격한 우위로 입증한다. 요한은 모세와 율법의 의의를 현격하게 절하하고, 예수와 그가 제공하는 영생의 의의를 뚜렷하게 부각함으로써 심리적 불편함을 저감시킨다. 더 나아가 그는 이러한 저감 효과를 유지하기 위해, 자신의 선택 안을 지지해 줄 지원 그룹을 믿는 자로 설정하고, 이를 확보하기 위해 노력한다.

요한의 신학사상의 특징을 규명하는 지점에서 관심을 멈추기보다는 왜 하필이면 요한이 그러한 특징적인 신학사상을 갖게 되었느냐 하는 개인과 사회의 상호 작용을 규명하는 지점에 이르기까지 관심을 더 기울이는 작업이 필요하다. 요한의 신학사상의 여러 요소들도 출교 체험을 한 후 당면한 여러 상황을 그에 걸맞은 용어를 동원하여 지적(知的)으로 해석해 놓은 것으로 볼 수 있다. 곧, 축이 되는 사건에 대한 확대된 주석이라 할 수 있을 것이다. 요한의 신학사상, 가령, 기독론, 종말론, 교회론 등의 핵을 규명하는 학설 자체가 다양하다. 문제는 많은 학설들 대부분이 왜 요한이 자신에게 이용

가능했던 다른 많은 전승들 가운데 특별히 이런 또는 저런 전승을 택하여 자신의 신학을 전개했는가에 관해서는 설명해 주지 못한다. 심지어 출교 이론을 창출한 마틴이나 브라운 같은 학자들도 요한이 왜 그러한 출교 신학을 전개했는가에 대해서는 침묵한다. 사물을 이분법적으로 보는 사고(思考), 가령, 예수와 모세, 영과 육, 위와 아래, 생명과 죽음, 사랑과 미움, 믿음과 불신 등을 포함하여, 요한신학의 여러 특징들은 인지적부조화로 인한 심리적 불편함을 저감시키려는 요한의 힘겨운 작업의 표출이라 할 수 있다.

참고문헌

Adams, Edward. "The Coming of the Son of Man in Mark's Gospel." *Tyndale Bulletin* 56(2, 2005), 39–61.

Aloisi, John. "The Paraclete's Ministry of Conviction: Another Look at John 16:8–11." *Journal of the Evangelical Theological Society* 47(1, 2004), 55–69.

Anderson, Paul N. "The *SITZ IM LEBEN* of the Johannine Bread of Life Discourse and It's Evolving Context." In *Critical Reading of John* 6, ed. R. Alan Culpepper, 1–59. Leiden: Brill, 1997.

_________. "Bakhtin's Dialogism and the Corrective Rhetoric of the Johannine Misunderstanding Dialogue: Exposing Seven Crises in the Johannine Situation." In *Bakhtin and Genre Theory in Biblical Studies*, ed. Roland Boer, 133–159. Atlanta: Society of Biblical Literature, 2007.

Aronson, A. *The Social Animal.* 11th ed. New York: Worth Publishers, 2011.

Ashton, J. *The Interpretation of John.* Edinburgh: T. & T. Clark Publishers, 1997.

_________. *The Interpretation of John.* 2nd ed. Edinburgh: T. & T. Clark Publishers, 2007.

_________. *Understanding the Fourth Gospel.* 4th ed. Oxford: Oxford University Press, 2007.

Attridge, Harold W. "From Discord Rises Meaning: Resurrection Motifs in the Fourth

Gospel." In *Resurrection of Jesus in the Gospel of John*, eds. Craig R. Koester and Reimund Bieringer, 1–19. WUNT 222; Tübingen: Mohr Siebeck, 2008.

Aune, David E. *The Cultic Setting of Realized Eschatology in Early Christianity.* Leiden: Brill, 1972.

Axsom, D. and Cooper, J. "Cognitive Dissonance and Psychotherapy: The Role of Effect Justification in Inducing Weight Loss." In *The Interface of Social and Clinical Psychology: Key Readings*, eds. R. M. Kowalsky and M. R. Leary, 313–323. New York: Psychology Press, 2004.

Bammel, E. "The Farewell Discourse of the Evangelist John and Its Jewish Heritage." *Tyndale Bulletin* 44(1, 1993), 103–116.

Bampfylde, G. "John XIX.28, A Case for a Different Translation." *Novum Testamentum* 11(1969), 247–260.

Barnstone, Willis and Meyer, Marvin., eds. *The Gnostic Bible.* Boston & London: Shambhala, 2003.

Barrett, C. K. *The Gospel according to St. John: An Introduction with Commentary and Notes on the Greek text.* London: SPCK, 1978.

_________. *The Gospel According to St. John.* 2nd ed. London: SPCK, 1987.

Bassler, J. M. "Mixed Signals: Nicodemus in the Fourth Gospel." *Journal of Biblical Literature* 108(4, 1989), 635–646.

Bauckham, R. J., ed. *The Gospels for All Christians: Rethinking the Gospel Audiences.* Grand Rapids: Eerdmans, T. & T. Clark, 1998.

Beasley-Murray, George R. *John.* WBC 36. Waco, Texas: Word Books, 1987.

_________. *Gospel of Life-Theology in the Fourth Gospel.* Peabody: Hendrickson Publishers, 1991.

_________. *John.* 2nd ed. Nashville: Thomas Nelson, 1999.

Bennema, C. "The Giving of the Spirit in John's Gospel - A New Proposal?" *Evangelical Quarterly* 74(3, 2002), 195–213.

Beutler, Johannes. "Resurrection and the Forgiveness of Sins. John 20:23 against Its Traditional Background." In *Resurrection of Jesus in the Gospel of John*, eds. Craig R. Koester and Reimund Bieringer, 237–251. WUNT 222; Tübingen:

Mohr Siebeck, 2008.

Blomberg, Craig L. "Book Review of W. Carter's *John and Empire: Initial Explorations*." *Bulletin for Biblical Research* 21(2011), 281-283.

Boismard, M. E. *St. John's Prologue*. Tr. Carisbrooke Domonicans. London: Aquin, 1957.

Botha, J. Eugene and Rousseau, Philip. "For God Did Not So Love the Whole World-Only Israel! John 3:16 revisited." *Hervormde Teologiese Studies* 61(4, 2005), 1149-1168.

Botha, J. E. and Tuppurainen, R. P. "The Roles of the Spirit in John 16:4b-15: An Integrated Reading." *Acta Patristica et Byzantina* 19(2008), 23-43.

Boyarin, D. "The Gospel of the Memra: Jewish Binitarianism and the Prologue to John." *Harvard Theological Review* 94(2001), 243-284.

Brown, R. E. *The Gospel according to John*. 2 vols. New York: Doubleday & Company, Inc., 1966-1970.

_________. *The Community of the Beloved Disciple: The Life, Loves, and Hates of an Individual Church in New Testament Times*. New York: Paulist Press, 1979.

_________. *An Introduction to the Gospel of John*. Ed. F. J. Moloney. New York: Doubleday, 2003.

Brown, T. G. *Spirit in the Writings of John: Johannine Pneumatology in Social-scientific Perspective*. London; New York: T & T Clark International, 2003.

Bryan, Christopher. *The Resurrection of the Messiah*. Oxford: Oxford University Press, 2011.

Bryan, Steven M. *Jesus and Israel's Traditions of Judgement and Restoration*. Cambridge: Cambridge Univ. Press, 2002.

Bultmann, R. *Theology of the New Testament*. 2 vols. New York: Scribners, 1955.

_________. *The Gospel of John - A Commentary*. Philadelphia: The Westminster Press, 1971.

Burge, G. M. *The Anointed Community: The Holy Spirit in the Johannine Tradition*. Grad Rapids: Eerdmans, 1987.

Burroughs, P. B. "Stop Grumbling and Start Eating: Gospel Meal Meets Scriptural

Spice in the Bread of Life Discourse." *Horizons in Biblical Theology* 28(2006), 73–94.

Byamungu, Gosbert. "Grace as Subversive Surprise: a Reading of Psalm 130 and Luke 19:1–10." *Ecumenical Review* 56(3, 2004), 334–341.

Carson, D. A. *The Gospel according to John.* Grand Rapids: Eerdmans, 1991.

Carter, W. *John and Empire: Initial Exploration.* New York: T. & T. Clark, 2008.

________. "The Prologue and John's Gospel: Function, Symbol and the Definitive Word." *Journal for the Study of the New Testament* 39 (1990), 35–38.

Casey, Maurice. *The Solution to the 'Son of Man' Problem.* London: Continuum, 2007.

Cialdini, R. B. *Influence: Science and Practice.* 5th ed. Boston, MA: Pearson, 2009.

Collins, C. John. "John 4:23–24, 'in Spirit and Truth': An Idiomatic Proposal." *Presbyterion* 21(2, 1995), 118–121.

Collins, M. S. "The Question of Doxa: A Socioliterary Reading of the Wedding at Cana." *Biblical Theology Bulletin* 25(3, 1995), 100–109.

Coloe, Mary. "Households of Faith (Jn 4:46–54; 11:1–44): A Metaphor for the Johannine Community." *Pacifica* 13(3, 2000), 326–335.

________. "Temple Imagery in John." *Interpretation* 63(4, 2009), 368–381.

________. "John and Empire: Initial Explorations." *Biblical Interpretation* 18(2010), 272–274.

Conway, C. M. *Men and Women in the Fourth Gospel. Gender and Johannine Characterization.* Atlanta: Society of Biblical Literature, 1999.

________. "Speaking through Ambiguity: Minor Characters in the Fourth Gospel." *Biblical Interpretation* 10(3, 2002), 324–341.

Crotty, Robert B. "Eschatological Ambiguity in pre-Christian Judaism." *Colloquium* 16(2, 1984), 1–10.

Crump, David. "Who Gets What? God or Disciples, Human Spirit or Holy Spirit in John 19:30." *Novum Testamentum* 51(1, 2009), 78–89.

Culpepper, R. Alan. "The Gospel of John and the Jews." *Review & Expositor* 84(2, 1987), 273–288.

_________. *Resurrection of Jesus in the Gospel of John*. Tübingen: Mohr Siebeck, 2008.

_________. "Realized Eschatology in the Experience of the Johannine Eschatolgoy." In *Resurrection of Jesus in the Gospel of John*, eds. Craig R. Koester and Reimund Bieringer, 253–276. WUNT 222; Tübingen: Mohr Siebeck, 2008.

_________. "Cognition in John: The Johannine Signs as Recognition Scenes." *Perspectives in Religious Studies* 35(3, 2008), 251–260.

_________. "The Quest for the Church in the Gospel of John." *Interpretation* 63(4, 2009), 369–381.

Curtis, Adrian H. W. *Law and Religion*. Cambridge, England: James Clarke, 1988.

Dakka, T. S. "Irony and Sectarianism in the Gospel of John." In *New readings in John: Literary and Theological Perspectives: Essays from the Scandinavian Conference on the Fourth Gospel in Aarhus* 1997, eds. J. Nissen and S. Pedersen, 83–107. Sheffield: Sheffied Academic Press, 1999.

de la Potterie, I. *The Hour of Jesus: The Passion and the Resurrection of Jesus According to John*. New York: Alba House, 1989.

Dennison, J. T. "The Prologue of John's Gospel." *Kerux: A Journal of Biblical-Theological Preaching* 8(2, 1993), 3–9.

Derrett, J. D. M. "The First Miracle Resurrected." *Expository Times* 118(4, 2007), 174–176.

Dodd, C. H. *The Interpretation of the Fourth Gospel*. Cambridge: Cambridge University Press, 1968.

Dormandy, Richard. "Jesus' Temptations in Mark's Gospel: Mark 1:12–13." *Expository Times* 114(6, 2003), 183–187.

Draper, Jonathan A. "Holy seed and the Return of the Diaspora in John 12:24." *Neotestamentica* 34(2, 2000), 347–360.

Dworkin, Ronald. "Liberal Community." In *Communitarianism and Individualism*, eds. Shlomo Aviner and Avner De-Shalit, 205–223. Oxford: Oxford University Press, 1992.

Emerton, J. A. "Binding and Loosing – Forgiving and Retaining." *Journal of Theological*

Studies 13(1962), 325–331.

Emmrich, Martin. "The Lucan Account of the Beelzebul Controversy." *Westminster Theological Journal* 62(2, 2000), 267–279.

Ensor, Peter W. "The Glorification of the Son of Man: an Analysis of John 13:31–32." *Tyndale Bulletin* 58(2, 2007), 229–252.

Esler, P. F. *Lazarus, Mary and Martha: Social-Scientific Approaches to the Gospel of John.* Minneapolis: Fortress, 2006.

Evans, C. F. *Resurrection and the New Testament.* London: SCM, 1970.

Fee, Gordon D. *The First Epistle to the Corinthians.* Grand Rapids: Wm. B. Eerdmans, 1987.

Festinger, L. "A Theory of Cognitive Dissonance." In *Extending Psychological Frontiers: Selected Works of Leon Festinger*, eds. S. Schachter and M. Gazzaniga, 201–237. New York: Russell Sage Foundation, 1989.

Festinger, L. and Aronson, E. "The Arousal and Deduction of Dissonance in Social Contexts." In *Extending Psychological Frontiers: Selected Works of Leon Festinger*, eds. S. Schachter and M. Gazzaniga, 238–257. New York: Russell Sage Foundation, 1989.

Fitzmyer, Joseph A. *The Gospel According to Luke X–XXIV*. AB 28A. Garden City, NY: Doubleday, 1985.

Franck, Eskil. *Revelation Taught: The Paraclete in the Gospel of John.* Lund: C.W.K. Gleerup, 1985.

Friedell, V. "A Community of Friends. John 13:1–17." *Brethren Life & Thought* 53(3, 2008), 23–32.

Frey, Jörg. *Die Johanneische Eschatologie, vol.* 3: *Die Eschatologische Verkündigung in den Johanneischen Texten.* WUNT 117; Tübingen: Mohr Siebeck, 2000.

_________. "'… das Sie Meine Herrlichkeit Schauen' (John 17.24): Zu Hinter-grund, Sinn und Funktion der Johanneischen Rede von der δόξα Jesu." *New Testament Studies* 54 (3, 2008), 375–397.

_________. "Eschatology in the Johannine Circle." In *Theology and Christology in the Fourth Gospel*, eds. Gilbert Van Belle, Jan G. van der Watt, and Petrus J.

Maritz, 47–82. Leuven: Leuven Univ. Press, 2005.

Fuglseth, K. S. *Johannine Sectarianism in Perspective: A Sociological, Historical, and Comparative Analysis of Temple and Social Relationships in the Gospel of John, Philo, and Qumran.* Leiden; Boston: Brill, 2005.

Glancy, Jennifer A. "Violence as Sign in the Fourth Gospel." *Biblical Interpretation* 17(2009), 100–117.

Gordley, M. "The Johannine Prologue and Jewish Didactic Hymn Traditions: A New Case for Reding the Prologue as a Hymn." *Journal of Biblical Literature* 128(4, 2009), 781–802.

Goulder, M. "Nicodemus." *Scottish Journal of Theology* 44(1991), 153–168.

Gundry, R. H. *Jesus the Word According to John the Sectarian.* Grand Rapids, Michigan: William B. Eerdmans Publishing Company, 2002.

Haenchen, E. *A Commentary on the Gospel of John.* 2 vols. Tr. Robert W. Funk. Philadelphia: Fortress Press, 1984.

Hägerland, T. "John's Gospel: A Two-Level Drama?" *Journal for the Study of the New Testament* 25(3, 2003), 309–322.

Hakola, R. "The Superimposition of Symbolic Time and Real Time in the Gospel of John: The Symbolic of Light as Time Marker." *New Testament Studies* 55(4, 2009), 483–455.

Harmon-Jones, E. and Mills, J., eds. "An Introduction to Cognitive Dissonance Theory and an Overview of Current Perspectives on the Theory." In *Cognitive Dissonance: Progress on a Pivotal Theory in Social Psychology*, 3–21. Washington, DC: American Psychological Association, 1999.

Harrington, Daniel J. "Afterlife Expectations in Pseudo-Philo, 4 Ezra, and 2 Baruch, and Their Implications for the New Testament." In *Resurrection in the New Testament*, eds. Reimund Biennger, Veronica Koperski, and Bianca Lataire, 21–34. Leuven: Leuven Peeters, 2002.

Harris, J. S. Randolph. "John 11:28–37." *Interpretation* 63(4, 2009), 402–404.

Hatina, T. R. "John 20:22 in its Eschatological Context: Promise or Fulfillment?" *Biblica* 74(2, 1993), 196–219.

Hegermann, H. "δόξα." In *Exegetical Dictionary of the New Testament*. Vol. I. Eds. H. Balz and G. Schneider, 1990.

Helyer, Larry R. "The Necessity, Problems, and Promise of Second Temple Judaism for Discussions of New Testament Eschatology." *Journal of the Evangelical Theological Society* 47(4, 2004), 597–615.

Hobbs, T. R. "Reflections on Honor, Shame, and covenant Relations." *Journal of Biblical Literature* 116(1997), 501–503.

Hofius, O. "Die Auferweckung des Lazarus: Joh 11:1–44 als Zeugnis Narrativer Christologie." *Zeitschrift für Theologie und Kirche* 102(1, 2005), 17–34.

Holloway, Paul A. "Left Behind: Jesus' Consolation of His Disciples in John 13:31–17:26." *Zeitschrift für die Neutestamentliche Wissenschaft und die Kunde der älteren Kirche* 96(1–2, 2005), 1–34.

Hoskyns, E. C. *The Fourth Gospel*. London: Faber & Faber Limited, 1947.

Howard, D. J. "The Influence of Verbal Responses to Common Greetings on Compliance Behavior: The Foot-in-the-mouth Effect." *Journal of Applied Social Psychology* 20(1990), 1185–1196.

Howard, James M. "The significance of Minor Characters in the Gospel of John." *Bibliotheca Sacra* 163(1–3, 2006), 63–78.

Howrad-Brook, Wes. *Becoming Children of God: John's Gospel and Radical Discipleship*. Maryknoll, NY: Orbis Books, 1994.

Hunter, David M. "The Raising of Lazarus in John 11: Sign-reading via Paul Ricouer's Narrative Hermeneutics." In *Resurrection and Responsibility*, ed. K. D. Dyer, 116–135. Eugene, Or.: Pickwick Pubns., 2009.

Jeske, Richard L. "John 12:20–36." *Interpretation* 1989(43), 292–295.

Jipp, Joshua W. "Ancient, Modern, and Future Interpretations of Romans 1:3–4: Reception History and Biblical Interpretation." *Journal of Theological Interpretation* 3(2, 2009), 241–259.

Johnston, G. *The Spirit-Paraclete in the Gospel of John*. Cambridge: Cambridge University, 1970.

Jones, Judith Kaye. *The Women in the Gospel of John: the Divine Feminine*. St. Louis:

Chalice Pr., 2008.

Joubert, J. "Johannine Metaphors/Symbols Linked to the Paraclete-Spirit and Their Theological Implications." *Acta Theologica* 27(1, 2007), 83-103.

Kammler, Hans Christian. "Jesus Christus und der Geistparaklet: Eine Studie zur Johanneischen Verhältnisbestimmung von Pneumatologie und Christologie." In *Johannesstudien: Untersuchungen zur Theologie des vierten Evangeliums*, eds. O. Hofius and Hans Christian Kammler, 87-190. Tübingen: Mohr-Siebeck, 1996.

_________. *Christologie und Eschatologie: John* 5:17-30 *als Schlüsseltext Johanneischer Theologie.* WUNT 126; Tübingen: Mohr Seibeck, 2005.

Kanagaraj, J. J. "The Profiles of Women in John: House-Bound or Christ-Bound?" *Evangelical Review of Theology* 27(1, 2003), 27-46.

Käsemann, E. *Essays on New Testament Themes.* Tr. W. J. Montague. London: SCM Press, 1964.

Kee, Howard Clark. *Who are the People of God? - Early Christian Models of Community.* New Haven: Yale University Press, 1995.

Keener, Craig S. *The Gospel of John.* 2 Vols. Peabody, Mass.: Hendrickson Publishers, 2003.

Kelly, A. J. and Moloney, F. J. *Experiencing God in the Gospel of John.* New York: Paulist Press, 2003.

Kim, Stephen S. "The Literary and Theological Significance of the Johannine Prologue." *Bibliotheca Sacra* 166(10-12, 2009), 421-435.

_________. "The Significance of Jesus' Raising Lazarus from the Dead in John 11." *Bibliotheca Sacra* 168(669, 2011), 53-62.

Kirchhevel, Gordon D. "The Children of God and the Glory That John 1:14 Saw." *Bulletin for Biblical Research* 6(1996), 87-93.

Kirk, Alan. "Upbraiding Wisdom: John's Speech and the Beginning of Q (Q 3:7-9, 16-17)." *Novum Testamentum* 40(1998), 1-16.

_________. "'Love Your Enemies,' the Golden Rule and Ancient Reciprocity (Luke 6:27-35)." *Journal of Biblical Literature* 122(4, 2003), 667-686.

Klink III, E. W. "What Concern Is That To You and To Me? John 2:1–11 and the Elisha Narratives." *Neotestamentica* 39(2, 2005), 273–287.

Koester, Craig R. *Symbolism in the Fourth Gospel: Meaning, Mystery, Community.* 2nd ed. Minneapolis: Fortress Press, 2003.

Kopas, Jane. "Jesus and women: John's Gospel." *Theology Today* 41(2, 1984), 201–205.

Larson, K. B. "Recognizing the Stranger: Anagnorisis in the Gospel of John." Ph. D. diss. The University of Aarhus, 2006.

Laverdiere, E. "In the Following of Christ. The Eucharist in the Gospel According to Mark–II. Locusts, wild Honey, and the Bread of Angels." *Emmanuel* 106(2, 2000), 68–76.

Lee, D. "In the Spirit of Truth: Worship and Prayer in the Gospel of John and the Early Fathers." *Vigiliae Christianae* 58(3, 2004), 277–297.

Lieu, Judith M. "The Mother of the Son in the Fourth Gosepl." *Journal of Biblical Literature* 117(1998), 61–77.

Lightfoot, R. H. *St. John's Gospel: A Commentary.* Oxford: Clarendon, 1956.

Lincoln, Andrew T. "'I am the Resurrection and the Life': The Resurrection Message of the Fourth Gospel." In *Life in the Face of Death: the Resurrection Message of the New Testament*, ed. R. Longenecker, 122–144. MMNTS; Wm. B. Eerdmans Publishing, 1998.

Lingad, C. G. *The Problems of Jewish Christians in the Johannine Community.* Rome: Editrice Pontificia Università Gregoriana, 2001.

MacLeod, David J. "The Eternity and Deity of the Word: John 1:1–2." *Bibliotheca Sacra* 160(637, 2003), 48–64.

_________. "The Witness of John the Baptist to the Word: John 1:6–9." *Bibliotheca Sacra* 160(639, 2003), 305–320.

_________. "The Benefits of the Incarnation of the Word: John 1:15–18." *Bibliotheca Sacra* 161(642, 2004), 179–193.

Maher, Michael. "God as Judge in the Targums." *Journal for the Study of Judaism in the Persian, Hellenistic and Roman Period* 29(1, 1998), 49–56.

Malina, B. J. "Patron and Client: The Analogy Behind Synoptic Theology." *Forum* 4(1, 1988), 2–32.

Malina, Bruce J. and Neyrey, Jerome H. "First-Century Personality: Dyadic, Not Individual." In *The Social World of Luke-Acts: Models for Interpretation*, ed. J. H. Neyrey, 67–96. Peabody, Mass.: Hendrickson Publishers, 1991.

Malina, B. J. and Rohrbaugh, R. L. *Social-Science Commentary on the Gospel of John.* Minneapolis: Fortress, 1998.

Marrow, S. B. "Kosmos in John." *Catholic Biblical Quarterly* 64(1, 2002), 90–102.

Marshall, J. *Jesus, Patrons, and Benefactors: Roman Palestine and the Gospel of Luke.* Tübingen: Mohr Siebeck, 2009.

Martin, J. P. "History and Eschatology in the Lazarus Narrative: John 11:1–44." *Scottish Journal of Theology* 17(1964), 332–343.

Martyn, J. L. *History and Theology in the Fourth Gospel.* Nashville: Abingdon, 1979.

_________. *The Gospel of John in Christian History.* New York: Paulist Press, 1979.

Mastin, B. A. "The Imperial Cult and the Ascription of the Title θεός to Jesus (John xx.28)." *Studia Evangelica* 6(1973), 352–365.

Mealand, D. L. "The Christology of the Fourth Gospel." *Scottish Journal of Theology* 31(1978), 449–467.

Meeks, W. A. "The Man from Heaven in Johannine Sectarians." *Journal of Biblical Literature* 91(1972), 44–72.

Meier, J. P. *A Marginal Jew: Rethinking the Historical Jesus.* Vol. 2. New York: Doubleday, 1994.

Menken, M. J. J. "'Born of God' or 'Begotten by God'? A Translation Problem in the Johannine Writings." *Novum Testamentum* 51(4, 2009), 352–368.

Mercer, Calvin R. "Jesus the Apostle: 'sending' and the Theology of John." *Journal of the Evangelical Theological Society* 35(4, 1992), 457–462.

Michaels, Ramsey J. *The Gospel of John.* Grand Rapids, Michigan: W. B. Eerdmans Publishing Company, 2010.

Moloney, F. J. "The Johannine Son of Man." *Biblical Theology Bulletin* 6 (1976), 177–189.

_________. *The Gospel of John.* Collegeville: Liturgical Press, 1998.

_________. "Can Everyone be Wrong? A Reading of John 11:1–12:8." *New Testament Studies* 49(4, 2003), 505–527.

_________. *Theology and Christology in the Fourth Gospel.* Leuven: Peeters, 2005.

Moloney, Francis J. and Harrington, Daniel J. *The Gospel of John.* Collegeville, Minn.: Liturgical Press, 1998.

Morris, Leon. *Expository reflections on the Gospel of John.* Grand Rapids, Michigan: Baker Book House, 1988.

_________. *Jesus is the Christ: Studies in the Theology of John.* Grand Rapids: Eerdmans, 1989.

_________. *The Gospel According to John.* Rev. ed. Grand Rapids, Michigan: W. B. Eerdmans Publishig Company, 1995.

Moule, C. F. D. "The Individualism of the Fourth Gospel." *Novum Testamentum* 5(1962): 171–190.

Mounce, William D. *Pastoral Epistles.* Word Biblical Commentary 46. Nashville: Thomas Nelson, 2000.

Moxnes, H. "Patron–Client Relations and the New Community in Luke–Acts." In *Social World of Luke–Acts*, ed. J. H. Neyrey, 241–268. Peabody, Mass: Hendrickson Pub., 1991.

Mulhall, Stephen and Swift, Adam. *Liberals and Communitarians.* Oxford: Blackwell, 1992.

Nail, Paul R. and Boniecki, Kurt A. "Inconsistency in Cognition: Cognitive Dissonance." In *Theories in Social Psychology*, ed. Derek Chadee, 44–71. West Sussex, UK: Wiley–Blackwell, 2011.

Need, Stephen W. "Jesus the Bread of God: the Eucharist as Metaphor in John 6." *Theology* 105(825, 2002), 194–200.

Newman, Barclay M. and Nida, Eugene A. *A Handbook on The Gospel of John.* New York: United Bible Societies, 1980.

Newman, C. C. "Resurrection as Glory: Divine Presence and Christian Origins." In *The Resurrection: An Interdisciplinary Symposium on the Resurrection of Jesus*, eds. S. T. Daivs, D. Kendall, and G. O'Collins, 59–89. Oxford: Oxford Univ. Press, 1997.

Neyrey, Jerome H. "Jesus the Judge: Forensic Process in John 8:21–59." *Biblica* 68(1987), 509–541.

_________. *An Ideology of Revolt: John's Christology in Social-Science Perspective.* Philadelphia: Fortress Press, 1988.

_________. "Worship in the Fourth Gospel: A Cultural Interpretation of John 14–17 Part II." *Biblical Theology Bulletin* 36(4, 2006), 155–163.

_________. "'I am the door' (John 10:7, 9): Jesus the Broker in the Fourth Gospel." *Catholic Biblical Quarterly* 69(2, 2007), 271–291.

_________. *The Gospel of John.* New York: Cambridge University Press, 2007.

Nicholson, Godfrey C. *Death as Departure: the Johannine Descent-Ascent Schema.* Chico, Calif.: Scholars Press, 1983.

Nielsen, J. T. "The Narrative Structures of Glory and Glorification in the Fourth Gospel." *New Testament Studies* 56(2010), 343–366.

O'Day, Gail R. "John." In *The Women's Bible Commentary*, eds. Carl A. Newsom and Sharon H. Ringe, 293–304. Louisville, Kentucky: John Knox Press, 1992.

O'Donnell, Tim. "Complementary Eschatologies in John 5:19–30." *Catholic Biblical Quarterly* 70(4, 2008), 750–765.

O'Grady, J. F. "Individualism and Johannine Ecclesiology." *Biblical Theology Bulletin* 5(3, 1975), 227–261.

_________. "The Prologue and Chapter 17 of the Gospel of John." In *What We Have Heard from the Beginning: The Past, Present and Future of Johannine Studies*, ed. Tom Thatcher, 215–228. Waco, TX: Baylor Univ. Press, 2007.

Okure, T. "Jesus and the Samaritan Woman(Jn. 4:1–42) in Africa." *Theological Studies* 70(2, 2009), 401–418.

Pamment, M. "The Meaning of Doxa in the Fourth Gospel." *Zeitschrift für die Neutestamentliche Wissenschaft* 74(1973), 12–16.

Parsenios, George L. "'No Longer in the World' (John 17:11): the Transformation of the Tragic in the Fourth Gospel." *Harvard Theological Review* 98(1, 2005),

1–21.

Peel, Malcolm Lee. "Gnostic Eschatology and the New Testament." *Novum Testamentum* 12(2, 1970), 141–165.

Peterson, N. *The Gospel of John and the Sociology of Light. Language and Characterization in the Fourth Gospel.* Valley Forge, PA: Trinity Press, 1993.

Piper, Ronald A. "Glory, Honor and Patronage in the Fourth Gospel: Understanding the *Doxa* Given to Disciples in John 17." In *Social Scientific Models for Interpreting the Bible*, ed. John J. Pilch, 281–309. Leiden; Boston: Brill, 2001.

Porsch, Felix. *Pneuma und Wort.* Frankfurt: Knecht, 1974.

Powell, Mark Allan. "Matthew's Beatitudes: Reversals and Rewards of the Kingdom." *Catholic Biblical Quarterly* 58(3, 1996), 460–479

Quek, Tze–Ming. "A Text–critical Study of John 1:34." *New Testament Studies* 55(1, 2009), 22–34.

Reinhartz, A. *Befriending of the Beloved Disciple: A Jewish Reading of the Gospel of John.* New York: Continuum, 2001.

Reiser, Marius. *Jesus and Judgment– The Eschatological Proclamation in Its Jewish Context.* Minneapolis: Fortress Press, 1997.

Rensberger, D. *Johannine Faith and Liberating Community.* Philadelphia: Westminster Press, 1988.

Reynolds, B. E. "The Testimony of Jesus and the Spirit: The 'We' of John 3:11 in Its Literary Context." *Neotestamentica* 41(1, 2007), 157–172.

Reynolds, Edwin E. "The Role of Misunderstanding in the Fourth Gospel." *Journal of the Adventist heological Society* 9(1–2, 1998), 150–159.

Ridderbos, Herman. *The Gospel of John.* Tr. John Vriend. Grand Rapids, Michigan: William B. Eerdmans Pub. Com., 1997.

Riley, Gregory. *Resurrection Reconsidered: Thomas and John in Controversy.* Minneapolis: Fortress, 1995.

Robertson, Anne. "John 11:1–53." *Interpretation* 58(2, 2004), 175–177.

Robinson, J. A. T. "The relation of the Prologue to the Gospel of St. John." *New Testament Studies* 9(1962–3), 120–129.

_________. *Jesus and His Coming*. Philadelphia: Westminster Press, 1979.

_________. *The Priority of John*. London: SCM Press LTD, 1985.

Romanowsky, John W. "'When the Son of Man is Lifted up': the Redemptive Power of the Crucifixion in the Gospel of John." *Horizons* 32(1, 2005), 100-116.

Sanders, Jack T. *Schismatics, Sextarians, Dissidens, Deviants: The First One Hundred Years of Jewish-Christian Relation*. Valley Forge, PA.: Trinity Press International, 1993.

Schnackenburg, R. *The Gospel According to st. John*. 3 Vols. New York: The Crossroad, 1982-1987.

Schneiders, Sandra M. "The Raising of the New Temple: John 20.19-23 and Johannine Ecclesiology." *New Testament Studies* 52(3, 2006), 337-355.

Schnelle, Udo. "Cross and Resurrection in the Gospel of John." In *Resurrection of Jesus in the Gospel of John*, eds. Craig R. Koester and Reimund Bieringer, 127-151. WUNT 222; Tübingen: Mohr Siebeck, 2008.

Senior, D. *The Passion of Jesus in the Gospel of John*. Collegeville, MN: Liturgical Press, 1991.

Shepherd, Michael B. "Daniel 7:13 and the New Testament Son of Man." *Westminster Theological Journal* 68(1, 2006), 99-111.

Sim, David C. "The Gospels for All Christians? A Response to Richard Bauckham." *Journal for the Study of the New Testament* 84(2001), 3-27.

Son Hing, L. S., Li, W. and Zanna, M. P. "Inducing Hypocrisy to Reduce Prejudicial Responses among Aversive Racists." *Journal of Experimental Social Psychology* 38(2002), 71-78.

Staton, John E. "A Vision of Unity-Christian Unity in the Fourth Gospel." *Evangelical Quarterly* 69(4, 1977), 291-305.

Steele, C. M. "The Psychology of Self-affirmation: Sustaining the Integrity of the Self." In *Advances in Experimental Social Psychology*, ed. by L. Berkowitz, vol. 21, 261-302. San Diago, CA: Academic Press, 1988.

Stevenson, T. R. "The Ideal Benefactor and the Father Analogy in Greek and Roman Thought." *Classical Quarterly* 42(2, 1992), 421-436.

Stibbe, Mark W. G. *John as Storyeller: Narrative Criticism and the Fourth Gospel.* SNTSMS 73: Cambridge: Cambridge University Press, 1992.

Straub, Esther. "Der Irdische als der Auferstandene. Kritische Theologie bei Johannes ohne ein Wort vom Kreuz." In *Kreuzestheologie im Neuen Testament*, eds. Andreas Dettwiler and Jean Zumstein, 239–264. WUNT 151; Tübingen: Mohr Siebeck, 2004.

Strijdom, Johan. "A Historical Jesus Hallucinating During His Initial Spirit-possession Experience: A Response to Stevan Davies' Interpretation of Jesus' Baptism by John." *Hervormde Teologiese Studies* 54(1998), 588–602.

Suh, Joong Suk. *The Glory in the Gospel of John: Restoration of Forfeited Prestige.* Oxford, Ohio: M. P. Pub., 1995.

_________. "The Spirit and the Johannine Community." *Korean Journal of Christian Studies* 78(2011), 111–131.

Swetnam, J. "Bestowal of the Spirit in the Fourth Gospel." *Biblica* 74(1993), 556–576.

Thatcher, Tom. "'I Have Conquered the World': The Death of Jesus and the End of Empire in the Gospel of John." In *Empire in the New Testament*, eds. Stanley E. Porter and C. L. Westfall, 140–163. Eugene, Or.: Pickwick Publications, 2011.

Theissen, Gerd. *Gospel Writing and Church Politics – A Socio-rhetorical Approach.* Hong Kong: CUHK, 2001.

The Gospel according to Mary. In E. Hennecke and W. Schneemelcher, *New Testament Apocrypha.* Vol. 1. Philadelphia: Westminster Press, 1963.

Thettayil, B. *In Spirit and Truth: An Exegetical Study of John* 4:19–26 *and a Theological Investigation of the Replacement Theme in the Fourth Gospel.* Leuven-Dudley, MA: Peeters, 2007.

Thiessen, Karen Heidebrecht. "Jesus and Women in the Gospel of John." *Direction* 19(2, 1990), 52–64.

Thomas, R. W. "The Meaning of the Terms 'Life' and 'Death' in the Fourth Gospel and in Paul." *Scottish Journal of Theology* 21(1968), 199–212.

Thompson, Marianne Meye. "Eternal Life in the Gospel of John." *Ex Auditu* 5(1989),

35–55.

_________. "The Living Father." *Semeia* 85(1999), 19–31.

_________. *The God of the Gospel of John*. Grand Rapids, Mich.: William B. Eerdmans Pub. Com., 2001.

_________. "The Raising of Lazarus in John 11: A Theological Reading." In *The Gospel of John and Christian Theology*, 233–244. Eds. R. Bauckham and C. Mosser. Grand Rapids; Cambridge, UK: Eerdmans, 2008.

Tilborg, Sjef Van, Berges, Ulrich, and Chatelion, Counet Patrick., eds. *One Text, A Thousand Methods*. Leiden: Brill, 2005.

Turner, M. "The Spirit and the Power of Jesus' Miracles in the Lucan Conception." *Novum Testamentum* 33(2, 1991), 124–152.

_________. "The Work of the Holy Spirit in Luke–Acts." *Word & World* 23(2, 2003), 146–153.

van der Merwe, D. G. "The Exposition of John 17:6–8: An Exegetical Exercise." *Hervormde Teologiese Studies* 59(1, 2003), 169–190.

_________. "The Historical and Theological Significance of John the Baptist as He is Portrayed in John 1." *Neotestamentica* 33(2, 1999), 267–292.

van der Merwe, D. J. "The Interpretation of the Revelatory Events in John 17:24–26: An Exegetical Exercise." *Verbum et Ecclesia* 25(1, 2004), 311–329.

von Wahlde, Urban C. *The Gospel and Letters of John*. Vol. 2. Grand Rapids, Michigan: W. B. Eerdmans Publishing Company, 2010.

Voorwinde, S. "John's Prologue: Beyond Some Impasses of Twentieth–Century Scholarship." *Western Theological Journal* 64(1, 2002), 15–44.

Waetjen, H. C. "Logos πρὸς τὸν θεόν and the Objectification of Truth in the Prologue of the Fourth Gospel." *Catholic Biblical Quarterly* 63(2, 2001), 265–286.

Waweru, Humphrey Mwangi. "Jesus and Ordinary Women in the Gospel of John: an African Perspective." *Svensk Missionstidskrift* 96(2, 2008), 139–159.

Wijngaards, John. *The Spirit in John*. Wilmington, DE: Michael Glazier, 1988.

Wiles, M. *The Spiritual Gospel: The Interpretation of the Fourth Gospel in the Early Church*. Cambridge: Cambridge University, 1960.

Williams, P. J. "Not the Prologue of John." *Journal for the Study of the New Testament* 33(4, 2011), 375–386.

Wilson, Alistair I. "Matthew's Portrait of Jesus The Judge With Special Reference to Matthew 21–25." *Tyndale Bulletin* 54(1, 2003), 157–160.

Wright, N. T. *The Resurrection of the Son of God.* Minneapolis: Fortress Press, 2003.

Wynn, K. H. "Johannine Healings and the Otherness of Disability." *Perspectives in Religious Studies* 34(1, 2007), 61–75.

Yamauchi, Edwin M. *Pre-Christina Gnosticism.* Eugene, Oregon: Wipf and Stock Publishers, 2003.

김문현. "요한복음 20:1–29의 부활 내러티브 읽기." 「신약논단」 16(4, 2009), 1089–1120.

라이트, N. T. 『하나님의 아들의 부활』. 박문재 옮김. 서울: 크리스챤 다이제스트, 2005 [Wright, N. T. *The Resurrection of the Son of God.* Minneapolis, MN: Fortress Press, 2003].

말리나, 브루스 J. 『신약의 세계 – 문화 인류학적인 통찰』. 심상법 옮김. 서울: 솔로몬, 2000[Malina, Bruce J. *The New Testament World: Insights from Cultural Anthropology.* Rev. ed. Louisville, Ky.: Westminster John Knox Press, 1993].

서중석. 『복음서 해석』. 서울, 대한기독교서회, 1991.

_________. 『바울서신해석』. 서울, 대한기독교서회, 1998.

_________. "요한의 예수와 영원한 생명." 「한국기독교신학논총」 34(2004), 129–157.

_________. 『복음서의 예수와 공동체의 형태』. 서울, 대한기독교서회, 2007.

_________. "요한복음의 심판과 요한공동체의 정황." 「신약논단」 16(4, 2009), 1011–1049.

슈나켄부르크, R. 『복음서의 예수 그리스도』. 김병학 옮김. 왜관: 분도출판사, 2009 [Schnackenburg, R. *Die Person Jesu Chtisti im Spiegel der vier Evangelien.* Freiburg: Herder, 1993].

스코펠로, M. 『영지주의자들』. 이수민 편역. 왜관: 분도출판사, 2005[Scopello, M. *les Gnostiques.* Paris: CERF, 1991].

이동원 · 박옥희. 『사회심리학』. 서울, 학지사, 2000.

정창욱. "요한복음에 사용된 '믿다' 동사 용법의 독특성 - 요한복음 주해를 위한 함의." 「신약논단」 16(1, 2009), 67-104.

키이, H. C. 『신약성서이해』. 서중석 옮김. 서울: 한국신학연구소, 1990[Kee, Howard C. *Understanding the New Testament*. 4th ed. Englewood Cliffs, N.J.: Prentice-Hall, 1983].

타이센, 게르트. 『기독교의 탄생-예수 운동에서 종교로』. 박찬웅 · 민경식 옮김. 서울: 대한기독교서회, 2009[Theissen, Gerd. *Die Religion der Ersten Christen: Eine Theorie des Urchristentums*. Gütersloher Verlagshaus, Gütersloh: Chr. Kaiser/Gütersloher Verlagshaus, 2000].

________. 『복음서의 교회정치학』. 류호성 · 김학철 옮김. 서울: 대한기독교서회, 2002 [Theissen, Gerd. *Gospel Writing and Church Politics-A Socio-rhetorical Approach*. Hong Kong: Theology Division, Chung Chi College, Cuhk, 2001].

타이센, 게르트, 메르츠, 아네테. 『역사적 예수 - 예수의 역사적 삶에 대한 총체적 연구』. 손성현 옮김. 서울: 다산글방, 2001[Theissen, Gerd, and Merz, Annette. *Der Historische Jesus: ein Lehrbuch*. Göttingen: Vandenhoeck & Ruprecht, 1996].

헤이스, 리차드. 『신약의 윤리적 비전』. 유승원 옮김. 서울: IVP, 2002[Hays, Richard B. *The Moral Vision of the New Testament: Community, Cross, New Creation; A Contemporary Introduction to New Testament*. Edinburgh: T. & T. Clark, 1997].

횔러, 스티븐. 『이것이 영지주의다』. 이재길 옮김. 서울: 샨티, 2006[Hoeller, Stephan. *Gnosticism: New Light on the Ancient Tradition of Inner Knowing*. Wheaton, Ill.: Quest Books, 2002].